Hartmut Sommer

Der philosophische Reiseführer

Hartmut Sommer

Der philosophische Reiseführer

Auf den Spuren großer Denker

Wissenschaftliche Buchgesellschaft

Umschlaggestaltung: Peter Lohse, Büttelborn
Umschlagabbildungen: Alexej von Jawlensky (1864 – 1941),
Blaue Berge, 1912. © Alexej von Jawlensky/VG Bild-Kunst

Die Herausgabe dieses Werks wurde durch die Vereinsmitglieder der WBG möglich.
Gedruckt auf säurefreiem und alterungsbeständigem Papier
Layout & Prepress: schreiberVIS, Seeheim
Printed in Germany

Besuchen Sie uns im Internet: www.wbg-darmstadt.de

ISBN 3-534-17472-0

Inhalt

Ich trinke darauf, dass wir dereinst am dunklen Tor
erscheinen mögen, randvoll wie dieses Glas,
beladen mit Honig für die ewigen Waben gleich Bienen,
die in den Gärten und blühenden Gefilden
nicht müßig geblieben sind.

Ernst Jünger, Heliopolis

Vorwort

Philosophie ist kein totes Buchstabenwissen auf muffigem Papier. Es geht dabei vielmehr zuerst und vor allem um das, was uns auch hier und heute ins Mark trifft, worum es immer ging und immer geht, seit Menschen denken, um die Frage nach dem Sinn: „Warum sind wir hier und wo gehen wir hin? Was bleibt angesichts der dunklen Grenze des Todes?" Wer nicht berufsmäßig der philosophischen Systematik verpflichtet ist, wird eigene Wege gehen auf der Suche nach Antworten für seine Lebensfragen. Wenn er zurückblickt, wird er sehen, dass er manchmal echte geistige Speise gefunden hat, manchmal auch nur Spreu, manchmal Irrlichter, dann aber auch Wegmarken, die ihm Orientierung geben. Die Trittspuren der Großen aus der Gemeinschaft der Geister helfen bei der Unterscheidung dessen, was man als Ballast abwerfen muss, und dessen, was unvergänglicher Bestand ist. In diesem Sinne wollen die hier vorgelegten philosophischen Reisen die Wege großer Geister nachgehen, um Halt zu finden auf dem unsicheren Grund der modernen Weltdeutung. Dabei sind dann natürlich Denker, die prägend waren für die Geistesgeschichte, wie Descartes und Kant. Andere, die man liebt, weil sie das zutiefst Menschliche erkannt und ausgesprochen haben, wie Martin Buber. Die Taucher in stille geistige Tiefen, wie Jan van Ruysbroek. Jene, die von schillernder faszinierender Brillanz sind, wie Spinoza, Hegel und Heidegger, verführerisch wie kalter Diamant. Andere, die Sucher waren, unendlich verstrickt und leidend an sich selbst und der Welt, aber schließlich doch festen Grund gefunden haben, wie Edith Stein. Dann noch die selten Klarsichtigen, Unzeitigen, die sich gegen den Zeitgeist versetzten, wie Johann Georg Hamann, bestraft durch Vergessen. Die großen Einseitigen wie Fichte, Schopenhauer und Adorno. Tragisch Gescheiterte, wie Hölderlin und Nietzsche. Die hoch spekulativen weiten Geister und vielseitigen Anreger wie Leibniz und Schelling. Die Unermüdlichen, die in lebenslanger Arbeit die geistigen Schätze erschlossen und verständlich gemacht haben, wie Erasmus von Rotterdam. Schließlich diejenigen, die uns schon so fern sind in geschichtlichem Dunkel, wie Albertus Magnus, Thomas von Aquin, Duns Scotus, Cusanus, und doch so nah, weil sie schon so tief erfasst haben, was des Menschen Herz auf immer umtreibt.

Das Nachgehen ihrer Wege ist hier einerseits als Denkweg zu verstehen, aber auch ganz wörtlich als Versuch, mit dem Leben und dem existentiellen Hintergrund der Denker näher in Berührung zu kommen an den Orten, an denen sie geprägt wurden, gewirkt haben und gestorben sind. Dort haben sie entscheidende Eindrücke empfangen oder sich mit ihrem Denken und Leben eingestaltet und dort findet sich auch das Tor zu einer Zeitreise, in die wir uns im Sinne einer Lebenshermeneutik hineinmeditieren können. Die Authentizität der auf den Reisen aufgesuchten Orte lässt mitunter ein plötzliches tiefes Verstehen aufblitzen. Die Imagination kann Raum und Zeit überspringen und die vergangene menschliche und historische Situation aus unmittelbarem Einfühlen ganzheitlich ergreifen, etwa auf den Wegen der Edith Stein in Beuron, in Nietzsches einsiedlerischer Kammer in Sils-Maria, auf der Berghütte Heideggers oder angesichts der Burgen und Schlösser der Familie des Thomas von Aquin.

Das Verstehen der Wege und Irrwege, die andere vor uns gegangen sind, lässt uns schließlich eigene Antworten finden. Philosophie wird dann wieder Lebens- und Weisheitslehre und führt uns zu einem Standpunkt außerhalb der Wechselfälle der Zeitläufe, von dem aus sich in innerer Unabhängigkeit und Freiheit alles abstreifen und auf Distanz halten lässt, was unwesentlich ist und uns von dem Eigentlichen ablenkt, das wir in jedem winzigen an den Strand gespülten Muschelgehäuse ebenso erkennen wie im Blick des Freundes. Ein Leser, der sich selbst auf die Reise macht, wird seine eigenen Wege finden, eigene Begegnungen haben, auf eigene Weise die Philosophen für sich entdecken, aber die Wahrheit, die sich ihm erschließen wird, ist immer die eine.

Herzlich gedankt sei hier meinem philosophischen Lehrer Professor Dr. Vincent Berning für drei Jahrzehnte Bergführerschaft durch die oft unwegsamen trügerischen Klippen der philosophischen Sinn-Konzepte. Seine Hinweise waren für mich sehr wichtig. Meine Frau Helga hat mich auf den meisten Reisen begleitet. Auf vieles Schöne, das uns begegnet ist, hat sie mich aufmerksam gemacht.

Bad Honnef, im Januar 2005

Glaube und Vernunft

Die Lebensstationen des Thomas von Aquin in Rom und Latium

Roccasecca, also trockener Fels, heißt der kahle Bergrücken offenbar zu Recht, der sich aus den Höhenzügen im Norden in das Tal des Liri vorschiebt. Olivenbäume und fleischig-stachelige Opuntien säumen die Straße, die hinauf führt zu der gleichnamigen, in die Bergflanke hineingeschachtelten Ortschaft. Rot blühende Oleanderbüsche setzen hier und da einen Farbtupfer in die ockerfarbene Landschaft. Oberhalb des Ortes beginnt ein schmaler Fahrweg, der sich bis an den Fuß des braun verbrannten Bergkegels windet, auf dem altes zerborstenes Gemäuer aus der Macchia herausragt. Einst stand dort die Burg der Familie Aquino. Der Fahrweg endet vor einem Torbogen. Wenn man ihn auf dem uralten, mit einem Pelz aus Flechten bedeckten Pflaster durchschreitet, betritt man eine auf steil abfallendem Fels gelegene Terrasse. Sie gibt den Blick frei über die Fruchtgärten und Dörfer in der Ebene des Liri-Tales und auf die fernen Ausoni-Berge, die in einem von unten aufsteigenden Hitzedunst zu schweben scheinen. Im Osten reckt sich der Monte Cáiro 1669 Meter hoch auf. Strategisch gut gewählt hatte man die Lage an der Via Latina, die neben der dicht an der Küste entlangführenden Via Appia die zweite wichtige Südost-Verbindung war. Ein Grenzland, noch zu Latium, der alten Kulturlandschaft im Einflussbereich Roms gehörend, das rund einhundert Kilometer entfernt ist, aber schon im Kraftfeld von Neapel.

Über der Terrasse ist eine dörfliche Steinkirche in den Hang gebaut. Sie ist dem berühmtesten der Aquinos, dem Philosophen und Heiligen Thomas von Aquin geweiht, der 1224 oder 1225 auf Burg Roccasecca geboren wurde und seine ersten fünf Lebensjahre dort verbracht hat. Noch als Kleinkind übergab man ihn dann zur Erziehung den Benediktinern des nahen, auf einem Höhenzug hinter dem Monte Cáiro gelegen Klosters Montecassino. Thomas war ein Puzzlestein im Machtspiel seiner Eltern

Abb. 1: Roccasecca, Geburtsort des Thomas von Aquin

Landulf und Theodora d'Aquino, das strategisch auf die Ausweitung des Einflusses der Aquinos hin angelegt war. „Castello dei Conti d'Aquino" informiert ein Schild vor dem Burgtor, tatsächlich aber war Landulf nicht Graf, sondern nur Ritter. Die günstige Lage seiner Besitzungen und befestigten Plätze im Schnittfeld der Kraftlinien des staufischen Königreichs Sizilien und des Kirchenstaates verführte dazu, die Energie dieses Konfliktpotentials zum eigenen Vorteil zu nutzen. Thomas war von seinen Eltern dazu bestimmt worden, Abt des einflussreichen Klosters Montecassino zu werden. Zwei seiner Brüder, Aimo und Rinaldo, traten in die Dienste des Staufers Friedrich II. und kämpften dann wieder auf Seiten des Papstes. Nicht immer hatten die Aquinos eine glückliche Hand bei ihren Schachzügen. Rinaldo wurde 1246 hingerichtet, weil er an der Vorbereitung eines Anschlages auf Friedrich II. beteiligt war. Thomas musste 1239 Montecassino verlassen, als der Mönchskonvent sich wegen der politischen Wirren fast gänzlich aufgelöst hatte. Er war etwa fünfzehn Jahre alt und hatte bis dahin die Welt nur aus der Vogelperspektive gesehen, erst auf Burg Roccasecca, dann auf dem Mönchsberg Montecassino. Die Welt unten im Tal war für ihn immer weit entfernt gewesen und zu einem übersichtlichen Schachbrettmuster geschrumpft. Alles war offen und klar gegliedert, der Sternenhimmel darüber ein riesiges Zelt. Hier schon mag tief in seine Seele eingesenkt worden sein, was später prägend werden sollte für die Art seiner Philosophie: „So erfährt sie sich selbst als endlich und begrenzt im Aufblick zu dem, was *über* ihr ist, ebenso als unendlich-allgemein im *Hinab*schauen auf die Dinge dieser Welt" (Lakebrink 430). Seine großen philosophischen Werke, die beiden „Summen", werden später diese frühe Erfahrung in ihrem klaren und kunstvoll gefügten Aufbau widerspiegeln. Sie sind der Niederschlag eines alles in seiner Zusammenordnung überschauenden und in eine große Gesamtordnung einfügenden Denkens, das den Glauben und die auf Vernunft basierende Wissenschaft zum Ausgleich bringen will.

Nachdem Thomas' Karriere zunächst beendet war, bevor er überhaupt seine Gelübde als Benediktinermönch abgelegt hatte, mussten die Eltern für ihn eine Alternative finden. Dem Rat des Abtes von Montecassino folgend schickte man ihn zum Studium an die durch Friedrich II. in Neapel gegründete staatliche Universität, an der die Verwaltungselite für das staufische Reich herangebildet wurde. Es muss ein doppelter Schock für den jungen Thomas gewesen sein. Plötzlich fand er sich aus dem stillen Gleichmaß des mönchischen Lebens in die von Leben brodelnde Hafenstadt versetzt und dann an der Universität konfrontiert mit den unorthodoxen Gedanken der aristotelischen Philosophie, die in Neapel ohne Einschränkung gelehrt wurde. Dazu gehörten auch die Interpretationen des arabischen Philosophen Averroes, dessen Auslegung der aristotelischen Lehren in wesentlichen Fragen mit christlicher Philosophie nicht in Einklang zu bringen war. Was während der fünf Jahre seines Studiums in Thomas vorgegangen ist, wissen wir nicht. Er hätte viele Entwicklungen nehmen können. Als adeliger Aquino hätten ihm etwa im Staatsdienst Friedrich II. alle Türen offen gestanden. Die Ablenkungen und weltlichen Freuden der lebensfrohen Stadt hätten ihn in einer solchen Lebensplanung nur bestärkt. Die Mönchskarriere lag ja hinter ihm. Der Einfluss eines durch Averroes einseitig ausgelegten Aristoteles hätte ihn zur Abkehr von seinem Glauben bringen können. All das wäre seiner Familie wohl lieber gewesen als die Entscheidung, die der Neunzehnjährige im Sommer 1244 schließlich traf. Thomas hatte sich dazu entschieden, ganz aus allen Karriereplänen auszusteigen, das wohlhabende und bequeme Leben eines Aquino hinter sich zu lassen und in den neu entstandenen Bettelorden der Dominikaner einzutreten. Verstehen kann man Thomas vielleicht am ehesten, wenn man sich vor Augen führt, dass die zu dieser Zeit gerade aufblühende Bettelordenbewegung der Dominikaner und auch der Franziskaner eine von spiritueller Begeisterung erfasste „Jugendbewegung" (Pieper 40) war, die zurück wollte zu einem authentischen Christentum. Das oft nur noch mit Pfründenjagd und Äußerlichkeiten beschäftigte kirchliche Chris-

Abb. 2: Thomas von Aquin (1224/25 – 1274)

tentum genügte denen nicht mehr, die nach echter vertiefter Religiosität suchten. Donna Theodora aber, die nach dem Tod ihres Mannes nun die Geschicke der Familie leitete, wollte sich nicht damit abfinden, dass einer ihrer Söhne bettelnd und predigend über Land zog. Sie beauftragte ihren Sohn Rinaldo, Thomas zurückzubringen, der bereits mit dem Ordensgeneral Johannes von Wildeshausen nördlich von Rom auf dem Weg nach Paris war. Da die Ordensregel den Bettelmönchen verbot, Reittiere zu benutzen, konnten Rinaldo und ein Trupp von ihm angeführter Soldaten die nach Norden ziehenden Mönche bald einholen und Thomas in Gewahrsam nehmen. Während des Rückmarsches nach Roccasecca machte man Zwischenstation auf Monte San Giovanni, einer weiteren Burg der Aquinos. Es war wohl ein derber Männerscherz seines Bruders Rinaldo, dass man hier ein Freudenmädchen zu Thomas schickte. Weder dies noch der folgende einjährige Hausarrests auf Burg Roccasecca unter der Aufsicht seiner Mutter verfingen bei Thomas. Er schloss sich ab und vertiefte sich in die Bibel und das Studium der Sentenzen des Petrus Lombardus, das damalige Lehrbuch für Theologen.

Nach einheimischer Tradition wird in Roccasecca ein mittelalterliches Haus im Dorf unterhalb der Burg als „Casa di San Tommaso“ bezeichnet. Wir denken eher, dass Thomas sich auf der Burg selbst aufgehalten hat und steigen von der Terrasse aus durch die Macchia auf. Dicht an die steilen Abhänge waren Mauern und Vorwerke gebaut, die jetzt in Trümmern liegen, niedergebrochen oder von Bauern als Baumaterial abgetragen. Manchmal ist nicht mehr ersichtlich, was Mauerwerk ist und was gewachsener Fels. Es riecht nach wildem Fenchel. Geckos huschen unter Steine und Falter schweben lautlos über den Felsenblumen. Vom Dorf klingt das Angelusläuten herauf, sonst sind nur ab und zu weit entfernte

Stimmen und Geräuschfetzen zu hören. Als wir vor dem Torbogen stehen, der in das Mauergeviert der Hauptburg führt, sind wir sicher, dass auch Thomas hier seinen Fuß hingesetzt hat. Der Bergfried ist enthauptet, und man muss sich über Trümmer auf den Stumpf hinaufkämpfen, wird dann aber mit einem herrlichen Weitblick belohnt. Vielleicht hat die Mutter hier mit Thomas gestanden und auf ihn eingeredet, während sie über das Land der Aquinos zeigte, mit seinen Dörfern im Tal und der nahen Stadt Aquino, wo das Stadtschloss der Familie lag, all das, was er hinter sich lassen wollte. Vielleicht war sein Bruder dabei und hat ihm vom faszinierenden Leben am Hof Friedrich II. in Palermo erzählt, von den reichen sarazenischen Gesandtschaften, von aufwendigen Jagden mit zahmen Geparden und Falken und von den Gärten mit exotischen Tieren. Er wusste sicher, wo er seinen Bruder packen konnte, und berichtete von den Wissenschaftlern und Dichtern, die zum gelehrten Austausch an Friedrichs Hof zusammenkamen, und von den bedeutenden Übersetzungen der Werke des Aristoteles und seiner arabischen Interpreten, die im Auftrag Friedrich II. entstanden. Hier hat Thomas vielleicht kurz aufgehorcht, doch die in der Ferne auf der Via Latina im Sonnenlicht blinkenden Waffen und Gerätschaften vorbeiziehender Reisender erinnerten ihn dran, dass auch er dort unterwegs sein wollte, hin zu einem ganz anderen Ziel. Vielleicht hat er später, als er wieder alleine war, über die Bibelstelle zur Versuchung Jesu meditiert: „Wieder nahm ihn der Teufel mit sich und führte ihn auf einen sehr hohen Berg; er zeigte ihm alle Reiche der Welt mit ihrer Pracht und sagte zu ihm: Das alles will ich dir geben, wenn du dich vor mir niederwirfst und mich anbetest. Da sagte Jesus zu ihm: Weg mir dir, Satan" (Mt 4, 8 –10).

Nach einem Jahr erfolgloser Bemühungen gab Donna Theodora endlich nach und ließ ihn ziehen. Thomas meldete sich bei seinem Konvent in Neapel zurück und wurde umgehend zum Studium nach Paris geschickt. Dominikus, der den Orden als Predigerorden zur Bekehrung der Katharer in Südfrankreich gegründet hatte, wollte für seine Brüder einen hohen akademischen Standard sicherstellen, damit sie mit der möglichst scharf geschliffenen Waffe des Wortes und der Argumentation die christliche Lehre verteidigen und verbreiten konnten. Der spätere blutige Kreuzzug gegen die Katharer mit dem Schwert, den französische Fürsten als willkommene Gelegenheit zur Landnahme nutzten, entsprach nicht dem Geist des Dominikus, der auf Überzeugung setzte und die Armut gewählt hatte, um auch mit der Glaubwürdigkeit der Lebensform die Herzen gewinnen zu können (Pieper). Über die drei Jahre, die Thomas in Paris studierte, ist wenig bekannt. Jedenfalls wird er in irgendeiner Form aufgefallen sein, denn aller Wahrscheinlichkeit nach hat er 1248 Albertus Magnus nach Köln begleitet, der dort ein Generalstudium für den Ordens einrichten sollte. Albert hatte als Magister einen der beiden Dominikaner-Lehrstühle in Paris inne gehabt und in dieser Zeit eine tiefgreifende Wende eingeleitet, indem er die weithin noch verbotenen aristotelischen Schriften für die christliche Philosophie und Theologie fruchtbar gemacht hat. Er hatte gezeigt, dass der überall aufkeimende, sich an Aristoteles entzündende Drang nach Erkenntnis der uns unmittelbar in der Natur und im Menschen begegnenden Wirklichkeit nicht unchristlich ist. Diese neue Erkenntnishaltung, die von der Wirklichkeit ausgeht und erst über die gedanklich durchgearbeitete Erfahrung weiter vordringt zu allgemeinen Aussagen, löste das Denken aus der Verengung durch die neuplatonische Überbewertung eines rein geistigen intuitiven Erkennens allgemeiner Ideen. Eine neue Hinwendung zur Fülle der Schöpfung und zur Vielgestaltigkeit der Natur, zum Sinnenhaften und zur Leiblichkeit war möglich geworden. Albert wird nicht einen x-beliebigen Studenten als Begleiter gewählt haben. Thomas hatte ja schon in Neapel fünf Jahre Gelegenheit gehabt, sich gründliche Kenntnisse der aristotelischen Philosophie zu erwerben und war möglicherweise auch deshalb als besonders geeignet ausgewählt worden. Wir können uns gut vorstellen, wie Albert, der seit seiner Jugend die Natur beobachtete, während der langen Wanderung von Paris nach Köln mit Thomas immer wieder stehen geblieben ist, um den Vogelstimmen zu lauschen, die Heilkraft eines Krautes zu erklären, ein Mineral zu betrachten, oder eine Wettererscheinung zu deuten. Und doch war bei Albert auch der Hang zur Innerlichkeit stark ausgeprägt, während bei Thomas ganz der rationale Romane überwog. In Köln hat Thomas von Albert die mystischen Schriften des Dionysius Areopagita kennen gelernt, denn Albert wollte in seiner Philosophie die aristotelische Wirklichkeitserforschung mit einer an Platon orientierten Spiritualität verbinden. Diese Freiheit des Denkens und der Mut zur ganz eigenständigen Synthese haben dann später auch Thomas' Werke geprägt. Auch er hat die ganze Fülle der Tradition erschlossen, Platon, Augustinus, Dionysius und die Kirchenväter, vor allem aber hat er die Bemühungen Alberts um die aristotelische Philosophie aufgenommen und zu einem Höhepunkt geführt. Ein auf das Gefühl zielender Stil lag ihm nicht, dafür verfügte er über eine ausgeprägte Fähigkeit zum Ordnen und nüchternen Unterscheiden, zur sicheren Argumentation und klaren Darstellung ohne Schnörkel. Auch in seiner Philosophie ist der Gedanke, dass die Welt beständig und verlässlich geordnet ist, ein wesentlicher Grundzug: „In der Welt aber sehen wir, dass sich Dinge verschiedener Natur zu einer einzigen Ordnung zusammenfinden, und zwar nicht selten und zufällig, sondern immer oder doch meistens"

(T. v. A. 2001, 1/59). Seine Schlüsse sind nüchtern und präzise, wenn er etwa aus der Ordnungshaftigkeit kurz und bündig folgert: „Es muss also jemanden geben, durch dessen Vorsehung die Welt gelenkt wird: und diesen nennen wir Gott“ (T. v. A. 2001, 1/59).

Als 1252 der Ordensmeister um einen Vorschlag für einen geeigneten Kandidaten bat, den man auf das Magisteramt vorbereiten könnte, schlug Albert den eigentlich noch zu jungen Thomas vor. Er hatte sich von dessen hoher Begabung ein ausreichendes Bild machen können und setzte seine Berufung schließlich gegen einigen Widerstand auch durch. Thomas kehrte zurück nach Paris und las als Bakkalaureus vor Studenten über die Sentenzen des Petrus Lombardus, deren Studium ihm während seines einsamen Jahres auf Roccasecca Halt gegeben hatte. Neben seinen Vorlesungsskripten entstand die bedeutende kleine Schrift „De ente et essentia“. In der für Thomas eigentümlichen dichten und klaren Form wird darin der Begriffsapparat entwickelt für eine Metaphysik des Seins und des Wesens. Wichtige Grundgedanken seines Werkes formten sich hier bereits aus. Die Ordnungshaftigkeit des Seienden ist von Anfang an ein ganz grundlegendes Prinzip seiner Philosophie. Ihre Träger sind die Substanzen, die als beständige Einheiten der Wirklichkeit durch ihr Wesen eindeutig bestimmt sind. Das Wesen zusammengesetzter Substanzen der dinglichen Welt umfasst Materie und Form. Die Form des Menschen ist seine Seele, die mit dem Leib in die Einheit einer neuen Substanz eingeht. Die so genannte erste Materie ist selbst ganz ungestaltet und reine Möglichkeit, sich mit Formen zu verbinden. Zu einer aus Form und Materie bestehenden Substanz muss noch das Dasein, die Existenz hinzutreten, damit sie die Wirklichkeit der endlichen geschaffenen Dinge annimmt. Ganz aristotelisch lehnt Thomas es ab, eine unabhängige Existenz der Begriffe nach Art der platonischen Ideen außerhalb der einzelnen Dinge anzunehmen, von denen sie abstrahiert sind. Der persönliche christliche Gott als der Schöpfer und Erhalter allen Seins, als Ursprung der Ordnungshaftigkeit ist der Zentralgedanke seiner Philosophie.

Als Thomas von Köln nach Paris zurückkehrte, schwelte an der Universität ein Streit zwischen Weltpriestern und Ordensangehörigen. Zuerst waren die Bettelmönche dort freundlich aufgenommen worden. Bald aber schon sahen die Weltpriester in der hochmotivierten intellektuellen Elite, die von den Bettelorden kam, eine Gefahr für die eigene Position. Die Bettelmönche beteiligten sich nicht an Streiks, besetzten mehr und mehr Lehrstühle, zogen die Studenten durch ihre herausragenden Lehrveranstaltungen an und das Volk in ihre Kirchen, das dort spendete und nicht mehr in den Pfarrkirchen. Die Ernennung von Thomas zum Magister im Frühjahr 1256 fiel in eine Zeit, in der dieser Streit so heftig aufloderte, dass die Bettelmönche sogar durch königliche Soldaten vor einem aufgehetzten Mob geschützt werden mussten. Ein von den Weltpriestern eingesetztes Druckmittel war ihre Weigerung, keine neuen Magister aus den Reihen der Bettelmönche in das Professorenkollegium aufzunehmen. Erst das Eingreifen des Papstes konnte erzwingen, dass Thomas und der Franziskaner Bonaventura schließlich doch zugelassen wurden. Während seiner Zeit an der Universität Paris legte Thomas die Fundamente für sein erstes großes Hauptwerk, die „Summa contra Gentiles" (Summe wider die Heiden), ein apologetisches Riesenwerk, das den Irrtümern der arabischen Aristotelesinterpreten begegnen und eine Grundlage für die Missionsarbeit seiner Ordensbrüder schaffen sollte, die in Spanien und Nordafrika mit dem Islam konfrontiert waren. In dieser ersten Summa hat er sein methodisches Programm ausgearbeitet, nach dem es neben dem Glauben auch einen ganz berechtigten Zugang über die Vernunft zu Gott gibt, wobei „der Wahrheit des Glaubens die natürliche Vernunft nicht entgegengesetzt sein kann" (T. v. A. 2001, 1/29). Dabei sieht Thomas auch, dass die Reichweite der Vernunft begrenzt ist, da wir in unserem Denken immer auf Bilder und Begriffe angewiesen sind, die dem Wesen Gottes, das alles Endliche übersteigt, nie gerecht werden können. Aber in der Ordnung der Welt erkennen wir den, der sie geschaffen hat und erhält. Aus der unvollkommenen endlichen Wirklichkeit können wir mit vorsichtigen Analogien rückschließen auf die Vollkommenheit Gottes, nach dessen ewigen Ideen sie gestaltet ist. Es ist nie das wahre Wesen Gottes, das wir erfassen, aber es sind Annäherungen, die uns vielleicht wie der Strahlenkranz um die Sonne bei einer Sonnenfinsternis etwas von der unendlichen Helle ahnen lassen, vor der wir erblinden würden, wenn wir sie direkt schauen wollten. Wir können Gott nur mit vielen analogischen Begriffen, mit verschiedenen Namen benennen, der wahre eine Name, in dem seine ganze Vollkommenheit enthalten ist, bleibt uns in diesem Leben verborgen: „Weil wir ihn nämlich von Natur aus nicht erkennen können, es sei denn dadurch, dass wir von den Wirkungen her zu ihm hingelangen, müssen die Namen, mit denen wir seine Vollkommenheit bezeichnen, verschiedene sein, wie sich eben auch die Vollkommenheiten in den Dingen als verschiedene finden. – Wenn wir aber sein Wesen selbst, so wie es ist, verstehen und ihm den ihm eigenen Namen beilegen könnten, würden wir es nur durch einen einzigen Namen ausdrücken. Dies wird denen, die ihn durch sein Wesen schauen werden, Sach 14, 9 verheißen: ‚An jenem Tage wird der Herr nur einer sein und sein Name nur einer'" (T. v. A. 2001, 1/131 ff). Eine der bedeutendsten Leistungen von Thomas ist die Überwindung des platonischen Leib-Seele-

Dualismus. Er nimmt dazu den aristotelischen Hylemorphismus auf, also die Lehre, nach der Stoff und Form das Wesen einer körperlichen Substanz bestimmen, und entwickelt ihn entscheidend weiter. Thomas zeigt zunächst, ausgehend vom Beweis der Immaterialität der geistigen Substanzen, dass die Seele unsterblich ist, denn zerstört werden können nur solche Substanzen, deren Form vernichtet werden kann. „Wo aber keine Zusammensetzung von Form und Materie vorliegt, dort kann eine Trennung dieser beiden nicht stattfinden, folglich auch keine Zerstörung. Es wurde aber dargelegt, dass keine geistige Substanz aus Materie und Form zusammengesetzt ist. Daher ist keine geistige Substanz zerstörbar" (T. v. A. 2001, 2/215). Sein weiterführender Schritt ist nun zu zeigen, wie die Seele als geistige Substanz ihren Selbststand bewahren und dabei doch als Form des Leibes mit diesem in eine neue substantielle Einheit eingehen kann. Im Unterschied zum platonischen Dualismus, für den der Leib nur wie ein äußerliches Werkzeug ist, dessen sich die Seele bedient, sieht Thomas die Seele an der Schnittstelle der geistigen und der materiellen Welt. Über das Sinnenhaft-vitale ragt sie in die materielle Welt hinein, mit dem höheren geistigen Erkennen ist sie notwendig darüber hinaus. Hören wir dazu Thomas selbst in einer der eindrucksvollsten Passagen der Summa: „Deswegen darf jenes Prinzip, durch das der Mensch erkennt, welches die geistige Seele ist und das über die Seinsverfassung der körperlichen Materie hinausgeht, nicht wie die anderen materiellen Formen gänzlich von der Materie durchdrungen oder in sie eingetaucht sein. Das aber zeigt ihre geistige Tätigkeit, an der die körperliche Materie nicht teilnimmt. – Dass aber selbst das geistige Erkennen der menschlichen Seele derjenigen Potenzen bedarf, die durch bestimmte körperliche Organe tätig sind – nämlich der Einbildungskraft und der Sinne – erklärt sich daraus, dass die Seele zum Zustandekommen der menschlichen Art natürlicherweise mit dem Körper vereinigt ist" (T. v. A. 2001, 2/291 ff). Auch für die von Averroes bestrittene Willensfreiheit des Menschen, deren Leugnung eine so verhängnisvolle Verzerrung in das moderne Menschenbild hineingetragen hat, argumentiert Thomas mit den Eigenschaften der geistigen Substanzen, deren Vernunft sie dazu befähige, Wahres und Falsches, Gutes und Böses zu unterscheiden und frei zu wählen. Thomas hat die Auffassung der christlichen Philosophie wonach der Mensch Person ist, ein Schlüsselbegriff der christlichen Philosophie seit Boethius (470 – 525), weiter befestigt. Unvergänglichkeit, Vernunft, Freiheit und Gottesebenbildlichkeit der substantiellen Seele begründen danach die besondere Würde des Menschen als einmalige Person, die von der platonisch-aristotelischen Philosophie so noch nicht gesehen wurde. Sie ist das Gleichbleibende und Tragende im Wechsel der psychischen Zustände und geht nicht im Selbstbewusstsein auf, das etwa durch Krankheit gestört sein kann.

1260 kehrte Thomas zurück nach Neapel zu seinem Heimatkonvent, doch schon 1261 berief ihn der Orden nach Orvieto, wo er ein Jahr später theologischer Berater des dort residierenden Papstes Urban IV. wurde. Er war nun im Zentrum der Macht und gewann das Vertrauen, ja die Freundschaft des Papstes. Jetzt hätte er Abt von Montecassino werden können. Später bot ihm Clemens IV. sogar das Amt des Erzbischofs von Neapel an. Thomas winkt ab, er wollte Bettelmönch und Lehrer bleiben. Macht bedeutete ihm nichts. Die einzige Vergünstigung, die er von seinem Orden annahm, war ein persönlicher Sekretär, der ihn bei der Erschließung von Quellen unterstützte, sein Diktat aufnahm oder seine in fieberhafter Eile hingeworfenen Manuskripte sauber abschrieb. Es war Reginald von Piperno, der Thomas bis zu seinem Tod begleitet hat, nicht nur als Sekretär sondern auch als Lebensstütze des recht zerstreuten Professors, für den er alle praktischen Dinge organisierte. In Orvieto beendete Thomas die „Summa contra gentiles", verfasste andere Schriften wie die „Contra errores Graecorum" zu den theologischen Differenzen mit der Ostkirche und schuf die Fronleichnamsliturgie. Nach dem Tod Urbans des IV. übernahm er 1265 die vergleichsweise bescheidene Aufgabe, in Rom ein Ordensstudium im Kloster von Santa Sabina aufzubauen. Da er dort, anders als an der Universität Paris, bei den Studenten wenig voraussetzten konnte, fasste er den Plan, ein Lehrbuch für Anfänger zu schreiben. Dies sollte seine „Summa theologica" werden, eines der bedeutendsten Werke der Philosophiegeschichte. Ihr Herzstück und Höhepunkt sind die fünf Gottesbeweise oder „Wege" zum Aufweis der Existenz Gottes, wie Thomas vorsichtig formuliert. Der erste Weg geht von der Existenz der Bewegung in der Welt aus und schließt, dass es einen ersten Beweger geben muss, der Gott ist. Der zweite Weg geht von der Kausalität aus, also von der Beobachtung, dass jede Wirkung auf eine Ursache zurückgeht. Da die Ursachenkette nicht ins Unendliche fortgesetzt werden kann, muss eine erste Ursache angenommen werden, die Gott ist. Der dritte Weg geht aus von der Erkenntnis, dass alles sein oder auch nicht sein kann. „Wenn es also für alle Dinge gelten würde, dass sie möglicherweise nicht da sind oder nicht da gewesen sind, dann muss es eine Zeit gegeben haben, wo überhaupt nichts war. Wenn aber das wahr wäre, könnte auch heute nichts sein. Denn was nicht ist, fängt nur an zu sein durch etwas, was bereits ist" (T. v. A. 1/1934, 46). Also muss es etwas geben, das aus sich selbst notwendig ist, und das ist Gott. Der vierte Weg geht von der Abstufung aus, die wir im Seienden vorfinden. Zu allem gibt es eine höchste Stufe der Vollkommenheit, von der die niedrigen Grade seiner Verwirklichung ausgehen, wie die Wärme vom Feuer. Also muss es ein Vollkommenstes geben, von dem die Wirklichkeit ausgeht, und das ist Gott. Der fünfte Weg geht davon aus, dass die Welt nicht chaotisch, sondern geordnet und planvoll ist. Also muss es einen ersten Lenker und Ordner geben, und das ist Gott.

In Santa Sabina kann man heute noch die stille Gesammeltheit erahnen, aus der Thomas die Kraft und Inspiration für dieses gewaltige Werk zugeflossen sind. Bereits 1222 kamen die Dominikaner nach Santa Sabina, das auf dem Aventin liegt, einem der sieben Hügel Roms. Unmittelbar hinter dem Lungotevere Aventino, der dem Tiberlauf folgenden mehrspurigen Uferstraße, steigt der Hang steil an. Reste antiker und neuerer Stützmauern sind von südlicher Vegetation überwuchert und Buschwerk bricht aus Mauerspalten. Das monotone Zirpen unzähliger Zikaden in den Platanen am Tiberufer wird nur dann übertönt, wenn der Verkehrslärm anschwillt. Pulks von Roller- und Mopedfahrern drängeln sich vor den Ampeln rechts und links an den Autos vorbei und knattern bei Grün los wie ein Wespenschwarm. Ordensleute überqueren gottesfürchtig den dichten Verkehrsstrom und eilen mit wehendem Skapulier einer der zahllosen Kirchen Roms zu. Biegt man in den Fußweg ein, der unter wuchtigen alten Mauern auf den Aventin führt, wird es still. Der Aventin ist jetzt ganz noble Wohngegend. Villen verstecken sich hinter hohen Mauern, über die Schleier aus blühenden Ranken hängen, dahinter große Gärten mit Zypressen, Pinien, Palmen und Oleander. Dort, wo früher die Burg der Savelli stand, ist nun ein Park, in dem Italiener Siesta halten und fliegende Händler Kokosnussstücke und eingelegte Oliven verkaufen. Von einer Terrasse, die zum Tiber hin vorspringt, schaut man weit über die Dächer und Kuppeln Roms. An den Park grenzt die Kirche von Santa Sabina. Die frühchristliche Basilika aus dem 5. Jahrhundert ist von außen ein kompakter Ziegelbau, der seinen ganzen Zauber erst innen entfaltet. Aus dem Schatten des Portikus vor dem rechtwinklig gegen die Kirche gebauten Konventsgebäude der Dominikaner geht man in das Halbdunkel der Vorhalle. Durch eine geschnitzte Holztüre aus der Erbauungszeit der Kirche mit der ältesten bekannten Kreuzigungsdarstellung betritt man den basilikalen Innenraum. In dem blank polierten Marmorboden spiegelt sich das aus den Obergaden einfallende Licht. Die weite Halle mit den kannelierten Säulen, den Schmuckbändern aus Porphyr und Serpentin und der großen halbrunden Apsis wirkt ganz antik. Die Chorschranken der Schola cantorum sind aus der Frühzeit der Kirche. Thomas hat dort also der Messe beigewohnt und von den Amben, die ebenfalls zu seiner Zeit schon in Gebrauch waren, die Lesung gehört. Gegen einen kleinen Obolus kann man den schlichten romanischen Kreuzgang von Santa Sabina besichtigen und sich dann vorstellen, wie Thomas dort in den Vorlesungspausen die Anliegen der Studenten angehört hat.

Als Papst Klemens IV. seinen Hof nach Viterbo verlegte, beschloss der Orden, dort wieder mit einem hochrangigen Theologen Präsenz zu zeigen. Die Wahl fiel auf Thomas, der von 1267 bis 1268 in Viterbo als Konventslektor und päpstlicher Berater fungierte. Trotz aller Lasten dieser Ämter arbeitete Thomas weiter an seiner Summa, auch als er 1268 gewissermaßen mit einem Spezialauftrag nochmals an die Universität Paris geschickt wurde. Gleich zwei Probleme waren dort zu bewältigen: Die Feindseligkeiten gegen die Bettelmönche flackerten wieder auf und die Schule des so genannten lateinischen Averroismus vertrat vehement die Aristotelesinterpretation des arabischen Philosophen Averroes. Thomas nahm sich mit sachlicher Gelassenheit beider Gegner an. In einer eigens verfassten Schrift hat er sich ausführlich mit dem Averroismus auseinandergesetzt, der die gerade gewonnene Harmonie von Glaube und Vernunft zu zerstören drohte. Nach den Averroisten gibt es nur eine überindividuelle Menschheitsseele, an der alle Menschen Anteil haben. Der eigentlich Handelnde ist die Menschheitsseele, der individuelle Mensch lediglich ihre Marionette. Notwendig folgt daraus dann, dass es weder Willensfreiheit und Verantwortlichkeit noch die Unsterblichkeit der Seele geben kann. Nahm man diese Lehren als wahr an, mussten die Glaubenslehren falsch sein, oder man konstruierte eine doppelte Wahrheit. Glaube und Vernunft wären damit wieder entkoppelt und das große Werk der scholastischen Philosophie, die Harmonie beider, zertrümmert gewesen. 1270 wurden die Thesen des lateinischen Averroismus dann zwar offiziell verurteilt, die darin sich ankündigenden neuzeitlichen Kräfte aber, die auf eine Verselbständigung der Vernunft drängten, ließen sich nicht mehr aufhalten. Thomas beschäftigte in dieser Zeit drei bis vier Schreiber. Während der eine das eben Diktierte fertig schrieb oder sauber in Form brachte, diktierte Thomas schon dem nächsten die nahtlose Fortsetzung einer weiteren Schrift, an der er arbeitete. In Neapel sollte er noch einmal Aufbauarbeit leisten und ein Ordensstudium einrichten. 1273, er war noch nicht fünfzig Jahre alt, kam dann der Zusammenbruch. Nach der Messe am 6. Dezember war Thomas tief verstört. Alle Berichte darüber deuten auf einen schweren Erschöpfungszustand, der einher ging mit einer überwältigenden spirituellen Erfahrung. Seitdem hat Thomas nie wieder eine Schreibfeder angerührt. Die Summa blieb unvollendet auf seinem Schreibpult liegen. Dem besorgten Reginald von Piperno eröffnete er, dass er von nun an nichts mehr schreiben werde, da ihm alles bisher Verfasste wie Spreu vorkomme im Vergleich zu dem, was er geschaut habe. Er war wohl an der Grenze angelangt, an der die Vernunft schweigen musste. Es war das „Verstummen vor dem Unaussagbaren und vor der Unbegreiflichkeit des Seins“ (Pieper 221).

Thomas war durch die langen Jahre äußerster Anstrengung körperlich angeschlagen, aber ihm sollte keine Zeit zur Erholung bleiben. Noch im Winter erhielt er den Auftrag, nach Lyon zu reisen, wo im Mai 1274 auf einem Konzil die Versöhnung mit der Ostkirche besiegelt werden sollte. Thomas kam nur bis in die Gegend seiner alten Heimat. Dort, wo die Via Appia hinter Terracina durch die Pontinischen Sümpfe führte, konnte er nicht mehr weiter. Seine Begleiter brachten ihn zur nahe gelegenen Burg Maenza, die seiner Nichte Francesca gehörte. Dort wollte er wieder zu Kräften kommen. Maenza liegt auf 358 Metern Höhe am Rande der ganz wilden unbesiedelten Monti Lepini. Wie beschwerlich der Weg für den kranken Thomas gewesen sein muss, kann selbst der Autoreisende von heute sich vorstellen, wenn er die Serpentinen hinauf zu dem kleinen Landstädtchen fährt, das abseits der Hauptverbindungstrassen liegt und vom Tourismus ganz unberührt ist. Weit erstreckt sich tief unten die Ebene. Hellsilbrig schimmern Olivenhaine, und vereinzelt steigen Rauchfahnen von Feldfeuern auf. Hinter einem diesigen Vorhang und entfernten Hügelketten ist das Meer zu ahnen. Über Treppen, durch schmale Gassen, Torbögen und dunkle Durchgänge, die seit Jahrhunderten unverändert scheinen, geht man hinauf zu der stillen Piazza vor einer etwas vernachlässigten Kirche. Daneben ragt der wehrhafte Kubus einer Burg im Stil normannischer Donjons. Thomas hat im Februar 1274 hinter ihren dicken Mauern mehrere Wochen krank zu Bett gelegen. Er muss wohl gespürt haben, dass es nicht gut mit ihm stand. An eine Weiterreise war nicht zu denken. Da er seinem Armutsgelübde erst recht angesichts des Todes treu bleiben wollte, ließ er sich in das Zisterzienserkloster von Fossanova bringen, das von Maenza nur wenige Kilometer entfernt am Rande der Pontinischen Ebene liegt. Im Gästehaus des Klosters starb Thomas am 7. März 1274.

Die Zisterzienser haben Fossanova längst verlassen. Ihre landwirtschaftlichen Gebäude verfallen oder beherbergen jetzt kleine Gewerbebetriebe. Kirche und Kloster aber zeigen immer noch die zisterziensische Architektur in ganz ursprünglicher Reinheit. Alles ist schlichte Form, Licht und Stille. In dem vom Kreuzgang umgebenen Garten duftet der Lavendel. Der hohe dreischiffige Kirchenraum ist ganz ohne bildlichen Schmuck. Das Sonnenlicht bricht sich im Maßwerk der großen Fensterrose über dem Portal und verwandelt sie in ein mystisches Auge. Ein Durchgang neben dem Kapitelsaal verbindet den Kreuzgang mit einem Außengarten, in dem das ehemalige Gästehaus des Klosters liegt. Eine schmale Steintreppe führt zu dem Raum, in dem Thomas von Aquin gestorben ist. Reginald wird Mühe gehabt haben, den kranken stämmigen Thomas dort hinaufzugeleiten. Der halbdunkle kahle Raum ist jetzt als Kapelle eingerichtet. Draußen vor dem geöffneten Fenster rascheln leise die Blätter der hohen Bäume. Wir versuchen, uns in die Szene hineinzuversetzen, die auf dem Barockrelief über dem Altar dargestellt ist. Thomas liegt auf dem Sterbebett mit einer aufgeschlagenen Bibel in der Hand. Er ist umgeben von Mönchen, denen er das Hohe Lied auslegt, wie sie es sich von ihm gewünscht hatten. Einer hat sich abgewendet, um seine Tränen zu verbergen, ein anderer schreibt Thomas' Worte auf. Wenn die Überlieferung stimmt, die es so berichtet, hat Thomas den Mönchen zu Gefallen doch noch ein letztes Mal etwas verfasst. Es würde zu Thomas passen, der schon seine erste kleine Schrift den „fratres et socios suos", den Mitbrüdern und Gefährten gewidmet hatte. Ob es wirklich so war, muss offen bleiben, denn dieses letzte Werk von Thomas ist bisher nicht aufgefunden worden.

Nach dem Tod von Thomas sah es zunächst so als, als ob seine große Synthese aus christlichem Denken und aristotelischer Philosophie von einer konservativen augustinischen Richtung der Scholastik ins Abseits gedrängt werden könnte. 1277 wurden sogar einige seiner Sätze verurteilt. Schon 1323 aber kam mit seiner Heiligsprechung die Rehabilitation und Anerkennung seines Werkes. Der Neuthomismus brachte ab Mitte des 19. Jahrhunderts eine Renaissance seiner Lehren. Thomas hat das christliche Denken aus einer rein intuitiven Spiritualität herausgeführt, ihm den Weg des begrifflich-logischen Schließens geebnet und die dafür erforderlichen methodischen Mittel der aristotelischen Philosophie erschlossen. Gegen die Abwertung des Materiellen und Leiblichen im Neuplatonismus setzte Thomas die aristotelische Hinwendung zur Natur und die Bejahung der Schöpfung. Zu Lebzeiten von Thomas gab es eine Strömung in die entgegengesetzte Richtung. Das seit dem 3. Jahrhundert virulente manichäische Denken, dem auch die Katharer anhingen, nach dem Leibliches und Materielles zu einem bösen Prinzip der Welt gehören, drohte weite Teile Europas unter seinen Einfluss zu bringen. Thomas hat immer wieder gegen diese dualistische Weltsicht angeschrieben. Sein neues Verständnis der Leib-Seele-Einheit verhalf auch der Leiblichkeit des Menschen zu ihrem Recht, denn: „Mehr als die vom Leibe getrennte Seele ist die mit dem Leibe verbundene Seele Gott ähnlich, weil sie (– die leibhaftige Seele –) auf vollkommenere Weise ihre Natur besitzt" (T. v. A nach Pieper 170). Vor allem aber sicherte seine Bestimmung der Seele als unvergängliche vernünftige geistige Substanz die unaufhebbare Würde des Menschen als Person und damit eine entscheidende Grundlage der christlichen Ethik, nach der Menschen unter keinen Umständen wie Dinge zum Gegenstand von Manipulation, Willkür und Verzweckung gemacht werden dürfen.

Ein Reisender auf den Spuren des Thomas von Aquin muss sich natürlich vor allem auch Zeit für Rom nehmen. Einen Besuch der Abtei Montecassino sollte man ebenfalls einplanen. Thomas hat ja immerhin 10 Jahre, von seinem fünften bis zu seinem fünfzehnten Lebensjahr, dort verbracht. Zwar ist nach schweren Kriegszerstörungen nur wenig Bausubstanz aus mittelalterlicher Zeit erhalten, aber der benediktinische Geist ist noch lebendig spürbar, wenn etwa zur Zeit des Stundengebetes das „Gloria dei" aus der Tiefe des Chores erklingt, wo unsichtbar für den Besucher hinter dem Altar die Mönchsschola versammelt ist: „Sicut erat in principio, et nunc et semper; et in saecula saeculorum" (Wie im Anfang, so auch jetzt und alle Zeit und in Ewigkeit).

Praktische Hinweise:

In der Nähe von Frosinone liegt die gut erhaltene Burg Monte San Giovanni, auf der Thomas nach der Gefangennahme durch seinen Bruder Rinaldo eingeschlossen war.

Der mittelalterliche Papstpalast in Orvieto, wo sich Thomas von 1261 bis 1265 am Hof von Urban IV. aufgehalten hat, ist als Museum für Archäologie zu besichtigen.

Das Altarbild der Carafa-Kapelle in S. Maria sopra Minerva in Rom zeigt Thomas von Aquin mit dem Stifter der Kapelle.

Reste der Via Latina und das Stadtschloss der Aquinos sind in Aquino zu besichtigen, das nur wenige Kilometer von Roccasecca entfernt ist.

Literatur:

Chenu, M.-D.: Thomas von Aquin. Reinbek, 2001
Gatz, E.: Roma Christiana. Regensburg, 1998
Gilson, E.: Der Geist der mittelalterlichen Philosophie. Wien, 1950
Grabmann, M.: Thomas von Aquin. Persönlichkeit und Gedankenwelt. München, 1949
Lakebrink, B.: Hegels dialektische Ontologie und die thomistische Analektik. Düsseldorf, 1968
Pieper, J.: Thomas von Aquin. Leben und Werk. München, 1986
Proja, G.B.: Itinerario Tomistico. Associazione Culturale Colli, 1999
Thomas von Aquin: De ente et essentia. Das Seiende und das Wesen. Stuttgart, 1987
Thomas von Aquin: Summa contra gentiles. Darmstadt, 2001
Thomas von Aquin: Summa theologica. Bd. 1 – 36, Leipzig, 1934 – 1961
Weisheipl, J. A.: Thomas von Aquin. Graz, 1980

Das Wesen des ersten Prinzips

Zum Grab des Duns Scotus in der Minoritenkirche zu Köln

Es ist regnerisch grau an diesem Novembertag in Köln. Christkönigsonntag, der letzte Sonntag im Kirchenjahr. Kalt und technisch wirken die Lichterketten der Adventsbeleuchtung über den sonntäglich leeren Geschäftszeilen. In der Nähe der großen Einkaufsboulevards, ganz umstellt von modernen Zweckbauten, hinter denen mächtig die Türme des Doms aufragen, liegt die Minoritenkirche. Nur ein bescheidener schlanker Glockenreiter sitzt auf dem Dach des Langhauses und zeigt an, dass hier ein Bettelorden gebaut hat. Franziskaner haben die Kirche ab 1246 zusammen mit einem neuen Stadtkloster errichtet. Die gegen ein träge gewordenes und in Äußerlichkeiten erstarrtes Christentum gerichtete franziskanische Bewegung hatte mit ihrer innigen volksnahen Spiritualität und ihrem Armutsideal bereits zu Lebzeiten des heiligen Franziskus weite Teile Europas erreicht. 1221 waren die ersten Brüder noch von Franziskus selbst nach Deutschland geschickt worden. Das Kölner Kloster der Franziskaner lag nördlich der Minoritenkirche auf dem Gelände des jetzigen Museumsbaus, dessen Fassade stilisierend und pietätvoll die Form des Westgiebels der Kirche aufgreift. 1802, im Zuge der Säkularisation wurde das Kloster aufgehoben und diente danach als Verwaltungsgebäude, Pfandleihe, Sparkasse und Arbeitshaus, bis es 1855 schließlich niedergelegt wurde.

Große Reisebusse halten auf dem Platz vor der Kirche. Die Kolpingfamilien aus Neuss und Bonn sind hier, um ihren Gesellenvater Adolf Kolping (1813 – 1865), der in der Minoritenkirche beigesetzt ist, mit einer Gedenkmesse zu ehren. Regennass glänzt das Standbild des Gründers der katholischen Gesellenvereine in der kleinen Parkanlage beim Portal der Kirche. Mit eingezogenem Kopf und rasch aufgespannten Schirmen eilen die Besucher vorbei. Innen werden schwarz-orangefarbene Kolpingfahnen und prachtvoll gestickte Banner entrollt, mit denen sich Abordnungen der

Abb. 1: Nördliches Seitenschiff der Minoritenkirche zu Köln mit dem Grab des Duns Scotus

verschiedenen Ortsvereine rechts und links des golden schimmernden Alfelder Altarbildes aufstellen. Sie haben gewissermaßen Hausrecht, denn Gesellenvater Kolping hat hier nicht nur sein Grab, er erhielt 1845 in der Minoritenkirche seine Priesterweihe und verwaltete die Kirche als Rektor in den letzten Jahren vor seinem Tod. Mit den Einnahmen aus seiner Veröffentlichungstätigkeit unterstützte er die Behebung der während der Säkularisation entstandenen Schäden. Kolpingsöhne sicherten nach dem Zweiten Weltkrieg in Eigenleistung die schwer beschädigte Kirche und errichteten bereits 1946 ein Behelfsdach über dem Grab ihres Gesellenvaters. Etwas im Schatten der Kolpingverehrung steht ein anderer Großer, der hier beigesetzt ist, obwohl er eigentlich die älteren Rechte hat: der Franziskanermönch und scholastische Philosoph Johannes Duns Scotus. In leitender Funktion hat er als Lector principalis an der Ordenshochschule im benachbarten Minoritenkloster gelehrt. Sein geschlossenstes Werk, der „Tractatus de primo principio“ (Abhandlung über das erste Prinzip), ist dort entstanden, bevor er unerwartet mit 42 Jahren, am 8. November 1308 verstarb und in der Minoritenkirche beigesetzt wurde. Sein früher Tod war ein herber Schlag für die franziskanische Richtung der scholastischen Philosophie, die er zu einer neuen Synthese geführt hatte. Obwohl fest verwurzelt in der augustinischen, mehr die Innerlichkeit betonenden Tradition der Franziskaner hat er auch die Anregungen der streng auf Vernunft gegründeten aristotelischen Philosophie in seine Metaphysik mit eingeschmolzen. Und doch ist sie von Grund auf anders angelegt als die durch Thomas von Aquin zu einem Höhepunkt geführte dominikanische, vor allem an Aristoteles orientierte Richtung der Scholastik. Im Unterschied zu Thomas geht er nicht vom sinnlich erfassten und durch Abstraktion erschlossenen Existierenden aus, sondern er zielt direkt auf das allgemeine Sein. Seine philosophischen Argumentationen sind „Gedankenflüge in das Innere der Wesenheit des Seienden“ (Gilson 215). Andere Lehren, die mit seinem Namen verbunden sind, wie die besondere Würde des individuellen Einzelnen oder der Primat des Willens, sind von ihm in äußerster methodischer Strenge aus diesem metaphysischen Grundkonzept gewonnen worden. Auf Duns Scotus lagen große Hoffnungen, er sollte im Streit der Ordensschulen, der bis heute nicht ganz beigelegt ist, entscheidenden Boden gewinnen. Die Trauer seiner Mitbrüder war entsprechend groß, als sie seinen Leichnam in der Minoritenkirche beisetzen mussten.

Grau und regnerisch mag es auch gewesen sein, als Duns Scotus im November 1308 in Köln starb, grau und regnerisch wird es in seiner schottischen Heimat gewesen sein, als er an einem Tag zwischen dem 23. Dezember 1265 und dem 17. März 1266, so weit kann es die historische Forschung eingrenzen, im südschottischen Maxton geboren wurde. Sein Vater gehörte zum kleinen Landadel. Onkel Elias Duns war franziskanischer Generalvikar und hat sicher nicht unwesentlich dazu beigetragen, dass der junge Johannes Duns in der Schule der Franziskaner in Haddington bei Edinburgh Aufnahme fand und dann 1279, mit vierzehn Jahren, als Novize in das Franziskaner-Kloster von Dumfries eintrat. Im Kloster nannte man ihn zur Unterscheidung von anderen Brüdern Johannes Scotus (Johannes der Schotte), ein Beiname, der ihm für immer bleiben sollte. Die franziskanische Bewegung, die 1224 England erreicht hatte, stand zu dieser Zeit in voller Blüte. An der Universität Oxford, die neben Bologna und Paris eines der drei bedeutenden Zentren der scholastischen Philosophie war, gaben franziskanische Denker wie John Peckham den Ton an, überwiegend strenge Vertreter der augustinischen Richtung. Duns Scotus kam in ein inspirierendes und hoch anspruchvolles Umfeld, als ihn sein Orden 1281 zum Studium nach Oxford schickte, allerdings auch in eine Atmosphäre des geistesgeschichtlichen Umbruchs. Das große Konzept der scholastischen Philosophie, Glaube und Vernunft zu versöhnen, war nicht mehr allgemein tragfähig. Seit Boethius (470 – 525) hatte man versucht, sich den Glaubenswahrheiten auch mit den Mitteln der argumentierenden Vernunft zu nähern, um sie für die Annahme auf dem Weg des Denkens

Abb. 2: Johannes Duns Scotus (1265/66 – 1308)

aufzuschließen. Scheinbare Widersprüche zwischen Glauben und Denken sollten erklärt und aufgelöst werden, denn die mit den Zeugnissen der Offenbarung gegebenen Glaubenslehren und die mit den Mitteln des schlussfolgernden Denkens gefundenen Sätze konnten sich nicht widersprechen. Mit Anselm von Canterbury (1033 – 1109) war das Pendel dann fast zu weit in Richtung der Vernunft ausgeschlagen. Cur Deus homo? – Warum ist Gott Mensch geworden? war seine brennende Frage. Ganz deduktiv mit einem auf sich selbst gestellten begrifflichen Denken hat Anselm seine Antworten gesucht. Exemplarisch ist sein berühmter ontologischer Gottesbeweis, der die Existenz Gottes allein aus dessen Begriff ableitet, denn, so die Anselmsche Argumentation, der Begriff eines höchsten vollkommen Seins schließt dessen Existenz notwendig mit ein. Die wiederentdeckte aristotelische Philosophie lieferte mit ihrem an der Wirklichkeit orientierten Denken neue Methoden und Konzepte. Nach viel Widerstand gegen diese „heidnische" Philosophie wurde das gesamte Werk des Aristoteles schließlich zum Studium zugelassen. Albertus Magnus und sein ihn an Bedeutung überragender Schüler Thomas von Aquin haben die aristotelische Philosophie dann für das christliche Denken fruchtbar gemacht und es mit platonisch-augustinischen Lehren zu einem neuen großen System christlicher Philosophie verbunden. Glaube und Vernunft sind hier in einem äußerst abgewogenen Verhältnis zum Ausgleich gebracht. Auf diesem Höhepunkt der Scholastik traf sich darin die Dominikanerschule, trotz aller Differenzen, mit Bonaventura, dem herausragenden Vertreter der franziskanischen Richtung (Pieper 51). Aber noch während Thomas an seinen kunstvollen, die Glaubenssätze und die Philosophie harmonisierenden Summen schrieb, zerstörte ein kräftig sich zu Wort meldender Naturalismus das gerade gewonnene Gleichgewicht. Siger von Brabant war der Wortführer einer Richtung, die sich auf die arabische Aristotelesinterpretation des Averroes stützte und viele Gedanken einer neuzeitlichen, rein immanenten und deterministischen Weltdeutung vorwegnahm. In den schweren Auseinandersetzungen, die an der Pariser Universität um diese Lehren geführt wurden, vertraten Thomas von Aquin und Bonaventura federführend die Gegenposition. Der später zusammenfassend so genannte „lateinische Averroismus" des Siger von Brabant wurde schließlich verurteilt, doch der Riss ließ sich nicht mehr kitten. Die Ablösung der Wissenschaften von einer alles umfassenden Theologie war nicht aufzuhalten. Die Neuzeit kündigte sich an mit ihrer ganz auf eine unabhängige und innerweltliche Naturerklärung ausgerichteten Forschung und einer alles andere sich unterordnenden technischen Weltbeherrschung. Nach dem Tod des Thomas von Aquin und Bonaventuras, beide starben 1274, wurden 1277 nochmals zweihundertneunzehn Lehrsätze verurteilt. Aber diesmal hatten konservative Vertreter der augustinischen Richtung dafür gesorgt, dass auch einige Lehren des Thomas von Aquin gleich mit auf die Liste kamen, denn selbst seine ganz christliche, aber die Fülle der Schöpfungswirklichkeit und damit auch die Leiblichkeit des Menschen in ihrem Eigenwert anerkennende Lehre war ihnen suspekt. John Peckham, der inzwischen Erzbischof von Canterbury und englischer Primas geworden war, bekräftigte 1284 diese Verurteilung. Duns Scotus war zu dieser Zeit noch ein junger Student von etwa neunzehn Jahren. Die Nachbeben dieser Auseinandersetzung müssen an der Universität und im Orden für ihn vielfach spürbar gewesen sein, denn John Peckham hatte sie sogar zum Thema mehrerer Provinzialsynoden gemacht. So war es die Verteidigungsstellung gegen eine Strömung, die das Denken vom Glauben losreißt und die menschliche Freiheit zugunsten einer deterministischen Weltdeutung aufgibt, in die Duns Scotus als junger Student hineingewachsen ist. Sie hat sein Werk geprägt und erklärt manche Einseitigkeiten, die später zu Fehldeutungen geführt haben.

Der junge Duns Scotus hatte zu dieser Zeit noch einen langen Weg und ein gewaltiges Pensum vor sich bis zum Grad eines Doktors der Theologie. 1291 war der erste wichtige Schritt getan, er wurde in Northampton zum Priester geweiht. Etwa zwei Jahre lehrte er danach als Vizelektor, also als eine Art Assistent. Seine besondere Befähigung muss im Orden schon aufgefallen sein, denn bereits 1293 wurde er nach Paris geschickt, an die damals führende europäische Universität. Er blieb bis 1296, um sich auf das Bakkalaureat, den ersten Grad eines akademischen Lehrers vorzubereiten. Ab 1297, er war also erst knapp über dreißig Jahre alt, trat er dann bereits als eigenständiger Denker hervor. Während seiner Lehrtätigkeit als Bakkalaureus in Cambrige und Oxford hatte er, wie es an der mittelalterlichen Universität üblich war, zunächst die Sentenzen des Petrus Lombardus auszulegen, eine Sammlung von Kirchenväterzitaten, vor allem aus den Werken des Augustinus. Dabei entstand die so genannte Lectura als Skript zur Vorbereitung auf seine Lehrveranstaltungen. Das ursprünglich als sein Hauptwerk betrachtete und in diese Zeit eingeordnete „Opus Oxoniense" ist erst später von Schülern zusammengestellt worden, wie die textkritische Forschung inzwischen gezeigt hat. Die Lectura ist weit mehr als nur die schulmäßige Interpretation der Sentenzen, denn schon hier bezieht Duns Scotus entschieden eine seiner zentralen Positionen, die Lehre von der Kontingenz der Schöpfung und der absoluten Freiheit Gottes, der auch eine ganz anders geartete Welt in die Wirklichkeit hätte heben können (Vos 29). „Die allgemeine Sicht der Welt, die sich aus den Werken des Duns Scotus ergibt, ist also die eines unendlichen Seienden, das sich genügt, das jedoch tatsächlich endliche Seiende geschaffen hat, und zwar auf Grund eines freien Willens, für den die Liebe das einzige einsichtige Motiv ist" (Gilson 652). Die Stoßrichtung war klar das immer mehr erstarkende naturalistische Denken, nach dem die Welt allein von inneren Notwendigkeiten beherrscht ist. 1302 – 1303 lehrte Duns Scotus dann an der Universität Paris, um sich auf das Amt des Magisters vorzubereiten. Wiederum hatte er über die Sentenzen des Petrus Lombardus zu lesen und wiederum entstanden dabei Schriften von eigenem Rang. Man nannte ihn bereits Doctor subtilis, wegen seiner nie Halt machenden, bis ins Letzte jedem Argument und möglichem Gegenargument folgenden Art der Darlegung.

Schon im zweiten Jahr des Pariser Aufenthaltes drang die Unruhe der Zeitläufe bis in die Studierstuben der Universität und zwang ihn zur Unterbrechung seiner Arbeit. Das ausgehende dreizehnte Jahrhundert war nicht nur eine Periode des geistigen Umbruchs, es stand auch unter dem Zeichen einer tiefgreifenden politischen Wende. Die Macht des Kaisertums hatte nach dem Tod Friedrich II. (1250) und der Enthauptung des letzten Staufers Konradin (1268) seine zentrale ordnende Kraft eingebüßt. Lokalmächte, vor allem König Philipp IV. (der Schöne) von Frankreich, strebten nach Macht aus eigenem weltlichem Recht. Dem Papsttum begann die Vorherrschaft zu entgleiten, die Papst Innozenz III. (gest. 1216) noch zu einem letzten Höhepunkt geführt hatte. Bonifaz VIII. (gest. 1303) versuchte mit allen Mitteln, das Blatt noch einmal zu wenden, es fehlte ihm aber an politischem Geschick und Augenmaß. 1296 kam es zu einem ersten Konflikt, als er die Geistlichkeit von der Besteuerung durch weltliche Fürsten ausnehmen wollte. Die Bulle Unam Sanctam formulierte 1302 dann in harter provozierender Form den Machtanspruch des Papsttums über die weltlichen Herrscher und eskalierte damit den schwelenden Konflikt mit dem französischen König. Duns Scotus geriet in Paris mitten in diese Auseinandersetzungen hinein. Die Universität stand fast vollständig auf der Seite des Königs und selbst der Konvent der an der Universität lehrenden Franziskaner war gespalten. Vierundachtzig von ihnen erklären sich bereit, ihre zustimmende Unterschrift unter ein Dokument gegen den Papst zu setzen. Duns Scotus war bei den siebenundachtzig Verweigerern, die dem Papst die Treue hielten und Frankreich verlassen mussten. Er stand auch hier auf der Seite derjenigen, die den unaufhaltsamen Untergang eines Zeitalters aufzuhalten versuchten, das sich dem Ende zuneigte. Bonifaz konnte sich nicht mehr durchsetzen, auch mit einem Bann Philipps im April 1303 brachte er sich in keine bessere Position. Er hatte keine Bataillone aufzubieten gegen den König, der ihn unbeeindruckt von einem bewaffneten Stoßtrupp überfallen ließ, um ihn mit Anschuldigungen wie, er halte sich einen Hausteufel, und anderem starken Tobak, vor ein Konzil zu stellen. Eine entsprechende Anklageschrift hatte er bereits vorbereiten lassen. Bonifaz konnte mit knapper Not fliehen, wurde aber schon wenige Wochen darauf im Lateran, in dem er sich verschanzt hatte, tot auf seinem Bett gefunden (Ranke 419f). Die „babylonische Gefangenschaft der Kirche“ mit einer völligen Abhängigkeit der Päpste vom französischen Königtum begann.

Trotz dieser Wirren kehrte Duns Scotus bereits 1304 zurück nach Paris, gedrängt von seinem Ordensgeneral Gonsalvus Hispanus, der seinen vielversprechenden Bakkalaureus möglichst bald als Doktor der Theologie auf dem akademischen Kampffeld der Pariser Universität sehen wollte. Im April 1305, er war neununddreißig Jahre alt, war es dann so weit, er erhielt den Doktorgrad und die volle akademische Lehrbefugnis. Seine Schaffenskraft explodierte geradezu, kulminierte und verbrauchte sich in großen Werken wie „Quodlibet“ und „Ordinatio“, als ahnte er, dass ihm nur noch ganze drei Jahre bleiben sollten. Seine Metaphysik hatte jetzt ihre volle reife Gestalt gewonnen. Die Tranzendentalienlehre und die Univozität des Seins sind die methodischen Mittel, mit denen er die Grundlagen für den Bau seiner Gotteslehre legte. Während Thomas von Aquin sich nur vorsichtig in Analogien zu dem, was sich uns im endlichen Sein der Schöpfung zeigt, dem ganz anderen unerreichbaren und unendlichen Sein Gottes zu nähern versucht, wagt Duns Scotus die unerhörte Grenzüberschreitung. Er will das ganze Sein in seine Metaphysik mit einbeziehen, also das endliche und das unendliche göttliche Sein und damit auch Aussagen über das Wesen Gottes ermöglichen. Die Brücke, die er dazu baut, sind die Transzendentalien, die als Modi des gesamten Seins über dessen Einteilung nach Kategorien und in Gattungen stehen (Wolter 9ff). Er bestimmt sie mit Begriffspaaren wie endlich – unendlich oder notwendig – kontingent. Duns Scotus nimmt sie als univoke Begriffe, die von endlichem und unendlichem Sein eindeutig aussagbar sind, die also in gleichem Sinne gelten, nicht nur im übertragenen, analogen Sinne. Dabei bleibt er auf einer formalen Ebene des allgemeinen Seins und geht nicht wie Thomas von der konkreten Schöpfungswirklichkeit aus. Gilson nennt ihn daher „Wesensmetaphysiker" (Gilson 688), womit Duns Scotus ganz der platonisch-augustinischen Linie des franziskanischen Denkens folgt. Eine Philosophie der Wesenheiten erfordert aber auf der anderen Seite ein Prinzip der Individuation, also eine Erklärung des individuellen Einzelnen. „Mit anderen Worten, ich kann einen Stein in mehrere andere teilen, aber keiner von ihnen wird *derselbe Stein* sein wie der, den ich so geteilt hätte, und man fragt nach dem, was in diesem Stein diese Unmöglichkeit begründet" (Gilson 469). Die aristotelisch-thomistische Lösung, nach der die Materie das Prinzip der Individuation ist, bleibt dem scotischen Denken verschlossen. Duns Scotus muss daher ein besonderes metaphysisches Prinzip annehmen, das die Einzeldingigkeit begründet. Es ist dies nach ihm die „haecceitas", eine im individuellen Einzelnen gegebene innere Bestimmung seiner Einzigkeit, die nicht mehr hintergehbar und nur intuitiv erfassbar ist, da die Mittel der Abstraktion an ihr abprallen. So haben wir in der Philosophie des Duns Scotus schließlich ein einerseits ganz in Wesenheiten sich bewegendes Denken, das die Schranke zwischen endlichem und unendlichem Sein niedergerissen hat, und andererseits eine Lehre der Individuation, mit der besonders die Würde des individuellen Einzelnen betont wird. Wegen dieses „Paradigmenwechsels" (Pickstock 11), zusammen mit der hohen Bewertung der Freiheit und dem von Duns Scotus gelehrten Vorrang des Willens vor dem Intellekt, wird in der scotischen Philosophie eine Wegbereitung hin zum neuzeitlichen Denken gesehen.

Auch auf theologischem Gebiet scheute Duns Scotus sich nicht, schwierige Themen aufzunehmen. Trotz der Widerstände und Bedenken des überwiegenden Teils der Pariser Professoren kämpfte er mit seiner ganzen Argumentationskraft für die Lehre von der Unbefleckten Empfängnis Mariens, nach der Maria als einziger Mensch durch „vorhergehende Erlösung" (Papa 64) ganz ohne Erbsünde geblieben ist. Vielleicht wollte man ihn aus der Schusslinie nehmen wegen der sich zuspitzenden Auseinandersetzungen um diese Lehre, als man ihn dann Mitte 1307 überraschend an die Kölner Ordensschule schickte. Vielleicht hatte man ihn auch als scharfsinnigen Prediger angefordert zur Verstärkung des Kölner Konventes gegen die im Rheinland umherstreifenden und Unruhe verbreitenden Gruppen der sektiererischen Begharden. Beides ist nicht sicher belegt. In Köln jedenfalls wurde er feierlich empfangen. „Als man von seiner Ankunft in Köln erfuhr, ging ihm der ganze Klerus entgegen" (Esser 165).

Aufbauend auf den Pariser Vorarbeiten hat Duns Scotus in Köln mit seiner „Abhandlung über das erste Prinzip" (Tractatus de primo principio) eine sehr dichte, ganz mit seinen methodischen Mitteln durchgebildete Lehre des göttlichen Ursprungs geschrieben. Sie ist gleichzeitig Zusammenfassung und Ende seines Schaffens. Noch einmal hat er seine Idee der göttlichen Freiheit und des göttlichen Wesens formuliert: „Du bist klare Schau Deiner selbst und freudvollste Liebe; und wenngleich Du, allein in Dir selig, Dir selbst in höchstem Maße genügst, verstehst Du doch zugleich alles Verstehbare aktuell. Du kannst zugleich alles Verursachbare kontingent und frei wollen und wollend verursachen; in wahrstem Sinne bist Du also von unendlichem Vermögen" (Duns Scotus 125).

Am 8. November 1308 machte der plötzliche Tod des Duns Scotus alle Hoffnungen zunichte, die in ihn gesetzt wurden. Eine Inschrift auf dem Sarkophag im nördlichen Seitenschiff der Minoritenkirche, in dem seine Gebeine jetzt ruhen, ist eine etwas wehmütige Zusammenfassung seines zu kurzen Lebens: „Scotia me genuit, Anglia me sucepit, Gallia me docuit, Colonia me tenet" (Schottland hat mich geboren, England hat mich aufgenommen, Frankreich hat mich gelehrt, Köln hat mich festgehalten). Nach seinem Tod hatte man ihn vor einem Seitenaltar bestattet, aber bereits Ende des 14. Jahrhunderts wurde das Grab in die Mitte des Chores verlegt und 1643 in die Nähe des Hauptaltares, um seine Verehrung besonders zu unterstreichen. Obwohl das Grab im zweiten Weltkrieg durch Bombentreffer ganz verschüttet wurde, konnte die Reliquienkapsel 1946 aus den Trümmern unversehrt geborgen werden. Nach vorübergehender Aufbewahrung im Dom wurde sie 1956 feierlich zurück in die Minoritenkirche übertragen und in einem neuen Sarkophag aus Muschelkalk beigesetzt. In das helle Material sind auf allen Seiten symbolhafte Darstellungen tief eingekerbt. Der Deckel zeigt die Liegefigur des Duns Scotus im Habit und mit einem Buch, die Vorderseite das Ordenswappen, die Christkönigskrone und die Tiara als Hinweis auf seine standhafte Haltung im Streit zwischen Bonifaz VIII. und Philipp dem Schönen. Auf der Rückseite erinnert das von einer Rose und einer Lilie eingefasste Initial „M" Mariens an seine Bedeutung für die Begründung der Lehre von der Unbefleckten Empfängnis. Bei der Wiederherstellung der Kirche nach dem Krieg hat man sich bemüht, den ursprünglichen Charakter der Bettelorden-Architektur wiederzugewinnen. Ganz schlicht und unverstellt sind die einfachen, von der französischen Gotik beeinflussten Formen und Strukturen der dreischiffigen Pfeilerbasilika. Von den klar gegliederten Bauelementen scheint jedes Akzidens abgezogen zu sein, wie bei der Wesensmetaphysik des Duns Scotus, der hier in seiner Kölner Zeit sicher auch selbst zelebriert hat. Die Sakristei ist der letzte erhaltene Rest des Klosters. In dem quadratischen Raum, dessen Gewölbe von einer monolithischen Mittelsäule getragen wird, tagte in den Anfangszeiten das Mönchskapitel. Die Fenster der Kirche sind überwiegend in Grautönen gehalten und setzen auf die Wirkung des Lichtes und der Binnengliederung. Auch die Bilderzyklen im Chor und im Westfenster sind in einer einfachen Formensprache gehalten mit sehr behutsamem Einsatz von wenigen, auf das dominierende Grau abgestimmten Farben. Ein zart violettes Rundfenster in der Spitze des Ostchores wirkt wie ein spiritueller Konzentrationspunkt. Vor dem Eingang zur Sakristei ist der wertvollste Kunstschatz der Kirche, das Brauweiler Kreuz (um 1024) ausgestellt. An der Wand neben dem Sarkophag des Duns Scotus erinnert eine Tafel an seine Seligsprechung am 20. März 1993. Zäh hatten die Franziskaner dafür kämpfen müssen.

Dass Duns Scotus lange umstritten blieb, lag einerseits an der Komplexität seines Werkes und der schwierigen Quellenlage, da die Autographen verloren und die Abschriften teilweise verfälscht waren, und andererseits an böswilligen Geschichten, die Gegner über ihn in Umlauf brachten. Die schwierige Quellenlage hatte ihre Ursache vor allem darin, dass beim Tod von Duns Scotus vieles unfertig liegen geblieben war, das dann durch Schüler ergänzt oder anders zusammengestellt wurde. Die Originalmanuskripte sind wahrscheinlich der Soldateska Cromwells zum Opfer gefallen. Enorme Forschungsarbeit war notwendig, um den authentischen Duns Scotus herauszuschälen aus den vorliegenden Abschriften und Kompilaten. Erst seit 1938 hat eine textkritische Kommission der Franziskaner hier eine bessere Grundlage geschaffen und unechte Werke ausgeschieden (Papa 23f). Makaber ist das immer wieder kolportierte, von Giovio (1483 – 1552) in die Welt gesetzte Gerücht, Duns Scotus sei bei seiner Beisetzung nur scheintot gewesen: „Vom Schlag getroffen, erfuhr er seine Strafe: doch so, dass er scheintot war und man voreilig seine Bestattung ansetzte. Als er dann wieder zu sich kam, sträubte sich die Natur zu spät gegen den Anfall der Krankheit: vergebens schrie der Elende nach Hilfe, stieß dann lange Zeit an den Grabstein, bis er schließlich den Kopf zerschlug und verschied“ (Esser 167). Die Franziskaner konnten dagegen nachweisen, dass man Duns Scotus nach franziskanischem Ritus ohne Sarg in der bloßen Erde beigesetzt hatte, wobei Hände und Füße des Leichnams an eine Planke gebunden waren.

Duns Scotus verstand sich mit seinem Werk in Abwehrstellung gegen das seit Mitte des dreizehnten Jahrhunderts aufkeimende naturalistische Denken. Die Behauptung aber, er habe gelehrt, dass in der Theologie wahr sein könne, was nach anderen Wissenschaften falsch ist, lässt sich mit seinen Schriften nicht belegen (Gilson 670). Viele Missdeutungen sind durch eine verbesserte textkritische Arbeit ausgeräumt worden, aber immer noch polarisiert seine Philosophie. Für Philosophen, die ihm nahe stehen, ist er der Wegbereiter einer „natürlichen Gotteserkenntnis", die über univoke Begriffe erreicht werden könne, da der menschliche Verstand in der Lage sei, „das ihm natürliche erste Objekt, das ‚Seiende als solches', wenn auch nur in Form eines abstraktiv gewonnenen Begriffs, zu erkennen". Duns Scotus habe so die Grundlage gelegt für ein neues „Verständnis von Metaphysik als Transzendentalwissenschaft" mit Auswirkungen bis hin zu Kant (Honnefelder 159, XV). Andere Denker sehen ihn eher kritisch, da seine mit univoken Begriffen arbeitende Metaphysik die Trennung des endlichen und des unendlichen Seins verwische und damit eine Seinsmetaphysik ohne Gott vorbereitet habe, wie sie dann etwa in der Philosophie Hegels und Heideggers ausgeführt worden ist (Pickstock 9 f). Wahr ist allerdings, dass das formale, direkt auf allgemeine Wesenheiten zielende Denken des Duns Scotus die Gefahr eines Rationalismus in sich birgt, dessen Begriffe die Bodenhaftung verlieren, weil sie nicht in der gedanklichen Durcharbeitung der konkreten Wirklichkeit ihre Verankerung haben.

Verbinden lässt sich die Reise zum Grab des Duns Scotus mit einem Besuch der Mittelaltersammlung im Wallraf-Richartz-Museum, die Werke Kölner Künstler aus der Zeit von 1300 bis 1550 zeigt. Einige davon könnte Duns Scotus also noch gesehen haben. Meisterwerke wie Stefan Lochners „Weltgericht" oder seine „Muttergottes in der Rosenlaube", aber auch die bedeutenden Werke von unbekannter Hand lassen uns die Geisteswelt, die religiösen Vorstellungen und den gesellschaftlichen Stufenbau des ausgehenden Mittelalters besser verstehen. Die intensive Bildsprache vermittelt einen Eindruck von der Gläubigkeit und von den Ängsten und Hoffnungen der damaligen Menschen, die auch Duns Scotus geteilt hat.

Praktische Hinweise:

Wallraf-Richartz-Museum in Köln,
Martinstr. 39, Tel.: +49 (0)221/22 12 11 19
Internet: www.museenkoeln.de

Minoritenkirche zu Köln,
Kolpingplatz (Innenstadt),
Tel.: +49 (0)221/2 57 66 46

Literatur:

Duns Scotus, J.: Abhandlung über das erste Prinzip. Darmstadt, 1974
Esser, D; G. D'Andrea: Johannes Duns Scotus. Mönchengladbach, 1986
Fußbroich, H.: Die Minoritenkirche zu Köln. Köln, o. J.
Gilson, É.: Johannes Duns Scotus. Düsseldorf, 1959

Literatur:

Honnefelder, L.: Scientia transcendens. Hamburg, 1990
Papa, G.; R. Zavalloni: Dokumente zur Seligsprechung des Johannes Duns Scotus. Kevelaer, 1992
Pickstock, C.: Modernity and Scholasticism: A Critique of Recent Invocations of Univocity. Antonianum, Rom, LXXVIII, 1, 2000
Pieper, J.: Scholastik – Gestalten und Probleme der mittelalterlichen Philosophie. München, 1991
Ranke, L. v.: Weltgeschichte, Bd. 4, Hamburg, 1958
Schneider, H.: Johannes Duns Scotus. Mönchengladbach, 1995
Vos, A.: Johannes Duns Scotus. Leiden, 1994
Wolter, A. B.: The Transcendentals and Their Function in the Metaphysics of Duns Scotus. The Franciscan Institute St. Bonaventure, N.Y., 1946

Unendlichkeit und Können-Selbst

Das Herz und die Bibliothek des Nikolaus von Kues

Weinberge bedecken die weiten Rebhänge des Moseltals wie hellgrüne Teppiche, bis hoch hinauf, wo die edlen Hochgewächse an einen dunklen Waldsaum grenzen. Das Sonnenlicht schlägt grelle Funken aus dem Fluss und die Luft riecht würzig nach üppigem Blühen und Wachsen. Die kleinen Ortschaften am Ufer drängen sich unter Schieferdächern um schmale Gassen zusammen, damit jeder Meter des kostbaren Bodens für die Reben bleibt. Auf vorspringenden Felsen wachen Burgen über die Orte im Tal. Weinhäuser laden dazu ein, die einheimischen Tröpfchen zu verkosten, in schattigen Innenhöfen, unter Lauben oder in uralten Fachwerkhäusern. Man glaubt gerne, dass hier mit Wein kuriert wurde und nach der Sage Bischof Boemund II., als er auf der Burg zu Bernkastel krank daniederlag, vom Rebensaft aus dem nahen Weinberg genas. Zum Dank für die Genesung soll er dem Wein den Doktortitel verliehen haben. Vielleicht aber wollte Bischof Boemund auch einfach nur die Welt noch nicht verlassen, angesichts eines so schönen Fleckens Erde, wie es das Moseltal bei Bernkastel ist. Nikolaus von Kues dagegen, der 1401 auf dem gegenüberliegenden Moselufer in Kues, jetzt Teil des Doppelortes Bernkastel-Kues, geboren wurde, zog es früh weg aus seiner Heimat. Er trat nicht in die Fußstapfen seines Vaters Johann Krebs (moselfränkisch Hennen Cryfftz), eines begüterten Kaufmannes und Moselfischers, sondern strebte geistliche Würden an. Immer aber blieb er seiner mosselländischen Heimat verbunden und mit Stolz führte er den Krebs im Wappen, der noch an seinen bürgerlichen Familiennamen erinnerte, als er bereits nach einer ungewöhnlichen Karriere den Kardinalshut trug und sich in der Gelehrtenwelt einen Namen als Nikolaus Cusanus gemacht hatte. Über seine Schulausbildung wissen wir nichts Genaues. Wahrscheinlich ging er in Deventer in die Schule der einer mystischen Religiosität zugeneigten „Brüder vom ge-

Abb. 1: Das Cusanusstift in Kues

meinsamen Leben". 1416 jedenfalls sehen wir ihn in Heidelberg beim Studium der septem artes liberales, der wissenschaftlichen Grundfächer für die Geistlichkeit. Nach nur einem Jahr wechselte er an die Universität Padua, um Kirchenrecht zu studieren. Dort lernte er den italienischen Humanismus kennen und knüpfte die ersten Fäden eines Beziehungsgeflechtes zu bedeutenden Persönlichkeiten, die später auf einflussreichen Positionen in der Kirche seine Förderer waren. Als frisch gebackener Doktor des Kirchenrechts kehrte er 1425 zurück in die Heimat und fand Anstellung als Rechtsberater beim Erzbischof von Trier. Bereits jetzt begann er damit, sich einkömmliche Pfründen zu verschaffen, die damals übliche Form der Besoldung von Geistlichen und kirchlichen Amtsträgern. Der Erzbischof übertrug ihm die Pfarrkirche zu Altrich, später St. Gangolf in Trier mit 4 Silbermark Jahreseinkünften und vor allem St. Florin in Koblenz, 30 Silbermark pro Jahr schwer. Im Elternhaus des Cusanus wird man stolz gewesen sein auf den jungen aufstrebenden Rechtsgelehrten.

Am Ortsausgang von Kues ist das von der Cusanus-Gesellschaft gut unterhaltene Geburtshaus des Cusanus zu besichtigen. Der wehrhafte zinnenbewehrte Bau mit seinem burgartigen Eckturm bringt das bürgerliche Selbstbewusstsein der Kaufmanns- und Fischerfamilie Krebs, von der sich sogar der Trierer Landadel Geld lieh, deutlich zum Ausdruck. Im Laufe der Jahrhunderte ist das ehemalige Wohn- und Geschäftshaus viele Male umgebaut worden, so dass wir nur noch ahnen können, wie es zu des Cusanus Zeiten dort gewesen sein mag, mit Wohnräumen, die zum Fluss hinaus sahen, an dem Cusanus als Kind gespielt hat, mit dem Kontor und den Lagerräumen für Waren und die Gerätschaften zur Flussfischerei. Das Kardinalswappen des Cusanus an der Vorderfront des Hauses ist erst mehr als 100 Jahre nach seinem Tod im Rahmen der ersten umfassenden Sanierung des Gebäudes angebracht worden. Im Obergeschoss, dessen offenes Gebälk schön den mittelalterlichen Charakter bewahrt hat, wird eine Ausstellung über Cusanus gezeigt. Faksimiles aus seinen Werken und illustrierte Texttafeln geben einen Überblick über die wesentlichen Stationen und den geschichtlichen Hintergrund seines Lebens und Wirkens.

Es ist uns nicht überliefert, wie der junge Cusanus die Welt des in sich zerrissenen, von politischen Händeln und Wirren geschüttelten 15. Jahrhunderts erlebt hat, als er hinauszog aus der behüteten Enge des kleinen Winzerortes im überschaubaren Tal der Mosel. Es war eine Zeit, in der tiefgreifende gesellschaftliche Umbrüche im Gange waren oder sich vorbereiteten. Von Böhmen aus rüttelte die Hussitenbewegung an ehernen Glaubensgrundsätzen. Zeitweise konkurrierten drei Päpste und drei deutsche Könige miteinander. Die Konzilien von Basel und Konstanz bestritten die Vorrangstellung des Papstes und konstituierten sich selbst als eine Art innerkirchlicher Gegenregierung. Wirre überhitzte Sekten durchstreiften in Banden das Land, Unruhe und Wahnideen unter der Bevölkerung verbreitend. Es war eine „Inkubationszeit", in der die Welt des Mittelalters versank und die Renaissance heraufzog (Friedell).

Der junge Cusanus erkämpfte sich mit erstaunlicher Zielstrebigkeit seinen Platz in dieser unruhigen Welt. Bald hatte er sich einen Ruf als Experte für Rechtsfragen erarbeitet und in der Gelehrtenwelt trat er hervor als Entdecker alter Handschriften. Daneben studierte er in Köln Theologie und Philosophie bei Heymeric von Kamp, der ihn in die Philosophie des Albertus Magnus einführte und mit der mathematisch-geometrischen Symbolik des mallorquinischen Philosophen Raimundus Lullus und der dunklen mystischen Beschauung des Dionysius Areopagita bekannt machte. Ein Same, der erst später aufgehen sollte. Noch stand ihm mehr der Sinn nach praktischer Wirksamkeit. Einen Ruf der Universität Löwen auf den Lehrstuhl für kanonisches Recht lehnte er ab. Sein Ehrgeiz lag auf anderem Gebiet. Er wurde Rechtsvertreter des Grafen Ulrich von Manderscheidt in einem Streit um das Trierer Bischofsamt. Im Auftrag des Konzils erarbeitete er einen Kompromissvorschlag für die Verständigung mit der aufstän-

Abb. 2: Nikolaus von Kues (1401 – 1464) mit seinem Bruder Johannes (rechts)

dischen Hussitenbewegung und mit der Schrift „De concordantia catholica" schrieb er eine Art Manifest der gegen die Vorrangstellung des Papstes gerichteten Konzilspartei. 1436/37 wechselte er dann überraschend auf die Seite der papsttreuen Partei und wurde kurz darauf mit einer Delegation, die eine Union mit der Ostkirche vorbereiten sollte, nach Konstantinopel entsandt.

Erst zu dieser Zeit, bereits hoch in den Dreißigern, begann er sein theologisch-philosophisches Werk. Aus einem Brief an Kardinal Cesarini wissen wir, dass er auf dem Meer während der Rückfahrt von Konstantinopel nach Venedig die entscheidenden Gedanken zu seiner ersten großen philosophischen Schrift „De docta ignorantia" (Von der belehrten Unwissenheit) gefasst hat (Meuthen 53). Wir können uns gut vorstellen, wie ihm während der fast zweimonatigen Reise über das winterliche sturmgepeitschte Mittelmeer, unter dem Eindruck der Weite und Unergründlichkeit der grauen Fluten deutlich greifbar war, was dann zum vielfach variierten Thema seines Werkes wurde: der Zusammenfall der Gegensätze in der Unendlichkeit Gottes, die „coincidentia oppositorum". Ist Gott aber der Zusammenfall der Gegensätze, kann ihm nichts entgegenstehen. Er ist zugleich das Minimum und das Maximum, er ist die Einheit und das Einzelne zugleich. Es sind fast paradoxe Formulierungen mit denen Cusanus versucht, die coincidentia oppositorum zu umschreiben, in der die von Gegensätzen geprägte Wirklichkeit im Letzten konvergiert, wie das Vieleck mit unendlich vielen Ecken sich dem Kreis annähert. Hier klingt die tiefe Sehnsucht an nach einer Auflösung der Widersprüche, die seine Gegenwart zerrissen. Plötzlich hatte sich zu einem Ganzen gefügt, was sich über Jahre der Denkarbeit unter dem Einfluss der Werke des Raimundus Lullus und des Dionysius Areopagita vorbereitet hatte. Frühe, bei den „Brüdern vom gemeinsamen Leben" empfangene Anregungen und die Mystik Meister Eckharts, dessen Schriften Cusanus um diese Zeit entdeckt hat, werden das ihre dazu beigetragen haben. In Eckharts neunter Predigt etwa heißt es: „Alles, was in den niederen Dingen geteilt ist, das wird vereint, wenn die Seele hinaufklimmt in ein Leben, in dem es keinen Gegensatz gibt" (Meister Eckhart 194). Ganz ähnlich klingt es bei Cusanus, wenn er in einer Widmung für Kardinal Cesarini schreibt: „Es muss das dringlichste Anliegen unseres menschlichen Geistes sein, sich zu jener Einfachheit zu erheben, wo das Widersprüchliche in eins fällt" (Gestrich 86). Die „belehrte Unwissenheit" steckt die Grenzen ab, in denen dies möglich ist. Sie ist Wissen und Nichtwissen zugleich. Sie erkennt einerseits, dass alles Gegensätzliche letztlich in Eins fällt, und weiß doch, dass es unmöglich ist, an die ganz andere Wirklichkeit jenseits der Widersprüche mit den uns gegebenen Möglichkeiten des Begreifens heranzureichen.

Es folgten weitere Werke, die seinen Grundgedanken weiterentwickelten und modifizierten. Er musste sich gegen den Vorwurf des Pantheismus verteidigen und erkannte selbst, dass entsprechende Missdeutungen nahe lagen. Ist denn nicht auch die Trennung von Gott und Welt aufgehoben, wenn Einheit und Vielheit in ihm in eins fallen? Entzieht Cusanus seinem Denken nicht selbst den Boden, wenn er den „Satz vom Widerspruch" nur noch eingeschränkt gelten lässt? In „De coniecturis" (Über die Mutmaßungen) versucht er eine Klärung, indem er die Welt als Ausfaltung Gottes darstellt, die durch diese Ausfaltung auch Andersheit wird und ihm gegenübertritt. Als Kind seiner Zeit selbst in sich widersprüchlich, war ihm Gott zwar die Wirklichkeit, die wir nicht mehr zu denken vermögen, weil mit jeder Eigenschaft zugleich ihr Gegenteil von ihr ausgesagt werden müsse, anderseits suchte er doch nach immer neuen Begriffsschöpfungen, um der nie fassbaren Wirklichkeit Gottes irgendwie habhaft zu werden: er findet „possest" (Können-Ist), er versucht es mit „posse fieri" (Werdenkönnen) und glaubt endlich mit „posse ipsum" (Können-Selbst) die Lösung zu haben (Kandler 83). Es ist „das Können jedes Könnens, ohne welches nichts irgend etwas kann" (N. v. K. 1947, 67). Einheit und Vielheit, Dauer und Veränderung sind nur verschiedene Betrachtungsweisen, die im Können-Selbst aufgehoben sind, denn es „ist früher und mächtiger als jede Ursache, als jeder Tuende und Handelnde und jeder Beweger und Former und ganz allgemein als jedes wie immer auch Sagbare und Begreifbare" (N. v. K. 1947, 78). Er suchte nach geometrischen und mathematischen Bildern, wie er es bei Heimerich von Kamp und in den Werken des Raimundus Lullus kennen gelernt hat, um den Zusammenfall der Gegensätze zu zeigen. So sind ihm die Zahlen „nichts anderes als besondere Weisen der Sichtbarwerdung des Könnens-selbst der Einheit" (N. v. K. 1947, 69). Als Nebenergebnis dieser theologisch-philosophischen Spekulation fand er den Grundgedanken der Infinitesimalrechnung und kam zu einer Kosmologie, die Kepler vorwegnahm.

Nur nachts oder in der wenigen freien Zeit, die ihm neben seinen umfangreichen kirchlichen Aufgaben blieb, konnte Cusanus an seinem Werk arbeiten, irgendwo unterwegs, in einem Kloster am Weg oder in einer Herberge. Seine kirchlichen Aufgaben trieben ihn immer fort, zu heiklen politischen Missionen oder monatelangen Legationsreisen. Und immer näher rückte er dem engsten Kreis des vatikanischen Machtzentrums. 1448 wurde er Kardinal, 1450 Bischof von Brixen. Hier schließlich erlebte er seine bitterste Niederlage. Er scheiterte am einheimischen Adel, weil er Brixen zu kompromisslos zum Musterbistum reformieren wollte. Nach langen, teilweise kriegerischen Auseinandersetzungen gab er auf und zog sich nach Rom und Orvieto zurück. Mitten in seinem letzten Auftrag, der Vorbereitung eines Kreuzzuges gegen die Türken, starb er am 11. August 1464 in Todi, wahrscheinlich an einem infektiösen Fieber. Sein Leib wurde in Rom in seiner Titularkirche San Pietro in vincoli beigesetzt, sein Herz aber, seinem Wunsch gemäß, in Kues, in dem von ihm gestifteten St. Nikolaus-Hospital für mittellose alte Männer. Cusanus hatte sein gesamtes Vermögen in die Stiftung investiert. Als eifriger Pfründenjäger, selbst aber bescheiden in der Lebensführung, konnte er den ansehnlichen Betrag von 10 000 Rheinischen Golddukaten für die Baukosten aufbringen. Die Pachterträge der stiftseigenen 30 Hektar Land und die Einnahmen aus den Weinbergen des Stiftsweingutes sichern noch heute Erhaltung und Modernisierung des Gebäudes. Cusanus hatte geplant, dort seinen Lebensabend zu verbringen. Die Bibliothek war schon vorbereitet, in der er sich nur noch dem Studium widmen wollte. Es war anders gekommen. Die Nähe zur Macht hatte ihren Tribut gefordert. Seine Stiftung hat Cusanus nie gesehen, auch die Stiftskapelle nicht mehr selbst konsekrieren können, und doch wird für den Besucher auch heute noch sein Geist dort spürbar.

Dem St. Nikolaus-Hospital in Kues, kurz Cusanusstift genannt, nähert man sich am besten von Bernkastel her, nach einem Rundgang durch die Altstadtgassen und über den mittelalterlichen Markt. Noch aus des Cusanus Zeiten, von 1416, stammt das Spitzhäuschen, dessen erster Stock auf der viel schmaleren Stube im Erdgeschoß aufsitzt, wie ein Schiff auf einem Kiel, so dass es sich altersschief und müde auf die Gasse hinauslehnt. Im Mittelalter wurden solche vorspringenden Stockwerke häufig gebaut, um den knappen Raum innerhalb der Stadtmauern bestmöglich zu nutzen. In der dunklen Enge darunter spielte sich das Leben ab. Die Werkstätten und Verkaufsstände waren vor den Häusern aufgebaut. Das Hämmern und Sägen der Handwerker, das Brüllen des frei herumlaufenden

Viehs und die Ausrufe der fliegenden Händler erfüllten die Gassen. Rauch aus den Schmieden und Pechsiedereien, Gestank der Misthaufen vor den Häusern und übler Fäulnisgeruch der nach zeitüblichem Brauch auf der Straße entsorgten Abfälle und Abwässer mischten sich mit dem Abdunst aus Garküchen und Bäckereien (Friedell 122 – 125).

Wir öffnen jetzt die Augen und stellen erleichtert fest, dass wir uns im touristisch gepflegten malerischen Bernkastel von heute befinden. Beim Überqueren der Mosel hat man von der modernen Brücke aus einen schönen Blick auf Kues. Links der Brücke fällt zunächst der große Bau des „Hotels drei Könige" ins Auge mit Fachwerkgiebel und romantisierend verspielten Türmchen. Rechts davon liegt der maßvolle spätgotische Bau des Stiftes mit seinem ausladenden Schieferdach und dem zur Mosel vorspringenden Chor der Stiftskapelle. Den ursprünglich U-förmigen Bau hat man im 18. Jahrhundert mit einem Querflügel an der Moselseite zu einem harmonischen Geviert geschlossen. Das Wappen des Cusanus über dem Eingang erinnert daran, dass hier eine über fünfhundertjährige ungebrochene Tradition fortgesetzt wird. Wie von Cusanus 1458 in seiner Stiftungsurkunde bestimmt, dient das Stift immer noch der Pflege mittelloser alter Menschen. Vorsichtig hat man sich aber dem Wandel der Zeiten angepasst, dabei möglichst im Sinne des Stifterwillens handelnd. Die nach Einbeziehung des angrenzenden ehemaligen Krankenhauses jetzt über 60 Bewohner sind entsprechend der heutigen Bevölkerungsstruktur überwiegend weiblich. Cusanus hatte bestimmt, es sollten 33 Männer Aufnahme finden, die Lebensjahre Jesu symbolisierend, von denen 6 Adelige und 6 Priester zu sein hatten. Soweit es mit den Erfordernissen einer modernen Altenpflege vereinbar war, hat man den mittelalterlichen Charakter des Hauses erhalten. Zum Leidwesen der Putzfrauen sind die Böden des Kreuzganges daher im Stil der Stiftungszeit aus Sandstein und zum Leidwesen des Pflegepersonals ist die Türbreite unverändert geblieben. Die Inneneinrichtung der Pflegezimmer aber ist auf dem neuesten Stand und nach zähem Kampf mit der Denkmalspflege wurden Geländer für die Flure bewilligt. Dem Besucher wird schnell deutlich, dass er kein Museum betritt. Im Innenhof sitzen Bewohner in der Sonne und im gotischen Kreuzgang hört man Klappern aus dem immer noch als Speisesaal dienenden Refektorium. Trennwände teilen den Bereich des Altenheimes von dem für Besucher zugänglichen Teil des Kreuzganges ab. Die netzförmig verflochtenen Gewölberippen und das Maßwerk der gotischen Fenster im Kreuzgang sind ziegelrot abgesetzt. Erst nach genauem Hinsehen fällt auf, dass die Gewölbe und das Maßwerk nicht einheitlich sind. Vom Innenhof aus erkennt man am besten, wie bei aller Variation im Detail eine harmonische Gesamtwirkung erzielt wird, dem Grundgedanken des Cusanus von der Einheit in der Vielheit, der coincidentia oppositorum, Gestalt gebend. Aus der Barockzeit stammt der repräsentative Konventsaal, der mit einer kostbaren Stuckdecke und wandfüllenden Gemälden zum Leben des Cusanus reich ausgestaltet ist. In derselben Zeit sind die im Kreuzgang ausgestellten großen Tafelgemälde mit Darstellungen der sieben Barmherzigkeiten entstanden. Für die Gesichter hat der Maler sich Bewohner des Hospitals und Bürger aus der Umgebung zum Modell genommen. Die spätgotische Stiftskapelle wird beherrscht von einer großen Mittelsäule, deren zwölf Rippen, Symbol für die zwölf Apostel, sich auffächern, als spannten sie das Gewölbe wie einen großen Schirm über dem Laienschiff auf. Das Triptychon hinter dem Altar, ein Werk unbekannter Kölner Meister, versetzt die Kreuzigungsszene in eine moselländische Landschaft, den Kirchturm von Bernkastel im Hintergrund. Im Vordergrund, unter dem Kreuz kniend ist Cusanus, der Stifter, in Kardinalsrobe dargestellt, daneben sein Krebswappen. Hinter Cusanus kniet sein Bruder Johannes, Pfarrer zu Bernkastel. Das Herz des Cusanus ist unter einer großen Messingplatte vor dem Altar in einer Bleikapsel beigesetzt. An der Wand rechts im Laienschiff ist die Grabplatte von Klara Krebs angebracht, der Schwester des Cusanus. Wir sehen in das Antlitz einer betenden Frau, deren lebendiger, fast mystisch verzückter Ausdruck eigenartig berührt. An der Wand links hat man ein Fresko aus der Stiftungszeit freigelegt. Die Darstellung des Jüngsten Gerichts war in früherer Zeit übermalt worden, weil sie Anstoß erregt hatte wegen der vielen Geistlichen und Mönche, die vor dem Höllenschlund zwischen den Verdammten dargestellten sind. Noch 1905 hat der zuständige Landrat einen Antrag des Stiftsdirektors auf Freilegung des Freskos abschlägig beschieden. Die Darstellung widerspreche dem gesunden Volksempfinden, lautete die Begründung, denn natürlicherweise gehe man davon aus, dass die Geistlichkeit bevorzugten Zugang zum Himmel habe. Die Bibliothek des Stifts betritt man jetzt über eine moderne Außentreppe, da der alte Aufgang durch die Sakristei nicht mehr zweckmäßig war. Wie die Kirche ist auch das Gewölbe des Bibliotheksraumes in einer großen schwingenden Bewegung über einer Mittelsäule aufgespannt. Die mit schönem Maßwerk verzierten Fenster sehen hinaus auf die Mosel, eine Maueröffnung gibt den Blick frei auf den Altarraum in der angrenzenden Stiftskapelle. In den Regalen ringsum sind ehrwürdige Folianten aus dem persönlichen Besitz des Cusanus aufgestellt, viele noch mit Anmerkungen von seiner Hand versehen. Auf den Rücken liest man die Namen der Denker, die ihn beeinflusst haben: Albertus Magnus und Dionysius Areopagita, Augustinus, Meister Eckhart und vor allem immer wieder Raimundus Lullus.

Während die Philosophie der Hochscholastik sich mit den Mitteln der Vernunft und hochgerüstet mit den scharfsinnigsten logischen Schlussverfahren der göttlichen Wirklichkeit annähern wollte, sah Cusanus vor allem wieder das unergründliche Dunkel Gottes, in dessen Unendlichkeit alle Gegensätze zusammen fallen. Zu schmal ist in seiner Philosophie der Grat, das Unsagbare mit paradoxen Formeln doch zu sagen, um Missdeutungen und einseitige pantheistische Überspitzungen ausschließen zu können, wie sie vor allem Giordano Bruno unter Vereinseitigung des Einheitsgedankens in Cusanus hineingelesen hat. Auf diesem Wege vermittelt hat Cusanus dann auf den deutschen Idealismus eingewirkt, der alles aus einem einzigen geistigen Sein verstehen will, dessen Leben ein pulsierender dialektischer Prozess ist, durch den alles scheinbar Dauerhafte in immer neue Widersprüche hineingerissen und verflüssigt wird, wie vor allem bei Hegel.

Verbinden lässt sich die Reise auf den Spuren des Cusanus mit einem Streifzug durch das, was moselländische Küche und Weinberge zu bieten haben. In den weinberankten Innenhöfen der alten Gasthäuser kann man einem Roten vom Kardinalsberg zusprechen, einem Riesling vom Graacher Himmelreich oder gar dem edelsüßen Bernkasteler Doctor. Wer wandern will, findet schöne Wege durch die Weinberge, etwa hinauf zum alten Gemäuer der Burg Landshut hoch über dem Fluss und den Ortschaften im Tal. Wenn man dann in der Dämmerung auf den schmalen Steigen zurückkehrt, spürt man in der milden Luft noch die Wärme, die der Schieferbruch zwischen den Rebstöcken aufgespeichert hat.

Praktische Hinweise:

Cusanus-Geburtshaus in Bernkastel-Kues, Nikolausufer 19,
Tel.: +49 (0)65 31/28 31, Internet: www.cusanus.org

St. Nikolaus-Hospital/Cusanusstift in Bernkastel-Kues, Cusanusstr. 2,
Tel.: +49 (0)65 31/22 60, Internet: www.cusanus.de

Der wichtigste Anreger des Cusanus, der mallorquinische Philosoph Raimundus Lullus (1235 – 1315), auf Katalanisch Ramón Llull, hat sein Grab in der Basilika Sant Francesc von Palma de Mallorca, hinter dem Hauptaltar.

Literatur:

Flasch, K.: Nikolaus von Kues – Geschichte einer Entwicklung. Frankfurt am Main, 1998
Friedell, E.: Kulturgeschichte der Neuzeit. München, 1979
Gestrich, H.: Nikolaus von Kues 1401 – 1464. Leben und Werk im Bild. Mainz, 1993
Hirschberger, J.: Geschichte der Philosophie. Freiburg, 1955

Literatur:

Kandler, K.-H.: Nikolaus von Kues. Göttingen, 1997
Meister Eckhart: Deutsche Predigten und Traktate. Zürich, 1979
Meuthen, E.: Nikolaus von Kues 1401 – 1464. Skizze einer Biographie. Münster 1964
Moffitt Watts, P.: Nikolaus Cusanus. A fifteenth-Century Vision of Man. Leiden, 1982
Nikolaus von Kues: Die belehrte Unwissenheit. De docta ignorantia. Hamburg, 1977
Nikolaus von Kues: Vom Können-Sein. Vom Gipfel der Betrachtung. Leipzig, 1947

Die Torheit der Welt

Im Wald der Mystiker und zum Haus des Erasmus von Rotterdam in Anderlecht

Frühnebel hat einen Teppich aus wattigem Flaum über die Wiesen und Felder gebreitet, in dem alle Formen sich aufzulösen scheinen. Die Stimmung der Weite und Leere des bis zum Horizont sich dehnenden flachen flandrischen Landes muss ganz den inneren Bildern der mittelalterlichen Mystiker entsprochen haben, die ihren Frieden weitab der Welt im alten Wald von Soinges gesucht haben, der noch heute ein großes Gebiet südlich von Brüssel, entlang der Autobahn nach Charleroi bedeckt. Jan van Ruysbroek (1293 – 1381) war bereits fünfzig Jahre alt, als er 1343 sein Amt als Geistlicher in Brüssel aufgab und mit einer Gruppe Gleichgesinnter in die Wälder zog, um in Groenendaal, also im „grünen Tal" beim heutigen Hoeilaart, eine mönchische Gemeinschaft zu gründen. Er wollte sich ungestört der Erfahrung innigster Gotteseinigung öffnen können, die er in seinen großen mystischen Werken wie „Die Chierheit der Gheestelicker Brulocht" (Die Zierde der geistlichen Hochzeit) in kraftvollem brabanter Flämisch versucht hat, in Worte zu fassen. Von Ruysbroeks Klostergründung ist in Groenendaal fast nichts mehr zu finden. Der Wald dort aber, in dem er so gerne meditiert hat, bringt ihn uns ganz nahe. Uralte hochstämmige Buchen formen grüne schattige Kathedralen. Dann wieder stehen die Bäume ganz licht, und silbrig schimmert das helle Grün. Hinter den fast unkenntlichen Ruinen der ehemaligen Klosterkirche liegt ein See. Der Wald rückt ganz dicht an sein Ufer, so dass die Bäume ihre ausladenden Zweige in das Wasser tauchen. Auf die dunkle Oberfläche zeichnet die Spiegelung einen zweiten schillernden Zauberwald, der mit dem wirklichen Wald ineinander zu fließen scheint. Hat Ruysbroek hier gestanden, als er die folgenden Zeilen schrieb? „Dein Geist sei als wie ein lebendiger Spiegel, der vor Gott sich aufdeckt, um in ihm Gottes ewigen Abglanz einzufangen … Unser eigenes, aller Bilder lediges und entblößtes Denken, das

Abb. 1: Erasmus von Rotterdam (1469 – 1536)

ist der lebendige Spiegel, wohinein dieses Licht strahlt … In diesem lebenden Spiegel sind wir geeint mit unserem ewigen Urbilde, welches Gott ist“ (Ruysbroek 35 f). Eine Miniatur zeigt Ruysbroek schreibend und meditierend auf seinem Lieblingsplatz unter einer Linde in der Nähe des Klosters, dessen Türme im Hintergrund zu sehen sind. Ein anderer Mönch sitzt ihm gegenüber und hilft ihm bei der Reinschrift. Vielleicht stellt er Jan van Leeuwen dar, den Koch der Mönchsgemeinschaft und Verfasser zahlreicher mystischer Schriften. Aber auch Begegnungen mit bedeutenden Besuchern hat der Wald gesehen. Johannes Tauler, der Straßburger Volksprediger aus dem Dominikaner-Orden und Schüler Meister Eckharts, suchte Ruysbroek hier auf. Gerhard Groote, der mit seiner Gründung der „Bruderschaft vom gemeinsamen Leben“ das religiöse Empfinden des ausgehenden Mittelalters tiefgreifend beeinflusst hat, blieb manchmal monatelang in Groenendaal. Die Anregungen, die Groote von Ruysbroek empfangen hat, sind eingegangen in seine neue Religiosität der Innerlichkeit, die „Devotio moderna“, bei der persönliche, mystisch gefärbte Betrachtungen im Vordergrund stehen, während die gebundenen liturgisch-kirchlichen Formen in ihrer Bedeutung zurück treten. Thomas a Kempis, der mit seiner kleinen Schrift „Von der Nachfolge Christi“ Generationen bewegt hat, ist aus der Devotio moderna hervorgegangen.

Im Wald bei Groenendaal hat man eine steinerne Bank mit dem Bildnis Ruysbroeks aufgestellt. Das schönste Denkmal für ihn ist aber sicher das Arboretum, ein Baumgarten, der vor über hundert Jahren zu forstwirtschaftlichen Zwecken angelegt worden ist. Er ist jetzt Teil eines Waldmuseums, das im ehemaligen Gutshof des Klosters untergebracht ist. Aus dem forstwirtschaftlichen Experiment ist in über hundert Jahren ein wahrer Wunderwald geworden mit exotischen Baumriesen aus aller Welt.

Vielleicht standen dem flämischen Dichter Felix Timmermans die mächtigen Stämme und knorrigen Wurzelstöcke im Wald von Soinges vor Augen, als er seine bäuerlich deftige Romanfigur Pallieter einen Moment froher Ergriffenheit angesichts der Schöpfung hat erleben lassen: „Und Pallieter, ergriffen von all dem wilden, barbarischen, übermütigen Leben, das so reich zusammengepresst saß in dem lebensvollen Baumklumpen, schlang die Arme um ihn und sagte gerührt: ‚Bruder Baum, Bruder Baum!'"

Ziemlich genau 150 Jahre nach Ruysbroeks Rückzug in den Wald von Soinges kam 1494 Erasmus von Rotterdam als junger Mitzwanziger nach Groenendaal, um in der Klosterbibliothek nach alten Handschriften zu graben (Huizinga 1947, 19). Er war gerade glücklich dem Klosterleben entronnen, in das ihn seine Vormünder nach dem frühen Tod der Eltern gedrängt hatten. Wegen seiner herausragenden lateinischen Sprachkenntnisse und seiner klassischen Bildung hatte ihn der Bischof von Cambrai, Heinrich von Bergen, als Sekretär zu sich berufen. Ein Dienst, der auch seinen eigenen Studien etwas Freiraum ließ. Für die Naturschönheiten in Groenendaal hatte Erasmus wohl wenig Sinn und Blick. Er lebte für die imaginäre Welt der klassischen Texte und Schreiber, das Ideal des Humanismus, der in der lateinischen und griechischen Literatur ein Gegenbild der Helle und sittlichen Reinheit gegenüber dem verrohten und abergläubischen, von der schwarzen Pest heimgesuchten und von Kriegen geplagten Spätmittelalter suchte und ein Mittel zur Besserung der trostlosen Wirklichkeit. Es war das europäische Netzwerk der humanistischen Gelehrten, in dem Erasmus sich Zeit seines Lebens bewegen sollte. Noch trug er zwar das Ordenshabit, aber er kehrte nie wieder ins Kloster zurück. Mit Groll blickte er zurück auf das Klosterleben, das ihm geistlos und beengend erschien. In seiner ersten Schrift, den „Antibarbari", die im Landhaus des Bischofs entstand, greift er die Feinde der klassischen Bildung an, die er vor allem in den scholastischen Philosophen der Mönchsorden sieht. Wirklich studiert hat er die Werke der Scholastik nicht, sie waren ihm zu spitzfindig und ihr Latein, das er an der klassischen Vollendung eines Cicero maß, fand wenig Gnade in seinen Augen. Scotismus ist ein in seinen Briefen häufig benutztes Schimpfwort für etwas Abseitiges, Irrelevantes und Abgelebtes, das man einfach übergehen kann. Duns Scotus und selbst Albert der Große waren für ihn „ungelehrte" Autoren (E. v. R. 1956, 65). In einem Brief an den späteren Kaiser Karl V. definiert er sein eigenes Philosophieverständnis: „Unter Philosophie verstehe ich nicht Disputieren über die Prinzipien, die erste Materie, die Bewegung oder das Unbegrenzte, sondern Befreiung von falschen, allgemein verbreiteten Ansichten und schlimmen Leidenschaften" (E. v. R. 1956, 134). Metaphysik blieb ihm immer fremd. Philosophie verstand er als reine Lebenslehre und Mittel zur moralischen Höherformung. Das suchte er in der Klassik und später durch Anregung des englischen Theologen John Colet auch in einer Verbindung der klassischen Gelehrtheit mit biblisch-christlicher Weisheit. Vielfach blieb es aber bei einem ästhetisch philologischen Interesse an den biblischen Texten, die er nach humanistischer Art kommentierte, paraphrasierte und sprachlich auf ihre Ursprünge zurückführte. An dem so unauslotbar tiefen Anfang des Johannesevangeliums faszinierten ihn vor allem die sprachlichen Konstruktionsprinzipien (E. v. R. 1956, 314). Die auf ihren Ursprungstext zurückgeführte Bibel sollte Mittelpunkt der Theologie und des religiösen Lebens sein, nicht die kirchlichen Zeremonien und volksreligiösen Bräuche, die am Ausgang des Mittelalters vielfach durch bizarre Verfallserscheinungen entstellt waren. Die schamlose Vermarktung von Ablässen, ein oft unwürdiges sinnentleertes Wallfahrtswesen, endlose Prozessionen und Zeremonien, die hart an Aberglauben und magische Praktiken grenzten, und eine exaltierte Sucht nach Reliquien warfen ein negatives Licht auf das gesamte religiöse Leben der Kirche. Karl VI. etwa verteilte anlässlich eines festlichen Bankettes Rippen Ludwigs des Heiligen an die anwesenden Edlen. Die Geistlichen bekamen einen Beinknochen des Heiligen, den sie sich teilen sollten, was die hohen Herren nach dem Festschmaus dann auch taten (Huizinga 1997, 174).

Die Kritik von Erasmus an den äußeren Formen des kirchlichen Lebens seiner Zeit ist einerseits humanistisch begründet mit dem Vorrang des durch die biblischen Texte sprechenden Geistes Jesu und andererseits grundiert durch seine Bitterkeit über die verlorenen Klosterjahre. Auch ein fernes Echo aus dem Wald der Mystiker wird in seiner Seele nachgeklungen haben, denn die Devotia moderna hatte mit ihrer Betonung einer persönlichen, innerlichen Religiosität große Teile des niederländischen Volkes erreicht. Es ist sehr wahrscheinlich, dass auch Erasmus schon früh diese weit verbreiteten religiösen Motive aufgenommen hat, auch wenn direkte Einflüsse der „Brüder vom gemeinsamen Leben“ auf ihn umstritten sind (Augustijn 28). Vom Erbe Ruysbroeks und der Devotia Moderna lebte in Erasmus allerdings vor allem noch das beschaulich-erbauliche Moment. Der Weg Ruysbroeks einer langen Vorbereitung in streng asketisch-mönchischer Lebensform auf eine dann als Geschenk empfangene Gottesnähe war nicht seine Sache. Wie nah er in Groenendaal den Ursprüngen seines eigenen Denkens war, hat Erasmus wohl nicht gewusst. Selbst wenn er in der Klosterbibliothek unter alten Folianten die Handschriften Ruysbroeks entdeckt hat, waren sie von ihm sicher achtlos beiseite gelegt worden, denn er interessierte sich nur für lateinische Schriften. Seiner niederländischen

Muttersprache entfremdete er sich immer mehr. Alle Energie und sein rastloser Einsatz galten den klassischen Texten, später auch den frühen christlichen Werken der Kirchenväter. Dabei blieb das Ideal, dem er nachjagte, immer abgehoben und weltfern. „Bei all seiner Empfänglichkeit und Empfindsamkeit hat Erasmus nie wirklich Fühlung mit dem Leben. In seinem ganzen Werk hört man keinen Vogel singen und keinen Wind rauschen" (Huizinga 1947, 124, Übers. HS). Anders ist es in seinen Briefen, in denen durchaus auch der Sturm weht und das Eis kracht, wenn er über die zahlreichen gefährlichen Reisen quer durch Europa berichtet, auf der Suche nach neuen, noch unbekannten Handschriften und zu seinen Druckern, die gerade begannen eine neue Macht der Meinungsbildung zu werden. Mit bemerkenswertem Mut und unbeugsamer Zähigkeit, trotz seines oft von Krankheit geplagten „zarten Körperchens", über das er oft klagte, hat er viele Reisen rheinauf und rheinab, nach England und über die Alpen nach Italien absolviert. Durch nichts ließ er sich aufhalten, wenn irgendwo eine Neuausgabe zu besorgen war, die seine Anwesenheit erforderte, oder ein seltenes Manuskript ihn lockte. So schrieb er 1515 aus Basel an Thomas Wolsey: „Die Reise nach hier war stets Räuberüberfällen ausgesetzt, aber niemals mehr als gegenwärtig; ferner war der Rhein durch Schnee und Regen gestiegen und überschwemmte alles mit seinen Fluten, namentlich bei Straßburg, es war eher ein Schwimmen als ein Reiten. Ich habe mich über alles hinweggesetzt, wenn nur der Hieronymus herauskommt!" (E. v. R. 1956, 131). Als gefragter Autor und Herausgeber wurde er umworben und konnte sich schließlich die besten Drucker aussuchen.

Aber noch war es nicht soweit. Der junge Sekretär, der in Groenendaal nach interessanten Manuskripten suchte, konnte jederzeit von seinem Kloster zurückgerufen werden, sobald die Aufgabe beim Bischof von Cambrai beendet war. Eine kleine, vom Bischof bewilligte Studienbörse gewährte den Aufschub und ermöglichte Erasmus 1495, zum Theologiestudium nach Paris zu gehen. Das strenge Reglement dort war nicht nach seinem Geschmack und den „scotistischen" Studien folgt er nur mit Widerwillen. Die Gelder des Bischofs versiegten schließlich, aber reiche englische Privatschüler eröffneten ihm neue Möglichkeiten. 1499 nahm ihn Lord Mountjoy mit nach England und führte ihn dort in den gebildeten humanistischen Kreisen ein. Er machte die für ihn prägende Bekanntschaft mit Thomas Morus und John Colet, der ihn für das Bibelstudium und die Theologie begeisterte, er lernte höfische Umgangsformen kennen und die Annehmlichkeiten eines wohlhabenden Lebens. Trotzdem hielt es ihn nicht in England. 1500 kehrte er zurück nach Paris und legte mit der Herausgabe einer Sammlung lateinischer Sprichwörter, den Adagia, die noch

Goethe kannte und benutzte, die Grundlage für seinen Ruhm und verschafft sich ein erstes bescheidenes Auskommen als Herausgeber und unabhängiger Autor. Die Pest, ständige Geldknappheit und die Suche nach neuen Herausgebermöglichkeiten trieben ihn immer weiter. Wir sehen ihn in Orléans, wieder in Paris, in Löwen, wieder in England, dann endlich 1506 – 1509 ergab sich für ihn auch die Möglichkeit, Italien zu besuchen und Rom zu sehen. Fast im Vorbeigehen erwarb er in Turin den Titel eines Doktors der Theologie. Wo immer er sich auch aufhielt, nie unterbrach er seine Studien und Arbeiten. Er lernte besessen Griechisch, um selbst aus den Quelltexten schöpfen zu können. In Löwen entstand eines seiner einflussreichsten Werke, sein Enchiridion, das „Handbüchlein eines christlichen Streiters". Es ist eher eine Gelegenheitsschrift, auf die Bitte der Frau des Kanonengießers Johann Poppenruyter hin als Anleitung zu einem christlichen Leben verfasst. Sie enthält aber bereits das gesamte religiöse Lebenskonzept des Erasmus. Auch hier trägt er seine Kritik an den äußeren oft sinnentleerten Formen der Kirche seiner Zeit vor, am „Schwall von Gebeten", denen er eine geistig vertiefte Religiosität gegenüberstellt: „Nicht das Geräusch der Lippen, sondern das glühende Gelübde des Herzens gewinnt gleich einer hellen, lauteren Stimme die Ohren Gottes" (E. v. R. 1/77 ff). Erst kaum beachtet, wurde das Werk dann nach 1518 zu einem Bestseller in einer durch den Baseler Drucker Froben besorgten Neuausgabe. Erasmus hatte dieser Ausgabe ein einleitendes Schreiben beigegeben mit scharfen Hieben gegen die Fastenvorschriften, das Ordenswesen und die kirchlichen Zeremonien. Auf dem Pferderücken, während des langen Rückweges von Italien über die Alpen, entwarf er die Grundzüge für ein weiteres kleines Buch, das er selbst eher als launigen Zeitvertreib angesehen hat, seine „Laus Stultitiae", „Das Lob der Torheit". Im Haus von Thomas Morus schrieb er es in einem Zug nieder, nachdem er 1509 nach England zurückgekehrt war. Es sollte mehr als alle seine großen Werke und Textausgaben Bestand haben und Neuauflagen bis in unsere Zeit erleben. Stultitia, die Torheit, tritt darin auf und verkündet ihr eigenes Lob. Sie stellt sich dar als das Lebenselement, das Widersinn und Mühsaal des Lebens erst erträglich macht durch heilsame Verblendung. Überall ist die Torheit der Welt gegenwärtig, „denn alles, was unter Menschen sich abspielt, ist voll Torheit, und Toren spielen es vor Toren" (E. v. R. 2/55), und Erasmus zeigt sie uns in allen Lebensbereichen, in der Ehe, den gesellschaftlichen Ständen und Berufen. Allen schenkt die Torheit einen Wahn, der durch „holde Täuschung das Herz vom Druck der Sorgen erlöst und mit reichem Glück überschüttet" (E. v. R. 2/87). Es ist ein Vexierbild, das Erasmus uns vorführt, in dem nicht immer genau unterschieden werden kann, was Ironie ist und was erstgemeinte Kritik, die nur unter dem Schutz der Narrenkappe vorgetragen wird. Gallig wird der Spott mitunter, wenn er sich am Ende wieder die kirchlichen Zustände und die scholastische Philosophie vornimmt, wo sich für Erasmus Torheit nur als Weisheit ausgibt: „Nun zu den Theologen! Gescheiter freilich wäre es wohl, in dieses Wespennest nicht zu stechen und um diese stinkende Hoffart einen Bogen zu machen ... – man fände sich rascher im Labyrinth zurecht als in dem Knäuel von Realisten, Nominalisten, Thomisten, Albertisten, Occamisten, Scotisten, und das sind erst noch nicht alle, nur die bekanntesten. Ihre Systeme strotzen von Gelehrsamkeit und sind gespickt mit Diffikultäten; selbst die Apostel brauchten einen neuen Geist, hätten sie über derlei Dinge mit diesem neuen Theologengeschlecht zu streiten" (E. v. R. 2/131, 133 f). Kritik hat die Schrift von allen Seiten auf ihn gezogen. Manche konnten einfach nicht lachen über die Ironie der Stultitia ihrem Stand gegenüber, andere spürten vielleicht schon einen ersten Anflug des Absurden der Welt, in dem dann der moderne französische Existentialismus jeden positiven Sinn auflösen sollte.

In England entstand das Mammutwerk einer Gesamtausgabe der Schriften des Kirchenvaters Hieronymus und eine lateinische Übersetzung des Neuen Testamentes mit textkritischen Anmerkungen, die Luther später neben der Vulgata seiner Bibelübersetzung zugrunde legte. 1514 begann Erasmus in Basel mit der Herausgabe dieser Werke bei dem bedeutenden Drucker Johannes Froben, eine Zusammenarbeit, die bis zu dessen Tod andauerte und ihn in besonderer Weise mit Basel verband. Die begeisterte Aufnahme bei den deutschen Humanisten war der Auftakt zu seinem Durchbruch, der ihn zu einer europäischen Institution machen sollte und das „Erasmische" sprichwörtlich. Karl V., der spätere Kaiser, in dessen Riesenreich „die Sonne nicht unterging", ernannte Erasmus zum Hofrat. Aus ganz Europa kamen jetzt verlockende Angebote, obwohl auch die Angriffe durch konservative Theologen schärfer wurden. Bis zu vierzig Briefe schrieb er inzwischen pro Tag, um sein weitgespanntes Beziehungsnetzwerk zu bedienen. Mit Hilfe englischer Freunde erreichte er endlich, dass ihn der Papst von seinem Mönchsgelübde entband. Als 1517 Karl V. die Hofhaltung von Brüssel nach Spanien verlegte, hätte Erasmus mitgehen können. Er lehnte ab und ließ sich in Löwen nieder. Was ihm wichtiger war als Macht und Einfluss, hören wir durch den Mund des Eusebius im „Geistlichen Gastmahl", einem der Dialoge (Colloquia familiara), die Erasmus ursprünglich für Lehrzwecke verfasst hat: „Mir ist fürwahr ein Nest lieber als jeder Palast. Und wenn der ein König ist, der frei nach seiner Fasson lebt, so bin ich hier eindeutig König" (E. v. R 6/25). Es war sein unbe-

Abb. 2: Die Studierstube des Erasmus in Anderlecht

dingtes Bedürfnis nach Unabhängigkeit und sein eingezogenes, die stille Innerlichkeit suchendes Wesen, das ihn die Studierstube allen weltlichen Ämtern und Ehren vorziehen ließ. Im Geist der Devotio moderna hatte schon Thomas a Kempis geschrieben: „Geh in deine Kammer und verschließe dich dem Lärm der Welt." Die Welt draußen ist ja Torheit, maskenhafter Wahn. Fand sich das Wahre und Schöne nicht viel eher in den Schriften der Alten?

In Anderlecht, jetzt eine lebhafte Vorstadt von Brüssel, damals ein ruhiger ländlicher Ort, ist ein solches „Nest" des Erasmus noch ganz im Stil der Zeit erhalten, das Museum Erasmushuis/Maison d'Erasme. Von Juni bis Oktober 1521 hat Erasmus in dem gotischen Herrenhaus bei seinem Freund, dem Domherren Pieter Wychman logiert. Wer das kleine Museum betritt, atmet sofort die Luft der erasmischen Studierstube. Die dunklen Holzdecken und alten Möbel verbreiten eine behagliche Stimmung. Leise knarren die gewachsten Dielen und man hört förmlich das Feuer knistern in den großen offenen Kaminen, mit denen jeder Raum ausgestattet ist. Warm leuchten die Farben der zeitgenössischen Gemälde im Licht der Bleiglasfenster. Bedeutende Werke von Hieronymus Bosch, Hans Holbein, Cornelis Metsijs und Rogier van der Weyden sind darunter. In zwei großen Sälen werden Bücher, Dokumente und Briefe von und an Erasmus ausgestellt. Die Wände im Renaissance-Saal sind mit getriebenem Córdoba-Leder in Türkis und Gold dekoriert. Zwei der Gemälde stellen

Hieronymus dar, den Kirchenvater des 4. Jahrhunderts, von dem Erasmus Zeit seines Lebens angezogen wurde. Er ist für ihn der „göttliche Hieronymus" und „fast der einzige lateinische Theologe, der es verdient, von allen gelesen zu werden" (E. v. R. 1956, 115). Das über Generationen in ungeheurer Anstrengung errichtete Lehrgebäude der christlich-scholastischen Philosophie klammerte Erasmus einfach aus und sprang quasi dahinter zurück. Tatsächlich war Hieronymus so etwas wie ein Vorläufer der Humanisten. Auch er sammelte die Schriften der klassischen Autoren und Cicero war für ihn Inbegriff der Bildung. Er lernte Hebräisch, um sich die biblischen Quellen erschließen zu können, und schuf mit der Vulgata die bedeutendste lateinische Bibelübersetzung. Während der Renaissance entstanden zahlreiche Darstellungen des Hieronymus in seiner Studierstube. Die bekannteste ist Dürers Kupferstich „Hieronymus im Gehäus", der den weltvergessenen Gelehrten bei der Arbeit am Schreibpult in einer heimeligen gotischen Stube zeigt. Darin findet sich fast so etwas wie das seelische Urbild des Humanismus. Ganz dieselbe Stimmung vermittelt uns das diesen Darstellungen nachgestaltete Arbeitzimmer des Erasmus in Anderlecht, in dem unter anderem 22 seiner Briefe entstanden sind. Auch die berühmten Gemälde und Stiche von Holbein, Metsijs und Dürer mit dem Bildnis des Erasmus, von denen einige in Anderlecht zu sehen sind, zeigen ihn wie eine Ikone immer in ähnlicher Pose „im Gehäus", am Schreibpult stehend, die Hand auf einem Buch oder einem Manuskript, den Blick gesenkt oder gedankenverloren. Die Fenster der Studierstube in Anderlecht sehen auf den mit einer Mauer eingefriedeten Garten des Hauses. Dort sind Beete mit Kräutern angelegt worden, wie sie in der Heilkunst des sechzehnten Jahrhunderts für die Behandlung der zahlreichen Krankheiten verwendet wurden, von denen Erasmus reichlich geplagt war. Die Schilderung des Gartens im „Geistlichen Gastmahl", die möglicherweise durch seinen Aufenthalt in Anderlecht inspiriert ist, erwähnt auch einen Kräutergarten. Sicher hat er sich dann dort bedient für die verschiedenen Kuren, insbesondere zur Linderung seines Steinleidens, die er ausführlich in seinen Briefen beschreibt: „Kamillen und Petersilie schlage ich in ein Leinentuch und koche das in einem sauberen, fast zur Hälfte mit reinem Wasser gefüllten Gefäß. Ist das Leinentuch heiß, nehme ich es aus dem Topf, drücke die Flüssigkeit so schnell wie möglich aus, und lege es auf die Seite auf … Ich brauchte das niemals zu wiederholen, ohne dass der Stein in die Gegend der Blase herunterrutschte, wo der Schmerz nachlässt" (E. v. R. 1956, 346 f).

Erasmus hatte sich nach Anderlecht zurückgezogen, weil die Situation in Löwen für ihn zu prekär geworden war. Die konservativen Theologen dort sahen in ihm einen Wegbereiter Luthers. Seit der ersten Verbreitung seiner Thesen im Jahre 1517 ging Luther, der nicht auf dem empfindsamen Boden des Humanismus gewachsen war, mit derber bäuerlicher Streitlust und immer lauter gegen die kirchlichen Missstände an, die Erasmus nur leise und in ironischer Verpackung kritisiert hatte. Am 18. April 1521 weigerte Luther sich auf dem Reichstag zu Worms vor Karl V., seine Thesen zurückzunehmen. Das Wormser Edikt belegte ihn daraufhin mit der Reichsacht. Die Kirche hatte ihn schon im Januar gebannt. Bereits sechs Wochen nach diesen Ereignissen sah Erasmus sich gezwungen, nach Anderlecht auszuweichen. Ende Oktober übersiedelte er dann nach Basel, wo er bei Froben unterkam.

Wie Erasmus war auch Luther von den „Brüdern vom gemeinsamen Leben" beeinflusst worden. Beide waren einig in ihrer Kritik an den Verfallserscheinungen der Kirche und in der Betonung einer persönlichen, am biblischen Wort orientierten Religiosität. Aber Erasmus war nicht wie Luther von der Sündenschwere gänzlich niedergedrückt, er sah den Menschen mit seinen Möglichkeiten in antiker Helle, frei und besserungsfähig. In Luther brannte das Feuer einer ungeduldigen Zornmütigkeit. Erasmus hatte immer nur die friedliche Reform der Kirche gewollt. So war der Bruch unvermeidlich, als deutlich sichtbar wurde, dass Luther sich nicht mehr darauf beschränkte Missstände zu kritisieren, sondern die Kirche selbst in Frage stellte. Erasmus ging auf Distanz, wollte aber neutral bleiben und bemühte sich in seiner vermittelnden Art immer noch, auf das Positive in Luthers Position hinzuweisen. Erst 1524 nahm er dann die Auseinandersetzung mit Luther auf in der Schrift „De libero arbitrio" (Über den freien Willen). Er sah klar, dass die Hauptdifferenz zum humanistischen Menschenbild darin lag, dass Luther dem Menschen jede Möglichkeit absprach, sich selbst aus seiner Sündhaftigkeit zum Guten zu erheben. Erasmus war unsicher, weil er sich in dieser Auseinandersetzung auf ungewohntem theologischem Gebiet bewegen musste. Dabei hätte er alle philosophischen Mittel dafür in der von ihm beiseite geschobenen scholastischen Philosophie finden können, unter anderem bei Thomas von Aquin, den er abschätzig als „Oberaristotelicus" apostrophierte (E. v. R. 2/141). Luther drohte und polterte zwar verärgert, blieb aber insgesamt unbeeindruckt. In seiner Antwortschrift „De servo arbitrio" (Vom knechtischen Willen) bestätigte er ausdrücklich, dass Erasmus den „Kardinalpunkt" getroffen habe, um den es ihm vor aller Kritik an den äußeren kirchlichen Fehlentwicklungen gehe. Und in unnachgiebiger Schärfe heißt es dort, „dass kein freier Wille sein kann" und „dass der Mensch ohne Gnade nichts als Böses wollen kann" (nach Mordstein).

Entsetzt war Erasmus, der sich in zahlreichen Schriften für den Frieden eingesetzt hatte, angesichts der Wirren und Kriege, die im Gefolge der Reformation Europa überzogen. Noch weiter igelte er sich ein in seinem „Gehäus“ und vergrub sich in die Arbeit an einer Gesamtausgabe der Kirchenväter. 1529 musste er in Basel miterleben, wie im Bildersturm die Kirchen geplündert wurden und der Mob die Straße regierte. Hals über Kopf flüchtete er vor den chaotischen Verhältnissen in das katholisch gebliebene Freiburg. In einer Schrift zur Eintracht der Kirche versuchte er 1533 noch einmal, mit einer vermittelnden Position den Bruch zu heilen. Doch es war längst zu spät. Seine Stimme wurde übertönt vom Lärm der Auseinandersetzungen, die sich in den Täuferunruhen zuspitzten. 1535 kehrte Erasmus krank, im geschlossenen Wagen transportiert nach Basel zurück, wo er bei Frobens Sohn Aufnahme fand. In der Nacht vom 11. auf den 12. Juli 1536 starb er in dessen Haus. Am Ende seines Lebens kam das mütterliche Niederländisch wieder über seine Lippen, als er seine letzten Worte flüsterte: „Lieve God.“

Erasmus hat Bedeutendes geleistet für die Erschließung der klassischen Texte und er war ein Pionier der textkritischen Methode. Der Vorwurf, er sei wankelmütig und charakterschwach gewesen, ist ungerecht, denn viel einfacher wäre es für ihn gewesen, sich auf eine der beiden Seiten zu schlagen. Ämter und Ehren wären ihm in jedem Fall sicher gewesen. Er hat alle Angebote abgelehnt, um ein unabhängiges Wort bewahren zu können. Dass ihm die Tatkraft gefehlt hat, um seine vermittelnde Position und eine friedliche Kirchenreform durchzusetzen, gehört zu den tragischen Kapiteln der Geschichte. Sein Name jedenfalls ist heute verbunden mit der Vision eines friedlichen europäischen Zusammenlebens, das er in seiner Person verkörpert hat. 1522 schrieb er an den Reformator Zwingli: „Ich wünsche Weltbürger zu sein, allen zu gehören, oder besser noch Nichtbürger bei allen zu sein. Möchte ich doch das Glück haben, in die Bürgerliste der himmlischen Stadt eingetragen zu werden!“ (E. v. R. 1956, 310).

Verbinden sollte man den Besuch in Anderlecht mit einem Rundgang durch den Beginenhof und das kleine angeschlossene Museum. Geistig den „Brüdern vom gemeinsamen Leben“ verwandt, waren die Beginen eine im 13. Jahrhundert in den Niederlanden und im Rheinland entstandene, vor allem von Frauen getragene religiöse Volksbewegung, die nach einer innigen, oft mystisch vertiefen Religiosität strebte und freie, dem Armutsideal verpflichtete Lebensgemeinschaften bildete. Aus diesen Beginen-Gemeinschaften sind Zeugnisse einer Spiritualität ganz eigener Prägung hervorgegangen, wie die Schriften der niederdeutschen Schwester Hadewich und das „Fließende Licht“ der Mechthild von Magdeburg. Wer unbedingt die ewige Stultitia grüßen will, kann in Waterloo, das nur wenige Kilometer von Hoeilaart entfernt ist, einen sechzig Meter hohen künstlichen Erdkegel erklimmen, den Butte du Lion, der an die letzte entscheidende Schlacht gegen Napoleon erinnert.

Praktische Hinweise:

Museum „Erasmushuis/Maison d'Erasme" in Brüssel-Anderlecht, Kapittelstraat 31/Rue du Chapitre 31, Tel.: +32(0)25 21/13 83, Internet: www.erasmushouse.museum

Arboretum und Waldmuseum (Bosmuseum) Groenendaal in Hoeilaart bei Brüssel, Duboislaan 6, Tel.: +32 (0)26 57/59 25, Internet: www.zonienwoud.be. Das Museum veranstaltet auch Wald-Wanderungen auf den Spuren Ruysbroeks.

Einen großen Teil seines Lebens hat Erasmus in Basel als Gast in den Häusern des Druckers Johannes Froben und dessen Sohn Hieronymus verbracht. Während seines ersten Aufenthaltes (1514 – 1516) wohnte Erasmus im „Haus zum Sessel", Totengässlein 1 und 3, wo Froben seine Druckerei betrieb. Von 1522 – 1529 hatte er eine Wohnung im Frobenschen Anwesen „Zur alten Treu" am Nadelberg 15 – 19. Von 1535 – 1536 war er Gast von Hieronymus Froben im Haus „Zum Luft" an der Bäumleingasse 18. Dort ist er in der Nacht vom 11. zum 12. Juli 1536 gestorben. Sein Grab im Baseler Münster liegt vor einem Epitaph am letzen Pfeiler im nördlichen Seitenschiff, das ihm 1538 seine Freunde gewidmet haben. Das Baseler Kunstmuseum zeigt bedeutende Erasmus-Gemälde von Hans Holbein.

Im „Haus zum Walfisch" in Freiburg, Franziskanerstraße 3, hatte Erasmus ab 1529 für drei Jahre seinen Wohnsitz.

Literatur:

Augustijn, C.: Erasmus – Der Humanist als Theologe und Kirchenreformer. Leiden – New York Köln, 1996
Erasmus von Rotterdam: Ausgewählte Schriften. Darmstadt. Bd. 1– 8, 1968 – 1980
Erasmus von Rotterdam: Briefe. Bremen, 1956
Eskens, E.: Filosofische reisgids voor Nederland en Vlaanderen. Amsterdam, 2000
Furger-Gunti, A. (Red.): Erasmus von Rotterdam, Ausstellung zum 450. Todestag, Historisches Museum Basel, 1986
Gail, A. J.: Erasmus von Rotterdam. Reinbek, 1999
Huizinga, J.: Erasmus. Haarlem, 1947
Huizinga, J.: Herfsttijd der Middeleeuwen. Amsterdam, 1997 (deutsch: Herbst des Mittelalters)
Mordstein, F: Übersehene Präambeln des Glaubens? In: Communio, 27, Mai/Juni, 262 – 271, 1998.
Ruysbroeck, J. v.: Die Zierde der geistlichen Hochzeit und die kleinen Schriften, Leipzig, 1924
Vanden Branden, J.-P.: Erasmushuis Anderlecht. Gent, 1992

Das notwendige Eine

Mit Spinoza in Rijnsburg, Den Haag und Amsterdam

Ein frischer Wind von der nahen Nordsee zerreißt den grauen Wolkenschleier und die tiefblaue Fläche des Hyazinthenfeldes schimmert im Licht einer milchigen Sonnenscheibe, als sei sie ganz und gar unstofflich. Es ist Frühling im „Bollenstreek", dem niederländischen Anbaugebiet für Blumenzwiebeln zwischen Hillegom und Noordwijk. Die weißen und gelben Sterne der Narzissen, abwechselnd mit Hyazinthen und Tulpen in allen möglichen Farbschattierungen, färben die Landschaft bunt. Selbst an den Böschungen und auf den Mittelstreifen der Schnellstraßen blühen verwilderte Blumen. Über das frische Grün der Weiden tollen junge Lämmer auf ungelenken Beinchen. Am Rande des „Bollenstreek", liegt die Kleinstadt Rijnsburg. Moderne Zweckbauten und Ladenzentren prägen den Ort. Auf dem Kanal, über den früher mit Schleppkähnen der Warentransport nach Amsterdam abgewickelt wurde, paddeln die Federbälle der Entenküken zwischen leeren Bierdosen. Etwas altholländische Atmosphäre kommt auf, wenn zur vollen Stunde vom Kirchturm der Laurentiuskirche, die seit Jahrhunderten die Gruft der Grafen von Holland beherbergt, die Melodie des Glockenspiels herüberklingt.

Zu den modernen Reihenhäusern und Wohnblocks, die in der Umgebung entstanden sind, will der einfache bäuerliche Backsteinbau, in dem Spinoza von 1660 – 1663 gelebt hat, nicht recht passen. Als Baruch de Spinoza hier Zuflucht suchte, war Rijnsburg ein Dorf inmitten von Dünen und Wäldern. Einflussreiche Gönner und Förderer aus der holländischen Handelsaristokratie hatten ihn in dem abgelegenen Ort in Sicherheit gebracht, nachdem seine pantheistische Lehre der All-Einheit alles Seienden bei der jüdischen und kalvinistischen Orthodoxie mehr und mehr Anstoß erregt hatte. 1632 in einer Familie portugiesisch-jüdischer Einwanderer geboren und im Amsterdamer Judenviertel aufgewachsen, kam er über die

Abb. 1: Spinoza-Haus in Rijnsburg

Schriften des jüdischen Freidenkers Delmedigo in Kontakt mit der mathematisch und naturwissenschaftlich ausgerichteten Philosophie der Renaissance. Neben der ungeliebten Mitarbeit im väterlichen Handelsgeschäft lernte er Latein, erarbeitete sich im Selbststudium die Schriften von Maimonides, Aristoteles und Averroes und beschäftigte sich mit Francis Bacons Konzept einer empirisch begründeten Naturbeherrschung. Schritt für Schritt löste er sich von seinem Väterglauben und geriet in Konflikt mit der jüdischen Gemeinde. Unter dem Einfluss einer freidenkerischen Täufersekte, den so genannten Kollegianten, in deren Umfeld er verkehrte, verschärften sich die Auseinandersetzungen. Nach dem Tod des Vaters kam es zur Konfrontation, der er bis dahin der Familie zuliebe ausgewichen war. Die Würdenträger der portugiesischen Synagoge verhängten zunächst den kleinen Bann, der Spinoza noch eine Bedenkzeit von 30 Tagen ließ. Schließlich, da Spinoza keinerlei Entgegenkommen zeigte, wurde er im Juli 1656 mit dem großen Bannspruch, dem „Cherem", aus der jüdischen Gemeinschaft verstoßen. Dem dunklen Zeremoniell, bei dem der Text des Bannfluches verlesen wurde, während man alle Kerzen löschte und die Schafaroth (Widderhörner) klagten, war Spinoza fern geblieben. Entschlossen löste er seine letzten Bindungen an die väterliche Welt. Den Anteil am väterlichen Handelsgeschäft verkaufte er seinem Bruder und tauchte danach für mehrere Jahre bei dem eigenwilligen humanistischen Querdenker Dr. Franciscus van den Enden unter, der am Singel in Amsterdam eine Lateinschule unterhielt. Spinoza arbeitete dort als Hebräischlehrer für Van den Enden und vertiefte gleichzeitig als dessen Schüler sein Wissen. Er führte physikalische Experimente durch und las die Schriften von Thomas Hobbes, dessen mechanistisch-mathematisches Denken ihn weiter in der eingeschlagenen Richtung bestärkte. Daneben erlernte er das Schleifen optischer Gläser, das ihm später den Broterwerb sichern sollte. Entscheidend für die Entwicklung seiner eigenen philosophischen Anschauung wurde die Bekanntschaft mit der neuesten Errungenschaft der Renaissance-Philosophie, dem Cartesianismus.

Die Philosophie René Descartes' (1596 – 1650) hatte eine fundamentale und bis heute virulente Umorientierung des Denkens gebracht. An die Stelle der selbstverständlichen Seinsgewissheit der alten Philosophie trat ein grundlegender Zweifel an der Möglichkeit, sichere Erkenntnisse über die Welt und erst Recht über die Gegenstände der Metaphysik – Gott, das allgemeine Sein und die menschliche Seele – zu gewinnen. Hatten doch am Ausgang des Mittelalters bahnbrechende Fortschritte in den Naturwissenschaften, die vollständige Umwälzung des astronomischen Weltbildes und die Fahrten der großen Entdecker den lange für selbstverständlich gehaltenen alten Wissenskanon erschüttert. Bei Descartes selbst war der Zweifel noch methodisch, ein Prüfstein, mit dem er alles ausschied, das nicht „von unerschütterlicher Gewissheit ist". Er wollte das in Fluss geratene Wissen wieder befestigen an einem unbezweifelbar „Festen und Bleibenden". Er fand es im Zweifel selbst, denn ich bin es ja zweifellos, der zweifelt, sei auch alles andere ungewiss. „Das Denken ist's, es allein kann von mir nicht getrennt werden: Ich bin, ich existiere, das ist gewiss" (Descartes 99, 95, 101). Es ist das bekannte „cogito ergo sum", „Ich denke, also bin ich", von dem Descartes ausgeht. In mathematischer Strenge und deduktiv will er sein Gedankengebäude daraus ableiten. Dabei gelangt er zu einer Definition der Substanz, die grundlegend abweicht vom alten, an Aristoteles gebildeten Verständnis, nach dem die Substanzen selbständige und beständige Einheiten der Wirklichkeit sind. Nach Descartes gehört zur Substanz auch die Unabhängigkeit von anderem Seienden, was eigentlich nur Gott zukommt. Da Gott dann aber die einzige Substanz wäre, lässt er inkonsequent auch geschaffene Substanzen zu: die ausgedehnte Materie und die bewussten Seelen. Beide versteht er, wiederum seiner Substanzdefinition folgend, als gänzlich unabhängig voneinander und gerät so in die nicht auflösbare Schwierigkeit eines Leib-Seele-Dualismus. Entsprechend lassen sich dann auch Pflanzen und Tiere, als Teil der ausgedehnten mate-

Abb. 2: Baruch de Spinoza (1632 – 1677)

riellen Welt, nur mechanisch als seelenlose Automaten verstehen.

Spinoza hat die Substanzdefinition Descartes' übernommen, die halbherzige Annahme geschaffener endlicher Substanzen aber fallen lassen. Die so radikalisierte Substanzauffassung Descartes' zusammen mit dessen mathematischer Methode, dazu Anregungen alter arabisch-jüdischer Vorstellungen und Giordano Brunos Lehre der All-Einheit sind in Spinozas System zusammengeflossen, das in den Jahren 1656 bis 1660 bei Van den Enden Gestalt gewann. Konsequenter als alle von ihm aufgenommenen Lehren lässt er nur noch eine einzige Substanz gelten, in der Gott, Welt und Mensch zusammenfallen. Alles Sein ist ihm nichts als Modus und Attribut dieser einen mit Gott identischen Substanz. Die Dinge entstehen in Gott und als Teil Gottes mit derselben Notwendigkeit, mit der geometrische Sätze aus ihren Voraussetzungen folgen. Die Individualität ist demnach aufgehoben, da „der menschliche Geist ein Theil des unendlichen göttlichen Verstandes ist" (Spinoza 2/179). Er besteht nur so lange, wie die Werdebewegung in Gott ihn festhält. Da alles mit Notwendigkeit in Gott folgt, ist Willensfreiheit nicht möglich, auch Gott selbst ist nicht frei.

Spinoza entwickelte seine Gedanken zunächst nur mündlich in einem Kreis von Anhängern aus dem freidenkerischen Sektenwesen, schließlich auch in einer ersten Schrift, der „Kurzen Abhandlung von Gott, dem Menschen und seinem Glück". In den folgenden zusammenfassenden Sätzen der Abhandlung sind bereits die wesentlichen Grundzüge seiner Lehre entfaltet: „Die Natur wird durch sich selbst erkannt und nicht durch irgendein anderes Ding. Sie besteht aus unendlichen Attributen, deren jedes unendlich und vollkommen in seiner Gattung ist und zu dessen Wesenheit die Existenz gehört, so dass außer ihr keine Wesenheit oder Sein mehr ist und sie genau übereinkommt mit der Wesenheit des allein herrlichen und hochgelobten Gottes" (nach Hirschberger 123).

Obwohl Spinoza zurückgezogen lebte, blieb sein Wirken nicht verborgen. Auf Druck der portugiesischen Synagoge wurde er 1660 vom

Amsterdamer Magistrat aus der Stadt verbannt. Einflussreiche Kreise hielten aber bereits ihre schützende Hand über ihn und beschaffen ihm Zuflucht in Rijnsburg. Die holländische Handelsaristokratie und die republikanisch gesinnten Regenten sahen in Spinozas System ein mögliches Gegengewicht gegen die kalvinistische Orthodoxie, die im Verband mit der einfachen Bevölkerung und dem Haus der Oranier eine sittenstrenge Monarchie errichten wollte. Seit 1648 unabhängig, waren die Niederlande zur Großmacht und zu einem der reichsten Länder Europas aufgestiegen. In den Lagerhäusern der Ostindischen Handelsgesellschaft stapelten sich die Waren bis unter die Decke: Pfeffer, Zimt, Gewürznelken, Muskat, Edelhölzer, chinesisches Porzellan und andere Kostbarkeiten des Fernen Ostens. Auch der lukrative Handel mit dem Ostseeraum, England und Skandinavien wurde von niederländischen Reedern dominiert. Es war das „Gouden Eeuw", das Goldene Jahrhundert der Niederlande. Solange der Handel blühte, war vieles erlaubt. Die positive Seite dieser gesellschaftlichen Freizügigkeit war eine größere Toleranz und die Zurückdrängung des dumpfen abergläubischen Fanatismus. Mehr als ein Jahrhundert früher als in den anderen europäischen Staaten wurden in den Niederlanden die Hexenprozesse eingestellt. Die negative Seite war ein rüdes und ungehemmtes Erwerbsstreben, das auch vor Sklavenhandel und unmenschlichen Methoden nicht zurückschreckte (Huizinga).

Rijnsburg war als Zufluchtsort für Spinoza abgelegen genug und dabei doch in der Nähe von Den Haag, so dass seine mächtigen Freunde es nicht weit hatten, wenn sie ihn aufsuchen wollten. Als Zentrum der freidenkerischen Kollegianten war der Ort zudem ein Gebiet mit besonderer Freizügigkeit. Spinoza lebte in Rijnsburg unter dem unsichtbaren Schutz seiner heimlichen Gönner, die ihn inkognito bei Nacht und Nebel besuchten. Seinen Lebensunterhalt bestritt er spartanisch von den Einkünften, die er mit dem Schleifen optischer Linsen erzielte. Unterstützung bekam er auch von seinem Freundeskreis in Amsterdam, mit dem er einen regen Briefwechsel unterhielt. In Rijnsburg entwickelte Spinoza sein System weiter. Er begann sein Hauptwerk, die Ethik, das er streng nach der Methode der Geometrie (ordine geometrico demonstrata) aufbauen wollte. „Ich werde … die menschlichen Handlungen und Triebe eben so betrachten, als wenn von Linien, Flächen oder Körpern die Frage wäre", beschreibt er sein Programm, das nur schwer vereinbar erscheint mit der Absicht, eine Ethik zu schreiben, also eine Lehre vom sittlichen Handeln aus freier Gewissensentscheidung (Spinoza 2/259). Spinoza sah die Schwierigkeit und löste den Widerspruch auf, indem er Freiheit als Erkenntnis der Notwendigkeit bestimmte. Derjenige, der zur höchsten

Selbsterkenntnis und damit zur Erkenntnis der göttlichen Substanz gelangt, kann gar nicht anders als im liebenden Einklang mit der in ihr gegebenen Notwendigkeit zu handeln. Spinoza nennt dies den „amor dei intellectualis".

Das kleine Haus in Rijnsburg gibt einen Eindruck von der ärmlichen Lebensweise Spinozas. Die beiden winzigen Räume, die er vom Bader Hooman gemietet hatte, boten gerade Platz für seine Werkstatt und einen Wohnraum, in dem er schlief und studierte. Anhand eines Giebelspruches, der in alten Aufzeichnungen erwähnt war, wurde das heruntergekommene Gebäude 1896 als Spinozas Wohnung identifiziert und sorgfältig von der eigens gegründeten Gesellschaft restauriert. In dem kleinen Museum ist neben Faksimiles von Briefen und Dokumenten die Bibliothek Spinozas ausgestellt, die man anhand des Nachlassverzeichnisses fast vollständig rekonstruieren konnte. Unter der Dachschräge eines dunklen Anbaus ist ein roh gezimmerter Schleifapparat mit Fußbetrieb aufgestellt, wie ihn auch Spinoza benutzt hat. Wenn man sich mit dem eisernen Türklopfer bemerkbar gemacht hat, öffnet die Hausmeisterin, die selbst im Haus wohnt, und lässt die Besucher für ein geringes Eintrittsgeld herein. Wer etwas Niederländisch versteht, erfährt von ihr interessante Geschichten über das alte Rijnsburg, als das kleine Bauernhaus noch inmitten von Feldern lag. Vielleicht darf man dann auch einen Blick in ihr Wohnzimmer werfen, wahrscheinlich ehemals Wohnstube des Hauswirtes von Spinoza, in dem zwischen Plüsch und Häkelkissen eine dicke schwarze Perserkatze schlummert.

1663 verließ Spinoza Rijnsburg und zog erst nach Voorburg, 1669 dann nach Den Haag. Er war bereits ein gesuchter Gesprächspartner. Herausragende Persönlichkeiten besuchten ihn: Christiaan Huygens, der geniale Mathematiker, Naturwissenschaftler und Entdecker des Saturnringes, und Leibniz, der mit ihm den Gottesbegriff der Ethik diskutierte. Wahrscheinlich auf Anregung seiner Förderer unter den republikanischen Regenten unterbrach er die Arbeit an der Ethik und schrieb den „Theologisch-politischen Traktat", gewissermaßen seine Staatsphilosophie, mit der er sich für die Gedankenfreiheit einsetzte und für ein Staatswesen, das sie garantiert. Die 1670 unter einem Pseudonym erschienene Schrift bekam „die Bedeutung eines veredelten Staatsmanifestes der Handelsaristokratie. Spinoza lehnte die Herrschaft des Volkes ab auf Grund des ‚unvernünftigen, aufrührerischen und zu Ausschreitungen neigenden' Charakters der breiten Massen, er lehnte aber auch die Monarchie ab" (de Vries 108). Öffentliche Empörung lösten vor allem die gegen die jüdisch-christlichen Glaubenslehren gerichteten Thesen aus.

Ab 1671 wohnte Spinoza an der Paviljoensgracht in den Haag. Das Leben selbst verwickelte ihn hier 1672 in einen praktischen Widerspruch gegen sein eigenes System. Als die Brüder De Witt, führende republikanische Regenten, durch eine fanatisierte Volksmenge ermordet wurden, wollte er aus tiefer Entrüstung ein Schild mit der Aufschrift „Ultimi barbarorum" (schlimmste der Barbaren) an der Stelle der Bluttat anbringen. Sein Hauswirt hindert ihn daran, sich damit selbst dem Mob auszuliefern, indem er die Tür abschloss. Das im Menschen wirksame Gewissen der sittlich freien Person, die Erkenntnis, dass die Mörder auch anders, nämlich sittlich gut hätten handeln können, hatte sich mächtig in ihm gemeldet und seiner eigenen Lehre einer allwirkenden Notwendigkeit widersprochen. 1675 vollendete Spinoza seine Ethik, verzichtete aber wegen der absehbaren Probleme auf eine Veröffentlichung. Das Buch kursierte in Abschriften im Freundeskreis. Nachdem eine seit langem schwelende Tuberkulose sich immer weiter verschlimmert hatte, starb Spinoza am 21. Februar 1677. Auf Fürsprache seiner Förderer unter den Regenten wurde er in Den Haag in der Neuen Kirche am Spui begraben.

Im Haus an der Paviljoensgracht in Den Haag, in dem Spinoza ab 1671 gewohnt hat und 1677 gestorben ist, hat die Spinozavereinigung einen Studiensaal eingerichtet mit Werken Spinozas und einschlägiger Sekundärliteratur. Von dort aus erreicht man zu Fuß in einer Viertelstunde die Neue Kirche (Nieuwe Kerk) am Spui. Die Windfahne mit dem goldenen Löwen auf dem zierlichen Glockenturm wird überragt von weißen Hochhaustürmen, die sich in der dunklen Glasfront des Theaters auf der gegenüberliegenden Seite des belebten Spui spiegeln. Das Grab Spinozas liegt jetzt etwas verloren inmitten einer Freifläche hinter der Kirche. Der Grabstein zeigt ein Relief mit einem Portrait Spinozas, darunter sein Wahlspruch „Caute" (Seid vorsichtig!), mit dem er seine Briefe siegelte und an den er sich zeitlebens gehalten hat: nur ein einziges relativ unverfänglichen Buch ist unter seinem eigenen Namen erschienen. Einen Ruf an die Universität Heidelberg lehnte er ab, um lieber im Verborgenen ungestört bleiben und arbeiten zu können. Eine aufgesetzte Basaltplatte trägt den hebräischen Schriftzug „Amcha" (Dein Volk). Sie wurde auf Initiative des ersten Ministerpräsidenten von Israel, Ben Gurion, angebracht.

In Amsterdam beginnt man den Rundgang auf Spinozas Spuren am besten beim neuen Rathaus. Es liegt in dem Teil der Stadt, der bis zum zweiten Weltkrieg das Judenviertel war. Nur ein Zehntel der jüdischen Einwohner des Viertels hat die Verfolgungen während der deutschen Besatzung überlebt. Die verwaisten Häuser wurden geplündert und verfielen. Nach dem Krieg besorgten Abrissbirnen den Rest. Straßennamen wie

„Jodenbreestraat" erinnern an die jüdische Geschichte des Viertels. Spinozas Geburtshaus lag etwa dort, wo beim neuen Rathaus der Zwanenburgwal in die Amstel mündet. Von dort aus geht man an der „Blauw Brug", der blauen Brücke, vorbei, die früher das Judenviertel mit der Innenstadt verband, zur Mozes en Aäron Kerk am Waterlooplein. Die 1837 – 41 in neoklassizistischem Stil erbaute ehemalige katholische Kirche, deren Vorderfront dem Portikus eines griechischen Tempels nachgebildet ist, dient heute als Kulturzentrum. Spinoza ist wahrscheinlich in einem der Häuser aufgewachsen, die man beim Bau der Kirche abgerissen hat. Der Flohmarkt auf dem Waterlooplein setzt den lebhaften Handel und Wandel fort, der hier bereits zu Zeiten des Judenviertels das Bild prägte. Kleider, Werkzeuge, Bücher, Kostüme, Schuhe, alte Elektrogeräte werden neben dem unglaublichsten Trödel auf den Marktständen zum Kauf angeboten. Am nördlichen Ende des Marktes befindet sich in einem Komplex aus zwei großen und zwei kleinen ehemaligen Synagogen das Museum für jüdische Geschichte (Joods Historisch Museum). Gezeigt werden jüdische Kultgegenstände und eine Ausstellung zur Geschichte der Juden in den Niederlanden. Gegenüber, am Jonas Daniël Meyerplein, steht der große Hallenbau der 1675 eingeweihten Portugiesischen Synagoge. Spinoza hielt sich zur Zeit ihrer Einweihung gerade in Amsterdam auf, um Veröffentlichungsmöglichkeiten für seine Ethik zu prüfen. Auf der Kiesfläche vor der Synagoge erinnert das Dokwerker-Denkmal an den Streik der Amsterdamer Hafenarbeiter gegen die Deportation der jüdischen Bevölkerung. Das Rembrandthaus am Ende der Jodenbreestraat gehört zu den wenigen Bauten, die bei der Sanierung des Viertels nach dem Krieg erhalten geblieben sind.

Spinozas Lehren haben im idealistischen Monismus und im Naturalismus des 19. Jahrhunderts mächtig weitergewirkt. Seine pantheistische Gleichsetzung von Gott und Welt hat letztlich zu einer Vergottung der Materie geführt und zu einer Leugnung des freien sittlichen Handelns durch mechanistisch-deterministische Welterklärungen. Ernst Bloch sieht denn auch folgerichtig in der pantheistischen Tradition einen Vorläufer des Materialismus. In seiner kleinen Schrift über Avicenna und die von ihm so genannte „Aristotelische Linke" schreibt er dazu: „Es gibt eine Linie, die von Aristoteles nicht zu Thomas führt und zum Geist des Jenseits, sondern zu Giordano Bruno und der *blühenden* Allmaterie" (Bloch 11 f). Monistische und pantheistische Weltdeutungen werden aus zwei sehr unterschiedlichen Quellen gespeist: Zum einen ist es die universelle Wirksamkeit der Naturgesetze, die mathematische Ordnungshaftigkeit und die technische Naturbeherrschung, die ein naturalistisches Denken dazu führt, die Natur als eine ewige, sich selbst hervorbringende und autarke Wirklichkeit anzusehen. Zum anderen ist es das mystische Erleben, aufgehoben zu sein in einer unermesslichen und unbegrenzten Wirklichkeit, das dann nicht als Erfahrung eines personalen Gottes sondern als Identität mit der Allnatur gedeutet wird. Bloch weist zu Recht auf bestimmte Ausprägungen der Mystik hin, die sich in ihrer pantheistischen Tendenz mit den naturalistischen Lehren im Gedanken der Alleinheit treffen. Die tragische Kehrseite pantheistischer Philosophie zeigt sich dann, wenn im Erleben einer auf sich selbst gestellten Welt das Gefühl der Geworfenheit, der Sinnlosigkeit, des regellos, blind und böse Wuchernden überwiegt. Dann stellen sich bittere Lebensverneinung, Überdruss und Ekel ein, wie zum Beispiel bei Schopenhauer und Sartre. Von da her kann auch der innere Widerspruch des Pantheismus erkannt werden, der Vielheit, Veränderung und Leid in Gott hineinnehmen muss.

Bei einem Rundgang durch Amsterdam kann man auch das Haus am Westermarkt 6 aufsuchen, in dem Descartes während seiner letzten Schaffensperiode bis ein Jahr vor seinem Tod gelebt hat. Der Westermarkt liegt zwischen Prinsengracht und Keizersgracht bei der Westerkerk, der Grabkirche Rembrandts, die selbst eine Sehenswürdigkeit ist. Im ehemaligen Landhaus von Christaan Huygens in Voorburg bei Den Haag ist eine Ausstellung zu Leben und Werk dieses großen Zeitgenossen und Gesprächspartners von Spinoza und vor allem auch von Leibniz zu besichtigen.

Praktische Hinweise:

Museum Spinozahaus in Rijnsburg, Spinozalaan 29, Tel.: +31 (0)71/5 61 27 59, Internet: www.spinozahuis.nl

Spinozahaus in Den Haag mit Studiensaal und Bibliothek der Spinozavereinigung, Paviljoensgracht 72 – 74, Besuch nach Absprache Tel.: +31 (0)70/3 46 31 23

Museum für jüdische Geschichte (Joods Historisch Museum) in Amsterdam, Jonas Daniël Meijerplein 2 – 4

Huygensmuseum Hofwijck in Voorburg, Westeinde 2a, Tel.: +31 (0)70/3 87 23 11, Internet: www.hofwijck.nl

Literatur:

Bloch, E.: Avicenna und die Aristotelische Linke. Frankfurt a. M., 1963
Descartes, R.: Auswahl aus seinen Schriften. Frankfurt a. M., 1960.
De Vries, T.: Baruch de Spinoza. Reinbek, 1970
Hirschberger, J.: Geschichte der Philosophie. Bd. 2, Freiburg, 1955

Literatur:

Hubbeling, H. G.: Spinoza. Freiburg, 1978
Huizinga, J.: Nederland's beschaving in de 17de eeuw. Groningen, 1972
Jaspers, K.: Spinoza. München, 1986
Spinoza: Opera (Werke). Bd. 1 und 2, Darmstadt, 1979
V.V.V.-Amsterdam: Stadswandelingen - De vroegere Jodenbuurt, o. J.

Die beste aller Welten

Das Leibnizhaus in Hannover und die Herzog August Bibliothek in Wolfenbüttel

Herrschaftlich in sich ruhend wirkt das Leibnizhaus in Hannover zunächst. Originalgetreu hat man die prachtvolle Fassade des im Krieg völlig zerstörten Hauses am Holzmarkt wieder aufgebaut, wo sie sich in die erhaltenen Fachwerkzeilen besser einfügte als zwischen den Neubauten am ursprünglichen Standort in der Schmiedestraße. Die Fassade aus dem Jahre 1652 passt gut zum malerischen Holzmarktbrunnen. Reich ist sie gestaltet mit Säulen, Gesimsen und Figurenschmuck, mit einem dreistöckigen Staffelgiebel, der mit Voluten und kleinen Obelisken verziert ist, und mit einem über drei Stockwerke reichenden Erker, an dem Figurenreliefs nach biblischen Motiven angebracht sind. Schaut man aber genauer hin, irritiert diese Formenfülle, denn die unterschiedlichen Gestaltungsprinzipien stehen offenbar in einer unauflösbaren Spannung. Und tatsächlich, „die auf den ersten Blick so geschlossene, machtvoll wirkende Komposition der Fassade verliert sich immer mehr, je länger man sie betrachtet, und verursacht ein Gefühl, das man verwirrend, verunsichernd oder gar schwindelerregend nennen könnte“ (Krüger 56). Ganz deutlich wird dies auch für den nicht architektonisch Geschulten, wenn er die vertikale Mittelachse sucht. Eine zunächst ins Auge springende Achse geht vom Portal aus und scheint durch die Mittelsäulen der Fenster in den Geschossen darüber bestätigt zu werden. Die wahre, von der Giebelspitze ausgehende Symmetrieachse, ist nur in den oberen Geschossen unstreitig und wird dann von den dominanteren Gestaltungselementen der von unten ausgehenden Mittellinie ganz aufgelöst. Die einheimische Tradition der Staffelgiebelhäuser hat sich hier mit Einflüssen der Renaissance, des Barock und des die Spannung suchenden Manierismus zu einer ganz neuen Stileinheit verbunden (Krüger 124).

Diese fehlende, sich dem Auge immer entziehende Mittelachse des Leibnizhauses spiegelt auch die Lebenstragik des berühmtesten seiner Bewohner wider. Gottfried Wilhelm Leibniz, der hier von 1698 bis zu seinem Tod gewohnt hat, war sein Leben lang ein Getriebener, der die rechte Mitte für sich nie hat finden können (Hirsch 318). Was wir heute Universalgenie nennen, war eine Persönlichkeit, die unablässig und rastlos neue Projekte schmiedete, Konzepte entwarf und die großartigsten Entdeckungen manchmal fast nebenbei machte wie die Leibniz-Mariottesche Theorie der Bruchfestigkeit, zu der ihn seine technischen Versuche im Erzbergbau angeregt hatten. Das meiste wurde nur rasch auf Zetteln hingeworfen, achtzigtausend davon hat man in seinem Nachlass gefunden. Zur Ausarbeitung blieb oft keine Zeit mehr, weil er bereits wieder mit anderen Dingen beschäftigt war. Die Idee der Determinantentheorie etwa verließ nie seinen Zettelkasten und musste von anderen neu entdeckt werden. Trotz dieser Kurzatmigkeit hat er in fast allen Wissenschaftsgebieten Bedeutendes geleistet. Vieles fand er fast spielerisch mit genialem Blick für die einfachen Zusammenhänge, so die nach ihm benannte mathematische Reihe für die geheimnisvolle Zahl Pi. Dabei war sein Ehrgeiz zunächst nicht auf die Wissenschaft gerichtet. Nach dem Studium in seiner Heimatstadt Leipzig – 1646 ist er dort als Sohn eines Universitätsprofessors geboren worden – und glänzender Promotion zum Doktor der Rechte hätte der erst zwanzigjährige Hochbegabte als Dozent an der Universität bleiben können. Leibniz aber spürte einen Gestaltungsdrang in sich, für den der Lehrbetrieb einer Universität zu wenig Entfaltungsmöglichkeiten bot. Er wollte praktisch wirken und als Berater an den Fürstenhöfen auf die große Politik Einfluss nehmen. Die Dozentur schlug er kurzentschlossen aus und ging 1667, ohne ein konkretes Angebot zu haben, nach Mainz. Geschickt geknüpfte Beziehungen und eine schnell im Wirtshaus verfasste juristische Reformschrift, die er mit einer Widmung an den Kurfürsten drucken ließ, brachten ihm eine Anstellung am Mainzer Hof. Die Mitarbeit am

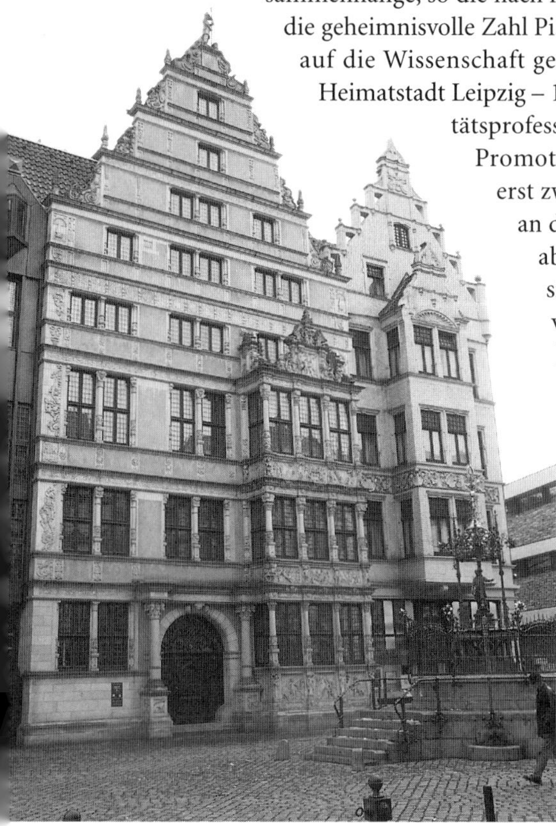

Abb. 1: Das Leibnizhaus in Hannover

dortigen Reformwerk und die Beförderung zum Revisionsrat aber waren noch lange nicht das, was er sich als sein Wirkungsfeld vorstellte. Er dachte in weit größeren Dimensionen. 1671 entwarf er einen Plan von europäischen Ausmaßen. Ludwig der XIV., der machthungrige absolutistische König von Frankreich, sollte von seinen europäischen Eroberungsplänen abgehalten werden, indem man ihm eine Art Kreuzzug gegen die Türken mit der Aussicht schmackhaft machte, neue Handelswege nach Asien in die Hand zu bekommen. Selbst die Idee eines Suezkanals war Teil dieses groß angelegten Konzeptes. 1672 macht sich der kleine Hofbeamte eines deutschen Kleinstaates auf den Weg nach Paris, um dem Sonnenkönig seinen Plan selbst vorzutragen. Verständlicherweise kam es nicht dazu, aber Leibniz fand in Paris den idealen Nährboden für seinen wissens- und tatendurstigen Geist. Der niederländische Mathematiker Christiaan Huygens regte ihn zu mathematischen Studien an, deren Frucht nicht weniger sein sollte als die Entdeckung der Infinitesimalrechnung in einer genial einfachen Formalisierung, die noch heute in Gebrauch ist. Der erste Entwurf einer mechanischen Rechenmaschine entstand und die Grundlage für seine vielfältigen Beziehungen zu den Gelehrten Europas wurde gelegt. In dieser Zeit verfasste er auch bereits erste Schriften zur Wiedervereinigung der christlichen Kirchen, die der Protestant Leibniz sein Leben lang mit immer neuen Initiativen betrieben hat. Ein Grundzug wird hier sichtbar, der auch seine Philosophie ganz bestimmen sollte, der Wunsch, alles in seiner inneren Harmonie zu erkennen oder zur Harmonie zu führen und zu verbinden.

Als der Mainzer Kurfürst 1673 starb, in dessen Dienst Leibniz auch in Paris immer noch gestanden hatte, musste er sich nach einem anderen Wirkungskreis und neuen Einnahmequellen umsehen. Seine gleich wieder ins Große zielenden Ambitionen – eine Stellung am kaiserlichen Hof in Wien sollte es möglichst sein – blieben unerfüllt. So musste er schließlich ein Angebot des hannoverschen Herzogs Johann Friedrich annehmen. Hannover war neben Celle und Wolfenbüttel eines der drei kleinen welfischen Fürstentümer, in die das Herzogtum Braunschweig-Lüneburg durch Erbteilung zerfallen war. Die Stadt hatte gerade zehntausend Einwohner und war ganz von ländlichen Fachwerkhäusern geprägt. Der Herzog residierte in einem umgebauten Kloster. 1676 trat Leibniz ohne große Begeisterung am provinziellem Hof Johann Friedrichs seinen Dienst als Hofbeamter und Bibliothekar an. Zu seinen Hauptaufgaben gehörte es, den dickleibigen Herzog am Audienzbett sitzend mit gelehrter Unterhaltung von den Mühen des Regierens abzulenken. Ansonsten hatte er eine gewisse Narrenfreiheit und konnte seinen vielfältigen Interessen und wissenschaftlichen Aktivitäten nachgehen. Ab und zu erfreute er seinen Herzog mit

Abb. 2: Gottfried Wilhelm Leibniz (1646 – 1716)

spektakulären Darbietungen, wie etwa mit der Vorführung des gerade entdeckten Phosphors. Den Urin einer ganzen Kompanie Soldaten hatte er eindampfen lassen, um ein kleines Stück dieser wunderlichen selbstleuchtenden Materie zu gewinnen. Nach dem Tod des Herzogs kurz nach Weihnachten 1679 war es mit dem Spaß dann bald vorbei. Der nüchterne jüngere Bruder des Herzogs, Ernst August, übernahm die Regentschaft und sah Leibniz genauer auf die Finger. Seine seit Jahren ergebnislosen Versuche, den herzoglichen Bergbau im Harz mit Hilfe von Windkraft zu verbessern, musste Leibniz schließlich abbrechen. Er sollte sich stattdessen mit Nützlichem beschäftigen und den Ruhm des Welfenhauses durch ein Geschichtswerk zur Familiengeschichte mehren, das die welfischen Ansprüche auf die Kurfürstenwürde untermauerte. Leibniz gelang es während einer zweieinhalbjährigen Reise nach Österreich und Italien tatsächlich, in alten Urkunden den Beleg dafür zu finden, dass die Welfen eines der ältesten Fürstengeschlechter waren. Der Herzog, durchaus erfreut, ließ ihn zunächst weiter gewähren. Die Stunde der Wahrheit kam jedoch, als der Herrscher 1698 starb. Der neue Kurfürst Georg Ludwig verlangte einen Sachstandsbericht und musste von Leibniz unter allerlei Ausreden hören, dass von der Familiengeschichte noch gar nichts zu Papier gebracht war. Leibniz hatte natürlich nie unterlassen, weiter seinen zahllosen anderen Interessen zu folgen und für die Welfengeschichte wollte er einfach zu viel, denn bis ins Kleinste sollte alles genau mit Urkunden belegt werden. Um die Sache endlich besser voranzubringen, wurde für Leibniz das geräumige Bürgerhaus an der Schmiedestraße gemietet und als Forschungsstelle für die Welfengeschichte eingerichtet, mit der herzoglichen Bibliothek und mit Archiv- und Arbeitsräumen. Leibniz erhielt eine Privatwohnung im ersten Stock des Hauses.

Alte Fotos aus der Zeit vor der Kriegszerstörung zeigen das Arbeitszimmer von Leibniz im Erker des ersten Stockwerkes mit schweren

Eichenmöbeln und großem Globus. Hinter der rekonstruierten Fassade des Leibnizhauses am Holzmarkt ist heute eine moderne Tagungs- und Begegnungsstätte der Akademien und Universitäten Hannovers im nüchternen Charme der achtziger Jahre, mit Wandverkleidungen aus dunklem Holz und einer offenen eisernen Treppe. Im Foyer sind einige Baufragmente des alten Leibnizhauses zu sehen und eine kleine Ausstellung mit Handschriften und Briefen aus Leibniz' Nachlass. Prunkstück ist eine erhaltene Version seiner Rechenmaschine. Leibniz würde sich freuen über die heutige Bestimmung des Hauses, denn er war zeitlebens ein unermüdlicher Anreger und Gründer wissenschaftlicher Akademien. Es war sein Lieblingsgedanke, den er unentwegt an Fürsten und Königshäuser herangetragen hat. Er hat die Preußische Akademie der Wissenschaften gegründet und war ihr erster Präsident. Wie immer wollte er noch Größeres, so schwebte ihm die Idee einer wissenschaftlichen Weltakademie vor. Wenige Minuten geht man vom Leibnizhaus zum Leineschloss, das lange Zeit der Arbeitsort von Leibniz war. Es ist jetzt Sitz des Niedersächsischen Landtags und durch Umbauten im neunzehnten Jahrhundert und Rekonstruktion nach Kriegszerstörung heute ganz verändert. In unmittelbarer Nachbarschaft zum Leibnizhaus liegt das historische Museum, das unter anderem eine Ausstellung zur Welfengeschichte und ein Portrait von Leibniz zeigt. An der in den Museumsbau integrierten Stadtmauer zur Leine hin ist in Leuchtschrift ein Zitat von Leibniz zu lesen: „Es gibt nichts Ödes, nichts Unfruchtbares, nichts Totes in der Welt, kein Chaos, keine Verwirrung, außer einer scheinbaren, ungefähr wie sie in einem Teiche zu herrschen schiene, wenn man aus einiger Entfernung eine verworrene Bewegung und sozusagen ein Gewimmel von Fischen sähe, ohne die Fische selbst zu unterscheiden."

Es ist § 69 der „Monadologie", in der Leibniz seine Philosophie für einen Pariser Freundeskreis zusammengefasst hat. Der fast hymnisch klingende Satz enthält ein vollständiges Gegenbild zu einer Weltauffassung, nach der alles auf tote Materie und berechenbare mechanische Zusammenhänge reduziert werden kann. Von Descartes und Spinoza war der Boden für eine rein materialistisch-mechanistische Naturbetrachtung vorbereitet worden, Newton und der angelsächsische Empirismus von Hobbes und Locke sind diesen Weg dann konsequent weitergegangen. Die Welt eine dumpfe Maschinerie, die Tiere nichts als Automaten, Leibniz setzt dagegen die Allgegenwart des Lebens und eine göttliche Harmonie der Welt. Nicht die räumlich ausgedehnten Atome, sondern substantielle Aktivitätszentren, die Monaden, sind für ihn Urelemente der Welt. Diese letzten Einheiten der Wirklichkeit sind seelisch aufzufassen, denn sie sind nicht wie Materielles aus Teilen zusammengesetzt. Sie sind unendlich in ihren Möglichkeiten, „gleichsam eine Welt im ganzen und ein Spiegel Gottes oder vielmehr des ganzen Universums“ (Leibniz 1958, 21). Sie haben Vorstellungen und Strebungen, nach denen sie die in ihnen gegebenen Möglichkeiten entfalten. Die einfachen Monaden der materiellen Welt sind noch ganz eingefaltet, sie schlafen gewissermaßen. Auch sie tendieren „verworren auf das Unendliche, das Ganze“ (Leibniz 1998, 45), aber erst in der Tierseele werden die Vorstellungen deutlicher und sind von Erinnerungen begleitet. In den vernünftigen Seelen der Menschen ist die größte Weite erreicht, sie haben Selbsterkenntnis und sind „zudem noch Bilder der Gottheit selbst oder des Urhebers der Natur, fähig, das System des Universums zu erkennen“ (Leibniz 1998, 59). Monaden sind ganz in sich und unabhängig voneinander wirksam, sie „haben keine Fenster“, sind aber durch eine von Gott gestiftete universelle „prästabilierte Harmonie“ aufeinander zugeordnet. Gott erschafft die Monaden durch fortwährendes „Blitzen“ („Fulgurations continuelles“). Weil sie nicht wie Materielles in Teile zerfallen können, sterben sie nicht, sie können sich lediglich rückbilden und wieder einfalten. Aus Gesprächen mit der preußischen Königin Sophie Charlotte, Tochter des hannoverschen Herzogs Ernst August, ist seine berühmteste philosophische Schrift hervorgegangen, die „Theodizee“. In ihr setzt er sich mit Pierre Bayle auseinander, einem Vordenker der französischen Aufklärung. In aller Schärfe vertrat Bayle, dass sich mit den Mitteln der Vernunft nichts über Glaubenssätze wie das Dasein Gottes oder die Unsterblichkeit der Seele aussagen lässt, und dass Glaube und Vernunft ganz und gar unvereinbar sind. Insbesondere die Tatsache des Leidens in der durch Gott geschaffenen Welt zeige die unauflösbaren Widersprüche der Religion. Leibniz antwortete mit einer umfassenden „Rechtfertigung Gottes“ hinsichtlich der Übel und des Bösen in der Welt. Bloß einem „falschen Schein“ nach bestehe ein Widerspruch zwischen Glauben und Vernunft und was wir als Mangel und Defekt der Welt erleben sei nach einer höheren Ordnung sinnvoll. „Denn wenn wir die allgemeine Harmonie einsehen könnten, so würden wir befinden, dass das, was wir tadeln möchten, mit dem Zusammenhang der Dinge verknüpfet ist, der am würdigsten war erwählt zu werden; mit einem Worte, wir würden *sehen* und nicht nur *glauben*, dass das, was Gott gemacht hat, das beste sei (Leibniz 1996, 85). Natürlich ist Gott vollkommen frei, aber er ist kein willkürlich handelnder Despot und in seinem Wesen ist begründet, dass er nur das Gute will, also aus der unendlichen Vielfalt der möglichen Welten nur die beste auswählen konnte. Er lässt aber Übel und Böses zu, wenn es dazu dient „ein größer Übel zu verhindern, oder ein größer Gut zu erlangen“, so wie ein Samenkorn erst vergehen muss, damit sich Neues daraus bilden kann (Leibniz 1996, 121).

Auch die philosophischen Arbeiten von Leibniz waren nur ein Ausschnitt aus seinem riesigen Tätigkeitsspektrum und natürlich wäre es ihm ganz unmöglich gewesen, sich allein auf die Welfengeschichte zu konzentrieren. Er arbeitete ständig an zahllosen Projekten und wissenschaftlichen Fragestellungen gleichzeitig. Er wertete Berichte über die chinesische Wissenschaft aus, zog politische Fäden, um Verhandlungen über die Wiedervereinigung der christlichen Kirchen in Gang zu bringen, beschäftigte sich mit der Idee einer wissenschaftlichen Kunstsprache, entdeckte das binäre Zahlensystem, also die Grundlage der heutigen Digitaltechnik, und immer noch arbeitete er an der Entwicklung seiner Rechenmaschine. 1691 war er auch noch Leiter der schon damals berühmten Herzog August Bibliothek geworden. Die Welfenherzöge Rudolf August und Anton Ulrich von Wolfenbüttel sahen ihn gern an ihrem Hof. Mit Anton Ulrich, selbst Romanautor und vielseitig interessiert, verband ihn bald ein freundschaftliches Verhältnis. Herzog August, der Vater der regierenden Herzöge, war ein besessener Büchersammler gewesen, der von überall her Neuerscheinungen zusammengetragen hatte. Im Jahre 1700 war die Bibliothek dann bereits sechsmal so groß wie die Pariser Nationalbibliothek (Kästner 47). Natürlich auch nur nebenbei und von Hannover aus nahm Leibniz sein Amt als Leiter der Wolfenbütteler Bibliothek wahr. Aber bei einem inspirierenden kreativen Geist, wie er es war, reichte das aus, um sie tiefgreifend und zukunftsweisend zu gestalten. Nach dem Urteil Erhart Kästners, der die Bibliothek selbst von 1950 bis 1968 geleitet hat, war es für die Bibliothek wichtiger als die bedeutende Amtszeit Lessings als leitender Bibliothekar in Wolfenbüttel, „dass vordem Leibniz sechsundzwanzig Jahre lang ihr Chef war, und ein äußerst moderner, zielsicherer und verändernder; es ist überhaupt kein Zweifel, dass Leibniz, auf die gegenwärtigen Verhältnisse übertragen, den Computer als Erster in das Bibliothekswesen eingeführt hätte“ (Kästner 62).

Wolfenbüttel hat den Charakter der Residenzstadt eines deutschen Kleinstaates im 17. Jahrhundert gut bewahrt. Hannover muss zur damaligen Zeit ähnlich ausgesehen haben. Bis zur Verlegung der Residenz nach Braunschweig ab 1732 war in Wolfenbüttel ein Drittel der Bevölkerung am Hof beschäftigt. Danach ist die Stadt in einen Dornröschenschlaf gefallen, in dem sie im Schatten des nahen Braunschweig und der Autostadt Wolfsburg immer noch zu schlummern scheint. Wer abends im Licht der Laternen durch die menschenleeren Gassen unter den alten Hofbeamtenhäusern im Fachwerkstil auf den Stadtmarkt zugeht, glaubt sich in Leibniz' Zeit zurückversetzt. Als ihren Mittelpunkt aber hat diese kleine Stadt mit der Herzog August Bibliothek immer noch eine Schatzkammer des Geistes von Weltrang. Das alte, von Leibniz angeregte und wohl auch konzipierte Gebäude wurde Ende des 19. Jahrhunderts durch einen historisierenden Neubau im Stil eines italienischen Renaissance-Palastes ersetzt. Der Umbau durch Kästner hat ihm das Wilhelminisch-Pompöse genommen. Statt einer dunklen Prunkhalle stehen jetzt die alten Bücher im Zentrum, die in der Haupthalle auf drei über Galerien zugänglichen Ebenen aufgestellt sind. In Vitrinen sind besonders ausgewählte Schätze zu betrachten wie die 1657 gedruckte erste Ausgabe des „Cherubinischen Wandersmanns" von Angelus Silesius, eine „Fechtkunst" von Nicoletto Giganti, Fechtmeister am Hof Großherzogs Cosimo II. von Medici in Florenz, und das berühmte astronomische Tafelwerk Johannes Keplers, die „Tabulae Rudolphinae" von 1627. Auf einem „Bücherrad" aus Eichenholz mit Drehgetriebe, das für Herzog August angefertigt worden ist, damit er leichter mehrere seiner dickleibigen Wälzer betrachten konnte, liegt der erste, von ihm selbst handgeschriebene Katalog der Bibliothek. Im Globensaal sind wertvolle Globen aus dem 16. Jahrhundert ausgestellt. Das Evangeliar Heinrichs des Löwen ist der kostbarste Besitz der Bibliothek. Der große Welfenherzog hat diese herrlich ausgestattete Handschrift 1188 in Auftrag gegeben. Es ist wohl so, wie Erhart Kästner schreibt: „Es muss ruhende, verweilende Schätze im Land geben. Das erzeugt das Bewusstsein des Reichtums. Es müssen Inseln da sein, die vom Zweckdenken ausgenommen sein dürfen. Sind erst die Schätze in einem Land einmal alle auf Ausbeutung gestellt, so beginnt die große Verarmung" (Kästner 48).

Gegenüber der Bibliothek liegt hinter einem Wassergraben das herzogliche Schloss, dessen Barockfassade sich mit langen, rot abgesetzten Fensterreihen ganz nach außen öffnet. Über eine mit Figuren geschmückte Brücke und durch das aufwendige Bogenportal mit dem Wappen der Wolfenbütteler Herzöge betritt man den von italienisch wirkenden Säulenarkaden umgebenen Innenhof. In dem schön restaurierten und zeitgenössisch möblierten Staatsappartement von Herzog Anton Ulrich kann man sich ein Bild machen von dem höfischen Gepräge und Zeremoniell, in dem Leibniz sich bewegte. Den lebendigsten Zugang zum absolutistischen Selbstverständnis an den barocken Fürstenhöfen findet man bei Betrachtung einer Golgatha-Darstellung, die ursprünglich in der Schlosskapelle hing. Die Kreuzigungsszene auf einer felsigen Anhöhe dient darauf lediglich als Kulisse, vor der, wie zu einem Gruppenfoto arrangiert, höfisch gekleidet und zurechtgemacht, die Mitglieder des Hofes aufgestellt sind, den Blick zum Betrachter, indifferent oder kokett lächelnd. Nur einige einfache, bäuerlich gekleidete Menschen unter dem Kreuz klagen und weinen.

Bis zum Schluss war Leibniz unermüdlich tätig. Als seine Gichterkrankung immer unerträglicher wurde, ließ er sich hölzerne Schraubzwingen an die befallenen Stellen setzen, um den Schmerz zu betäuben, während er weiter arbeitete. Am Hof war er zu einer unbedeutenden Randfigur geworden, aber in der Gelehrtenwelt gehörte er zu den ganz Großen. Nach seinem Tod im November 1716 wurde er in aller Stille in der Neustädter Kirche in Hannover beigesetzt. Nur eine schlichte Grabplatte mit der Aufschrift „Ossa Leibnitii“ kennzeichnet sein Grab.

Die eigene Mitte konnte Leibniz sein Leben lang nicht finden, aber er hat wie kaum ein anderer als ein allseits integrierender und inspirierender Geist auf die Entwicklung der Wissenschaften Einfluss genommen. Trotz seiner Aufgeschlossenheit für das moderne, von naturwissenschaftlich-mathematischen Methoden geprägte Denken hat er an der Schwelle zur Neuzeit noch einmal die Versöhnung von Glaube und Vernunft versucht und die alles durchwaltende Harmonie der Welt zum Gegenstand seiner Philosophie gemacht. Auf dem Fundament eines enzyklopädischen Wissens hat er eine Metaphysik errichtet, die gegen den Dualismus Descartes’ und gegen den Monismus Spinozas am alten Substanzdenken festhält und damit an der entscheidenden Voraussetzungen für die Würde und Identität der menschlichen Person. Über Christian Wolff haben leibnizsche Grundgedanken auf den deutschen Idealismus eingewirkt. Bis in die Neuzeit sind Motive aus Leibniz’ Philosophie immer wieder aufgenommen worden. An seine Idee einer formalen wissenschaftlichen Kunstsprache knüpft die mathematische Logik Bertrand Russells an. „Alfred North Whiteheads Kosmologie kann als Monadologie gelesen werden“ (Finster 131). Gilles Deleuze, ein Vertreter des französischen Poststrukturalismus, spielt auf interessante Weise mit dem Begriff „Falte“, der ihm geradezu zur ontologischen Kategorie wird. Aber es ist nicht mehr der für Leibniz zentrale Gedanke der Harmonie, den er aufnimmt, sondern die ewige Dynamik des Ein- und Ausfaltens der Monaden. Er sieht die Monaden „tanzen“ (Deleuze 115). Eine besonders eigenwillige Blüte der leibnizschen Philosophie ist im neunzehnten Jahrhundert mit Gustav Theodor Fechners Werk entstanden. Im Sinne einer Stufung der Monaden von ganz unbewussten schlafenden Monaden der anorganischen Welt über die Tierseelen bis zum menschlichen Geist beschreibt Fechner poetisch in seinem kleinen Band „Nanna“ das Seelenleben der Pflanzen als einen abgeschwächt bewussten, zart-träumerischen Zustand: „Die ganze Blume ist Weihrauchgefäß; ist es ein Rauchopfer, Gott dargebracht? Aber was wäre ein Opfer, das nicht von einer Seele gebracht würde? Das Duften der Blumen bliebe unerklärt, wenn es bloß um anderer willen geschähe, und nicht vielmehr um ihrer selbst willen; wenn die Süßigkeit, die wir davon äußerlich genießen, nicht nur ein ferner Abklang dessen ist, was die Blumen in ihrem Leben selbst davon genießen.“

Verbinden lässt sich die Reise nach Hannover und Wolfenbüttel mit einem Abstecher zur dritten welfischen Residenzstadt Celle. Leibniz hatte über seine Arbeit an der Welfengeschichte auch zu diesem Fürstenhof Beziehungen und bezog vom dortigen Herzog Georg Wilhelm sogar ein kleines Gehalt. Die Fachwerkaltstadt von Celle ist gut erhalten und gibt ähnlich wie Wolfenbüttel einen schönen Eindruck von der Residenz eines deutschen Kleinstaates im 17. Jahrhundert. Das Schloss liegt wie zu Leibniz’ Zeiten hell und freundlich in einem großzügigen Park in direkter Nachbarschaft zur Altstadt. Die Staatsgemächer des Herzogs und das immer noch bespielte Schlosstheater sind zu besichtigen. Die Schlosskapelle ist vollständig im Stil der norddeutschen Renaissance ausgestaltet. Das Bomann-Museum zeigt eine bedeutende regionalgeschichtliche Sammlung.

Praktische Hinweise:

Leibniz-Haus in Hannover, Holzmarkt 4 – 6.

Historisches Museum Hannover, Eingang Burgstraße,
Tel.: +49 (0)511/16 84 30 52

Herzog August Bibliothek in Wolfenbüttel, Tel.: +49 (0)53 31/808-0,
Internet: www.hab.de

Museum im Schloss Wolfenbüttel, Schlossplatz 13, Tel.: +49 (0)53 31/9 24 60,
Internet: www.wolfenbuettel.com/schlossmuseum

Schloss Celle, Schlossplatz, Tel.: +49 (0)51 41/1 23 73.

Bomann-Museum Celle, Schlossplatz 7, Tel.: +49 (0)51 41/1 23 72,

Literatur:

Deleuze, G.: Die Falte. Leibniz und der Barock. Frankfurt a. M., 2000
Finster, R.; G. van den Heuvel: Gottfried Wilhelm Leibniz. Reinbek, 2000
Hirsch, E. K.: Der berühmte Herr Leibniz. München, 2001
Kästner, E.: Zwei Aufsätze über die Bibliothek zu Wolfenbüttel.
In: Erhart Kästner – Bibliothekar, Schriftsteller, Sammler. Wiesbaden, 1994
Krüger, I.: Das Leibnizhaus in Hannover – Eine bau- und kunsthistorische Untersuchung. Frankfurt a. M., 1985
Leibniz, G. W.: Monadologie. Stuttgart, 1998
Leibniz, G. W.: Theodicee. Berlin, 1996
Leibniz, G. W.: Metaphysische Abhandlung. Hamburg, 1958
Leibniz, G. W.: Neue Abhandlung über den menschlichen Verstand. Leipzig, 1904

Das Ding an sich

Mit Kant in Königsberg/Kaliningrad

Zwei Königsberger auf Heimwehreise stehen vor dem Hotel Kaliningrad und diskutieren, wo etwa das Haus ihrer Großeltern gestanden hat. Man sucht Fixpunkte, versucht die alten Straßenverläufe der im Krieg untergegangenen Innenstadt von Königsberg zu rekonstruieren: „Wenn ich bei Großvater zu Besuch war, konnte ich vom Fenster aus den Turm der Altstädter Kirche sehen, die ungefähr da drüben gestanden hat." Man einigt sich schließlich darauf, dass es etwa dort war, wo jetzt der Verkehr vom Leninskij-Prospekt, dem ehemaligen Steindamm kommend, weiter flutet über die neue Pregelhochbrücke und in den Moskowskij-Prospekt (Altstädtische Langgasse) Richtung Sackheim. Es sind breite Boulevards, denen man ansieht, dass es durch Trümmerberge geschlagene Schneisen sind, die auf alte Straßenzüge keine Rücksicht nehmen mussten. Wo das Königsberger Schloss stand, wurde Anfang der 90er Jahre eine behelfsmäßige Ladenstrasse aus Containern errichtet. Sie hat sich bereits überlebt, denn in der Stadt, die jetzt Kaliningrad heißt, schießen überall mondäne Geschäfte aus dem Boden. In den neuen Supermärkten ist alles zu haben. Oft unerschwinglich für die Kaliningrader, bei umgerechnet 60 – 120 Euro Monatslohn. Menschen aus allen Teilen der ehemaligen Sowjetunion leben in Wohnblocks, die auf den Trümmern des alten Königsberg mit schlechtem Material schnell hochgezogen worden sind. Die Eingänge wirken wie dunkle Höhlen und die Nähte zwischen den Betonplatten sind behelfsmäßig mit Bitumen verschmiert. Aber man sieht auch schmucke Neubauten, und in einem neuen feinen Glanz präsentieren sich viele Vorkriegsvillen in den vom Feuersturm der Bombardierungen im August 1944 nicht so stark betroffenen Stadtteilen Maraunenhof am Oberteich, Amalienau und Juditten. Wolgadeutsche benutzen die für sie mit deutschen Geldern vor der Stadt errichteten Musterdörfer meist nur als Sprungbrett für die end-

Abb. 1: Immanuel Kant (1724 – 1804)

gültige Ausreise. Neue Zuwanderer kommen aus den ehemaligen asiatischen Sowjetrepubliken und den baltischen Staaten, in denen das Leben für Russen zunehmend schwierig wird. Überall ist Leben und Neubeginn. BMW hat sich mit einer Fertigungsstätte am Hafen niedergelassen. Es wird wieder Bier der Marke „Ostmark" gebraut und es gibt Wodka mit dem Königsberger Dom oder dem Schloss auf dem Etikett. Man trifft Abenteurer wie einen jungen Deutschen, der nach Sport- und Theologiestudium Hilfstransporte begleitet hat, dann in Kaliningrad hängen geblieben ist. Er betreibt einen florierenden Baumarkt und ist mit einer Russin verheiratet. „Rasenmäher sind der Renner", erzählt er. Oder junge Russen, die mit Hilfe deutscher Freunde eine Champignonzucht aufgebaut haben und jetzt die Märkte und Geschäfte im ganzen Oblast beliefern. Modisch gekleidete junge Frauen flanieren mit bewundernswert sicherem Schritt auf eleganten hochhackigen Schuhen über die mit Schlaglöchern übersäten Straßen. Eine Stadt der Jugend. Die Alten und Schwachen finden sich nur allzu leicht am Rande der Gesellschaft wieder. Verhärmte abgearbeitete Babuschkas sitzen auf Gemüsekisten am Straßenrand und verkaufen Sonnenblumen- und Kürbiskerne, Äpfel, Kräuter und was sonst noch der Garten hergibt. Straßenkinder bieten Postkarten an und betteln: „Papa trinken Wodka, Mama kaputt." In den Fenstern der ehemaligen Königsberger Börse, 1875 im Renaissancestil am Pregelufer gegenüber der Dominsel errichtet, flackert abends violettes Licht im Rhythmus westlicher Diskomusik. Es spiegelt sich im braunen Pregelwasser, das wie grellbunte Weihnachtsfolie schillert. Trauben junger Russen sitzen auf der Treppe vor dem Haupteingang, flankiert von den alten steinernen Löwen. Nachtleben bis in die Morgenstunden. Lebenshungriges, befreites Aufatmen trotz materiell schwieriger Verhältnisse. In einer Karaoke-Bar singen junge Russen melancholische Lieder. Sie lesen den Text ab, der in kyrillischen Schriftzeichen vor westlichen Videoclips über den Bildschirm läuft. Die Bedienung trägt jede Bestellung minutiös in eine lange Tabelle ein. Noch sind die Reste bürokratischer Mentalität nicht ganz überwunden. Eine Exklave, weit entfernt vom russischen Mutterland, mit großen Möglichkeiten und ungewisser Zukunft.

Das kräftig und ungeduldig schlagende Herz dieser jungen Stadt, die sich auf ihre Vergangenheit besinnt und an einer neuen europäischen Zukunft baut, hätte wohl den 1724 im alten Königsberg geborenen Immanuel Kant aus dem Takt seines betulichen Lebens gebracht. In einem eigenartigen Kontrast steht sein Werk, das so nachhaltig und folgenreich mit der philosophischen Tradition bricht, zu seinem biedermeierlich-unauffälligen Leben. Stets hat er an einer pedantisch geregelten Lebensführung festgehalten, als braver Hochschullehrer seine Pflichten erfüllt und möglichst keinen Anstoß erregt. Von 5 Uhr morgens bis 10 Uhr abends war sein Tag in einen festen Rhythmus eingeteilt. Durch äußere Umstände aufgezwungene Änderungen oder Unregelmäßigkeiten erzeugten bei ihm heftiges Unbehagen. Mittags um Punkt ein Uhr empfing er Gäste zu einer Tischgesellschaft. Abends pünktlich um 7 Uhr verließ er das Haus zu einem Spaziergang durch die Altstadt und über die noch unbebauten Auen am anderen Pregelufer. Die Zeiten für Vorlesungen und Bücherstudium waren ebenso klar geregelt. Um genau 10 Uhr begab Kant sich zu Bett. Nach seiner Zeit als Hauslehrer in ostpreußischen Provinznestern hat Kant die Stadt Königsberg fast nie mehr verlassen. Einzige Ausnahme waren kurze Erholungsaufenthalte in Moditten, heute schon Kaliningrader Stadtrandgebiet, wo er im Haus des Försters wohnte und sich tagsüber in ein kleines, etwas abseits gelegenes Fachwerkhaus zurückziehen konnte.

Das Leben des biederen Junggesellen bot wohl so wenig echte Angriffspunkte, dass vor allem Anekdoten über seine Wunderlichkeit die Runde machten. So sei einmal während des üblichen Abendspazierganges ein verwirrter Metzgergeselle mit einem langen Schlachtermesser auf Kant zugestürzt. Der in Gedanken versunkene Kant habe den Rasenden aus dem Konzept gebracht, indem er ihn nüchtern fragte, ob denn heute Schlachttag sei, seines Wissens wäre der erst morgen. Entgeistert hätte der verwirrte Mann sein Messer eingesteckt und wäre davongelaufen. In Wirklichkeit war Kant nicht immer von so harmloser Liebenswürdigkeit, etwa, wenn er das Singen der Gefangenen in einem nahen Gefängnis polizeilich unterbinden ließ, weil es ihn beim Philosophieren störte.

Dass Kant überhaupt studieren konnte, verdankt der Sohn eines einfachen Handwerkers der Fürsprache des Schuldirektors Albrecht Schulz, der das pietistische Friedrichs-Kollegium leitete, an dem Kant seine Schulausbildung erhielt. Im Rückblick hat Kant sich wenig positiv über das strenge und religiös geprägte Schulleben geäußert, es aber wohl zähneknirschend über sich ergehen lassen. Mit eiserner Selbstdisziplin ging er dann seinen Weg. Er studierte Naturwissenschaften, Mathematik und Philosophie. 1746 schloss er sein Studium ab und überbrückte neun lange Jahre als Hauslehrer in der Provinz, bis er 1755 in Königsberg als Hochschullehrer zugelassen wurde. Er lehrte neben Logik und einer noch ganz an der vorherrschenden Wolffschen Schule orientierten Metaphysik auch Geographie, Anthropologie, Pädagogik und sogar Festungsbau und Pyrotechnik. Erst 1770, mit 46 Jahren, wurde er Professor und erhielt den Lehrstuhl für Logik und Metaphysik.

Elf weitere Jahre sollte es dann noch dauern, bis Kant 1781 mit seiner eigenen Philosophie hervortrat und die erste seiner drei folgenreichen „Kritiken", die „Kritik der reinen Vernunft", vorlegte. Was hatte ihn dazu bewogen, nach so vielen Jahre genügsamer Kathederphilosophie einen grundlegend neuen Weg zu gehen? Es mag der ihm eigene Drang gewesen sein, die Dinge zu ordnen, der ihn den Widerspruch zwischen der Schulphilosophie und dem von England her vordringenden Empirismus David Humes zunehmend als Ärgernis empfinden ließ. Einerseits konnte er sich der Schlussfolgerung Humes nicht entziehen, dass „Spiegelfechterei" mit leeren Begriffen, die nicht in der Erfahrung fundiert sind, zu nichts führt. Vor allem die rationalistische Schulphilosophie Wolffs hatte Kant vor Augen – die ganz an der Wirklichkeit orientierte traditionelle Ontologie und Metaphysik kamen nicht in seinen Blick – als er schrieb: „Es ist also kein Zweifel, dass ihr Verfahren bisher ein bloßes Herumtappen, und, was das Schlimmste ist, unter bloßen Begriffen, gewesen sei" (Kant 1956, 19). Andererseits war er sich über die relativistischen Konsequenzen des englischen Empirismus im Klaren, nach dem Allgemeinaussagen immer nur begrenzte und vorläufige Geltung haben. Kant versuchte hier für sich wieder Klarheit zu schaffen und eine vermittelnde Position zu finden, die ihm erlaubte, Erkenntnis auf Erfahrung zu stützen und doch weiter an der Allgemeingültigkeit wissenschaftlicher Aussagen festhalten zu können. Immer noch ganz in der rationalistischen Tradition verhaftet, stellte er sich die Frage: „Was und wie viel kann Verstand und Vernunft, frei von aller Erfahrung, erkennen?" (Kant 1956, 10). Oder in seiner eigenwilligen Terminologie ausgedrückt: „Wie sind synthetische Urteile a priori möglich?" (Kant 1956, 51). Seine Lösung ist ein radikales Umklappen der Sichtweise, eine kopernikanische Wende der Philosophie, wie er selbst glaubt: „Bisher nahm man an, alle unsere Erkenntnis müsse sich nach den Gegenständen richten; aber alle Versuche über sie a priori etwas durch Begriffe auszumachen, wodurch unsere Erkenntnis erweitert würde, gingen unter dieser Voraussetzung zunichte. Man versuche es daher einmal, ob wir nicht in den Aufgaben der Metaphysik damit besser fortkommen, dass wir annehmen, die Gegenstände müssen sich nach unserem Erkenntnis richten“ (Kant 1956, 19 f). Von hier aus entfaltet er seine Transzendentalphilosophie, nach der sich unser Erkennen immer aus dem durch die Sinne gegebenen rohen ungegliederten Stoff der Erfahrung und den ihn ordnenden apriorischen Formen unseres Erkenntnisvermögens bildet. Solche apriorischen Formen im Bereich der Anschauung sind Raum und Zeit, im Bereich des Verstandes sind es Kategorien wie Quantität und Qualität. Auch die Kausalität ist nur eine Kategorie, die keine vom erkennenden Verstand unabhängige Wirklichkeit hat. Was wir erkennen ist demnach nur Erscheinung, nie die Wirklichkeit dahinter, das „Ding an sich“. Überraschend ist, dass Kant trotzdem noch Antworten auf die großen Fragen der Metaphysik geben will. Seele, Willensfreiheit und Gott wären ja jenseits der Erscheinung, also unzugängliche Wirklichkeiten „an sich“. So verblassen sie ihm denn auch zu apriorischen Ideen der Vernunft, die unsere Verstandestätigkeit organisieren, wie etwa die Seele als notwendig gedachte Einheit der seelischen Akte. Letztlich bleiben es Ideen, „durch die man eigentlich nur erkennt, dass man nichts wisse“ (Kant 1956, 476). Kants schwieriges Werk wurde zunächst missverstanden und fand wenig Resonanz. Erst nachdem er eine erklärende Schrift nachgeschoben hatte, die „Prolegomena“, schaffte er den Durchbruch zu einer breiten Wirksamkeit.

1788 ließ Kant eine weitere Kritik folgen, die „Kritik der praktischen Vernunft“, in der er seine Ethik entwickelte. Auch damit stellte er sich gegen die relativistischen Schlussfolgerungen des Empirismus und versuchte eine Begründung der absoluten Geltung des „moralischen Gesetzes in uns“. Wiederum ist seine Lösung ein formales, a priori gegebenes Prinzip, das in der Anwendung auf die jeweils erfahrene Situation zur konkreten sittlichen Entscheidung führen soll. Das apriorische Prinzip ist der kategorische Imperativ in der bekannten Formulierung: „Handle so, dass die Maxime deines Willens jederzeit zugleich als Prinzip einer allgemeinen Gesetzgebung gelten könne“ (Kant 1961, 53). Das unbedingte Festhalten an der absoluten Geltung des moralischen Gesetzes führt ihn zu den „Postulaten der praktischen Vernunft“. Die Unsterblichkeit der Seele, die Willensfreiheit und Gott sind für ihn notwenige Annahmen, ohne die sich eine Ethik nicht begründen lässt. Aber wie schon in seiner ersten Kritik, bleiben sie eben nur Ideen, um die Moral zu fundieren. Die dritte Kritik, die „Kritik der Urteilskraft“, wendet die Gedanken der ersten beiden an auf die Ästhetik und die Zweckhaftigkeit in der Natur. Die damit vorgelegte ästhetische Theorie hat stark auf die deutsche Klassik um Schiller und

Goethe gewirkt – nicht zu ihrem Besten, wie der Dichter Stefan Zweig urteilt, denn Kants ästhetischer Kritizismus habe „der Sinnlichkeit, der Weltfreudigkeit, dem Freilauf der Phantasie bei allen Künstlern" erheblich geschadet (Zweig 195). Am wenigsten ließ Goethe sich abbringen von seinem ganz ursprünglichen Schöpfertum. Gegenüber dem „gebildeten Kantianer" Schiller hielt er an seinem „hartnäckigen Realismus" fest, wie er selbst in seinen Aufzeichnungen berichtet. Hölderlin und Kleist dagegen hatten schwer damit zu kämpfen, dass ihnen die bisher so vertraute Welt nach der kantischen Philosophie in eine unwirkliche subjektivistische Ferne zu entgleiten schien.

So spektakulär Kants Werk an den Fundamenten des jahrhundertealten Baus der philosophischen Lehren rüttelte, so ereignislos ist sein persönliches Leben geblieben. Friedrich der Große umgab sich lieber mit französischen Aufklärungsphilosophen. Herder studierte zwar bei Kant, wurde aber letztlich doch stärker geprägt durch Hamann, den tiefgründigen „Magus in Norden", der dem einseitig vernunftbetonten Philosophieren Kants eine ganzheitliche, das Intuitive und Religiöse einbeziehende Sicht entgegenhielt. Johann Gottlieb Fichte konnte 1792 durch Vermittlung des bereits betagten Kant seinen „Versuch einer Kritik aller Offenbarung" veröffentlichen. Obwohl Fichte damit schnell bekannt wurde, kam es bald zur Entfremdung zwischen den beiden gegensätzlichen Denkern. Regelmäßig nahm Kant am gesellschaftlichen Leben Königsbergs teil und verkehrte in den Salons des Grafen Keyserling und des Bankiers Jacobi. Später, nachdem er ab 1787 ein eigenes Haus in der Nähe des Schlosses hatte, lud er selbst zur Mittagstafel, die mit der ihm eigenen Präzision ablief. 1789 bei Ausbruch der französischen Revolution war Kant 65 Jahre alt. Dem revolutionären Treiben sah er zunächst mit Sympathie, später eher distanziert zu, denn die Gräueltaten und Hinrichtungen lehnte er ab. Als Kant 1793 wegen seiner Schrift „Religion innerhalb der Grenzen der bloßen Vernunft" von der preußischen Zensur gerügt wurde und Auflagen für seine künftige Veröffentlichungstätigkeit erhielt, fügte er sich. 1797 musste Kant wegen zunehmender Gebrechlichkeit seine Lehrtätigkeit aufgeben. 1804 starb er achtzigjährig und wurde in der Philosophengruft am Königsberger Dom beigesetzt.

Sucht man die Spuren Kants im heutigen Kaliningrad, wird man wenig Greifbares finden, aber doch von seiner überraschend frischen Gegenwärtigkeit im Bewusstsein der Stadt überrascht sein. Die meisten Orte, die in Kants Leben eine Rolle gespielt haben, lassen sich nur noch ungefähr lokalisieren. Der gesamte Innenstadtbereich ist bei den Bombenangriffen im August 1944 und während der schweren Kämpfe von Januar bis

April 1945 in Trümmer gelegt worden. Auf der Dominsel, dem so genannten Kneiphof, ist kein einziges Haus stehen geblieben. Wo einst das Gewirr der Altstadtgassen war, ist jetzt ein Park. Ein Findling bezeichnet den Bereich, in dem die alte Königsberger Universität stand, die Albertina, an der Kant gelehrt hat. Fast vollständig wiederhergestellt ist allerdings der Königsberger Dom, an dessen Chor sich das Grabmal Kants anlehnt. Die Arbeiten an Turm und Dach sind abgeschlossen, die Kirchenfenster wieder eingesetzt. Über dem Eingang liest man die deutsche Inschrift „Jesus spricht, ich bin die Tür: So jemand durch mich eingeht, der wird selig werden, Joh. 10,9“. Im Eingangsbereich hat man eine protestantische und eine orthodoxe Kapelle eingerichtet. Innen wird noch gearbeitet. Dumpf hallen Hammerschläge und russische Scherzworte von den hoch oben unter der Decke hängenden Arbeitsböden. Ein Stützkorsett aus Stahlträgern wird in den dreischiffigen Kirchenraum eingezogen, um die gefährliche Neigung der Pfeiler aufzufangen. Im Chor lagern Bretter und es riecht nach Mörtel und Staub. Der Hochaltar malt sich nur noch als grauer Umriss ab. Auch er soll restauriert werden. Dem Dom kann man sich von der neuen Hochbrücke her nähern, durch den Park auf einem breiten plattierten Weg, der etwa der alten Brodbänkenstrasse folgt. Dabei lässt sich körperlich ausmessen, was einmal der Stadtteil Kneiphof war. Man geht dann direkt auf das schön gegliederte Westwerk mit dem Turm und der neu angebrachten Turmuhr zu. Wenn man von der Okjabrskaja (Lindenstraße) kommt, vorbei am ehemaligen jüdischen Waisenhaus, über die Honigbrücke, trifft man zunächst auf den jetzt zweisprachigen Gedenkstein für Julius Rupp, den Gründer der Freien Evangelischen Gemeinde. Das Bronzeportrait Rupps ist eine Arbeit seiner Enkelin Käthe Kollwitz. Geht man um den Chor herum, steht man vor einer Säulenhalle aus rötlichem Porphyr, die ein schlichtes Kenotaph überbaut, unter dem die Gebeine Kants eine hoffentlich letzte Ruhestätte gefunden haben. Das Grabmal wurde 1924 mit Geldern aus einer Stiftung von Hugo Stinnes errichtet, nachdem der Vorgängerbau abgerissen werden musste. Im Turmhaus des Domes ist jetzt ein Museum zur Geschichte der Stadt eingerichtet, das sich in einem ausführlichen Ausstellungsteil auch mit Immanuel Kant beschäftigt. Man findet Erstausgaben seiner Werke, Büsten, Portraits, ein wandfüllendes Gemälde der Tischgesellschaft und die Totenmaske mit den greisen eingefallenen Zügen Kants.

Südlich der Hochbrücke, etwa im Bereich der heutigen Portowaja (Sattlergasse), hat das Geburtshaus Kants gestanden. Geht man vom Zentrum aus auf der Frunse (Königstraße) in östlicher Richtung und biegt dann in die Dewjatogo Aprelja (Jägerhofstraße) ab, ist man in dem Be-

Abb. 2: Kantgrab beim Königsberger Dom

reich, in dem das Friedrichs-Kollegium gestanden hat, an dem Kant Schüler war und später Herder als Lehrer unterrichtet hat. 1944 wurde es mit allen Kunstschätzen ein Raub der Flammen. Der Bankier Jakobi hielt Salon in seinem Haus in der Junkerstraße, die etwa im Bereich des Hotels Kaliningrad verlief. Kant hat dort regelmäßig verkehrt. In unmittelbarer Nähe lag auch das Haus Kants, das er ab 1787 bis zu seinem Tod bewohnt hat. Es wurde bereits 1893 abgerissen. Authentischere Fühlung kann man nehmen an der Universietetskaja (Paradeplatz). Die Grünfläche vor der neuen Universität, die den Krieg recht gut überstanden hat, war einmal der Königsgarten, in dem der greise Kant spazieren ging, als er den weiten Gang auf die andere Pregelseite nicht mehr bewältigen konnte. In den Vorlesungspausen sitzen jetzt russische Studenten auf der Treppe vor der Universität und auf den Grünflächen, gewissermaßen zu Füßen Kants, denn eine originalgetreue Nachbildung des im Krieg verschollenen Kant-Standbildes steht dank einer Stiftung Gräfin Dönhoffs wieder an seinem alten Platz vor der Universität. Auch an anderer Stelle erinnert die Stadt an Kant. An den Resten der Schlossmauer ist eine zweisprachige Bronzetafel angebracht worden mit den berühmten Sätzen aus dem Schluss der „Kritik der praktischen Vernunft“: „Zwei Dinge erfüllen das Gemüt mit immer neuer und zunehmender Bewunderung und Ehrfurcht, je öfter und anhaltender sich das Denken damit beschäftigt: Der bestirnte Himmel über mir und das moralische Gesetz in mir." Die ausgebrannte Ruine des Königsberger Schlosses stand nach dem Krieg noch bis in die sechziger Jahre. Trotz des Widerstandes der Kaliningrader wurde sie 1969 auf Betreiben Breshnevs endgültig abgerissen. Über den erhaltenen Kellergewölben ragt jetzt wie ein steingewordener Alpdruck das Haus der Räte auf, eine nie fertig gestellte Bauruine aus Beton – monströs und grau mit gähnenden leeren Fensterhöhlen, ein Ärgernis für die heutigen Kaliningrader. Der 6-spurige Leninskij-Prospekt (Steindamm) führt hinaus in die westlichen Stadtteile, nach Juditten und weiter nach Moditten, wo Kant seine wenigen Aufenthalte außerhalb Königsbergs verbracht hat. Man kommt vorbei am Ploschtschad Pobedy, dem ehemaligen Hansaplatz, an dem noch Reste der alten Ostmesse stehen, jetzt als Markthallen genutzt, mit einem ungeheuren Labyrinth aus improvisierten Marktständen dahinter, wie ein orientalischer Souk. Im früheren Eingangsbereich der Messe entsteht die neue orthodoxe Kathedrale von Kaliningrad. Die Fundamente lassen die beträchtlichen Dimensionen, auf die der Bau angelegt ist, schon ahnen. Vor der Baustelle steht noch immer Lenin auf seinem Sockel und dreht dem heiligen Treiben den Rücken zu. In einem hölzernen, einer russischen Dorfkirche nachempfundenen Behelfsbau ist ein reger Andrang der Gläubigen: Babuschkas, Frauen mit Kindern und sogar junge Soldaten in Uniform, die ihre Sporttaschen im Eingangsbereich abstellen und still ihre Kerzenspende darbringen auf einem der wuchtigen Messingständer vor den Heiligenbildern. Alte gebückte Frauen in schwarzen Kleidern und mit Kopftüchern huschen umher und versorgen die Kerzen, streifen heruntergelaufenes Wachs ab und zünden verloschene Kerzen wieder an. Der Pope zelebriert vor der geöffneten Ikonostas, der dreitürigen Bilderwand, mit schimmerndem liturgischen Gerät. Auf der Empore singen drei junge Frauen die orthodoxe Liturgie. Eine heimelige Wohnstube für den Herrgott. Vom Hansaplatz geht es über den Prospekt Mira (Hufenallee) und den Prospekt Pobedy (Juditter Allee) weiter nach Moditten. Man passiert den Tiergarten und das ehemalige Hufengymnasium, an dem der Dichter Ernst Wiechert als Lehrer tätig war. Schräg gegenüber zweigt die Sershanta Koloskowa (Hornstraße) ab, in der noch das Wohnhaus steht, in dem Agnes Miegel gelebt hat. Eine zweisprachige Gedenktafel erinnert an die Dichterin. Am Stadtrand auf einem Wiesengrundstück liegt ein kleines Haus, das heute als das Gartenhaus gezeigt wird, in dem Kant seine wenigen Erholungsstunden verbracht hat, wenn er als Gast beim Förster von Moditten wohnte. Es ist nicht das Original, das im Krieg zerstört wurde, gibt aber einen ungefähren Eindruck von den alten Verhältnissen. Der Verkehr rollt auf der Landstraße vorbei in Richtung Pillau, wo 1945 Tausende von

Flüchtlingen im Bombenhagel auf einen rettenden Schiffstransport über die Ostsee, heraus aus dem eingeschlossenen Königsberg, gewartet haben.

Kants Wirkung war weitreichend und nicht unproblematisch. Einerseits hat er zwar gegen den englischen Empirismus an der Allgemeingültigkeit der Erkenntnis und an der Absolutheit des moralischen Gesetzes festgehalten. Andererseits hat er die Metaphysik durch eine fälschliche Gleichsetzung mit der rationalistischen Begriffsphilosophie diskreditiert und die Philosophie für lange Zeit in die Sackgasse einer sterilen Erkenntnistheorie geführt. Kant wollte die Metaphysik gegen den Empirismus retten, indem er nachzuweisen versuchte, dass apriorische Urteile möglich sind. Im Ergebnis aber zerriss seine Philosophie die Wirklichkeit in verhängnisvoller Weise in eine Welt des unaufhebbaren Scheins und eine für uns nie erreichbare wahre Wirklichkeit an sich. Es war dann nur noch ein Schritt zur Selbstversponnenheit des subjektiven Idealismus Fichtes, der konsequent das bei Kant schon völlig verblasste Ding an sich ganz aufhob und die Wirklichkeit nur noch aus dem Ich als dessen Setzung hervorgehen ließ. Schelling und Hegel haben ihre Systeme des objektiven Idealismus daraus abgeleitet, indem sie das Ich Fichtes aus seiner Subjektivität lösten und zur Wirklichkeit selbst erhoben als geistdurchwirkte Natur und absoluten Geist. An Hegels Dialektik wiederum knüpft der Materialismus marxistischer Prägung an. Letzteres vor allem ist eine Entwicklung, angesichts deren Kant sich im Grabe umdrehen würde. Diese geistesgeschichtliche Verbindung hat aber dazu geführt, dass schon zu sowjetischer Zeit das Andenken Kants in Kaliningrad gepflegt wurde und der Dom mit dem Kantgrab nicht der Vernichtungswut zum Opfer gefallen ist, die sich nach dem Krieg gegen alle deutschen Kulturdenkmäler richtete.

Kants Philosophie war ein tiefer Einschnitt in der Philosophiegeschichte. Dabei ist sie durchaus widersprüchlich und spart wesentliche Begründungszusammenhänge aus: Kant zeigt nicht, wie er die Allgemeingültigkeit seiner apriorischen Prinzipien sichern will, für die ja uneingeschränkt auch die Unerkennbarkeit der Wirklichkeit an sich gelten müsste, es sei denn, sie wären auch nur Erscheinung. Nirgendwo macht er über das formale Prinzip hinaus deutlich, wie sich eine konkrete Erfahrung mit den allgemeinen Kategorien zu einer bestimmten raumzeitlichen Anschauung und Erkenntnis verbindet. Es ist nicht ersichtlich, wie er über die „Dinge an sich" philosophieren, ihnen Existenz und Wirkungen auf die Subjekte zusprechen kann, wenn sie doch für uns nicht erkennbar sind. „Die Meinung Kants und der Subjektivisten, das Sein der Dinge an sich sei schlechthin unerkennbar, muss folgerichtig den Seinsbegriff umkehren. Sein ist nicht mehr das, was *ist*, sondern das, was *erkannt wird.* Es gäbe keine ontologische, sondern nur logische Wahrheit; und diese bestünde einzig in der Übereinstimmung des Denkens mit sich selber. Falschheit wäre somit unmöglich" (Kälin 100).

Verbinden lässt sich eine Reise nach Kaliningrad mit Ausflügen an die Samlandküste, zu den Bernsteingruben und den langsam wieder auflebenden Seebädern Swetlogorsk (Rauschen) und Selenogradsk (Cranz), mit Wanderungen auf der Kurischen Nehrung und einem Besuch der Vogelwarte in Lesnoje (Rossitten) oder Ausflügen zu den Burgruinen aus der Zeit der Ordensritter wie etwa Balga, das völlig abgelegen in einem verwunschen wirkenden Wald auf der Steilküste am Frischen Haff liegt und dem russischen Fernsehen als Kulisse für Märchenfilme dient.

Praktische Hinweise:

Interessante Exponate zum Leben und Werk Kants und zu anderen Königsberger Dichtern und Denkern bietet auch das Museum Stadt Königsberg im Kultur- und Stadthistorischen Museum Duisburg, Johannes-Corputius-Platz 1, Tel.: +49 (0)203/26 40, Internet: www.museumkoenigsberg.de

Literatur:

Gause, F.; J. Lebhuhn: Kant und Königsberg. Leer, 1989
Gilmanov, W.: Königsberg – Kaliningrad – Erinnerungen und Erkundungen. Witten, 1993
Grimoni, L.; M. Will (Hrsg.): Immanuel Kant. Katalog zur Ausstellung anlässlich des 200. Todestages, Museum Stadt Königsberg, Husum, 2004
Hirschberger, J.: Geschichte der Philosophie, Freiburg, 1955
Kälin, B.: Lehrbuch der Philosophie. Paderborn, 1957
Kant, I.: Kritik der reinen Vernunft, Hamburg, 1956
Kant, I.: Kritik der praktischen Vernunft. Stuttgart, 1961
Kant, I.: Kritik der Urteilskraft. Werke, Bd. 3, 1995
Schultz, U.: Immanuel Kant. Reinbek, 1980
Stadtplan von Königsberg, 1931
Straßenverzeichnis Königsberg – Kaliningrad. 1991
Zweig, S.: Baumeister der Welt. Frankfurt a. M., 1965

Die letzte Reise des Magus

Mit Johann Georg Hamann im Münsterland

Es riecht verlockend nach frisch gebackenen Kartoffelpuffern, nach Küchenkräutern und Obst zwischen den Marktständen auf dem Domplatz in Münster. Das geschäftige Treiben setzt sich fort bis zum Prinzipalmarkt, den prächtige mittelalterliche Patrizierhäuser mit hohen Stufengiebeln und Arkaden umgeben. Im alten Rathaus, dessen gotisches Maßwerk wirkt wie feines zerbrechliches Zuckerwerk, ist 1648 der Friede zu Münster ausgehandelt worden, der den 30-Jährigen Krieg beendet hat. Den nördlichen Abschluss des Prinzipalmarktes bildet die Lambertikirche, an deren Turm noch die drei eisernen Käfige hängen, in denen man 1536 die Leichen der hingerichteten Anführer des Wiedertäufer-Aufstandes zur allgemeinen Abschreckung vermodern ließ. Dank umfassender Rekonstruktion nach erheblichen Kriegszerstörungen ist der bauliche Gesamteindruck wieder ähnlich dem, der sich Johann Georg Hamann geboten hat, als er am 16. Juli 1787 nach gut dreiwöchiger Reise von Königsberg kommend in Münster eintraf. Es kam zu der lange ersehnten Begegnung mit Franz Kaspar Buchholtz und den anderen Mitgliedern des Kreises um die Fürstin von Gallitzin, mit denen Hamann schon lange vorher in einem ausgedehnten Briefwechsel gestanden hatte. In den gelehrten Kreisen seiner Zeit war Hamann gewissermaßen der Geheimtipp. Liebevoll ehrend war sein Beiname „Magus in Norden" gemeint, den er erhalten hatte in Anspielung auf die drei Sterndeuter aus dem Morgenlande, die alles im Stich ließen, um der Botschaft zu folgen. Seine eigenwilligen Schriften erschienen nur in kleinen Auflagen und wurden von Hand zu Hand weitergereicht. Sie wurden gesammelt und getauscht, für Freunde kopiert und als besondere Gabe verschickt. Goethe hütete sie in einer separaten Schachtel. Dabei machte Hamann es seinen Lesern nicht gerade leicht. Er schöpfte reichlich aus dem ungeheuren Fundus antiker Klassiker, den er sich als besessener

Abb. 1: Blick zum Prinzipalmarkt in Münster

Leser angeeignet hatte, und arbeitete mit kunstvollen Zusammenfügungen aus Bibelzitaten im Cento-Stil. Dazu kamen zahlreiche verschlüsselte Bezüge auf aktuelle Veröffentlichungen und auf Zeitgenossen, die immer mit phantasievollen Decknamen angesprochen wurden. All das machte seine Schriften schwer verständlich, beeinträchtigte aber nicht die außerordentliche Faszinationskraft, die von ihnen ausging. Man horchte auf, weil wieder Töne angeschlagen wurden, die durch Rationalismus und Aufklärung, den philosophischen Mainstream der Zeit, fast gänzlich zum Verstummen gebracht worden waren. So bat etwa Goethe 1785 in einem Brief an Friedrich Heinrich Jacobi, mit dem Hamann in regem Austausch stand: „Teile ja alles mit, was Du von Hamann empfängst. Gott erhalt ihn noch lange" (Nadler 471). Jacobi, der Philosoph des religiösen Gefühls, stand auch in Verbindung mit dem Freundeskreis um Fürstin Gallitzin. Die Fürstin, eine geborene Gräfin von Schmettau, hatte zunächst unter dem Einfluss der Aufklärung gestanden. Die atheistisch-materialistischen Schriften des Claude Adrien Helvétius waren ihre erste philosophische Lektüre gewesen. Der führende materialistische Philosoph der französischen Aufklärung, Denis Diderot, war mehrmals länger zu Gast in ihrem Haus in Den Haag, wo ihr Mann, Fürst Dimitri Gallitzin, als russischer Botschafter residierte. Einen neuen Weg ebnete ihr erst der niederländische Philosoph Franz Hemsterhuis, der als ihr Freund und philosophischer Lehrer über viele Jahre Einfluss auf sie ausgeübt, aber auch von ihr bedeutende Anregungen für sein Werk empfangen hat. In seiner Schrift „Lettre sur les désirs" unterscheidet Hemsterhuis vier Arten des Verlangens der Seele, „die alle ein Einswerden (union) mit dem geliebten Objekt anstreben, 1. mit dem schönen Kunstwerk, 2. mit dem Freund, 3. mit der geliebten Frau, 4. mit Gott" (Schulz 34). Damit wies er genau die Richtung, in der sie unsicher tastend suchte. Nach dem Scheitern ihrer Ehe übersiedelte die Fürstin 1779 mit ihren beiden Kindern nach Münster, angezogen von den bildungsreformerischen Ideen des Freiherrn Franz von Fürstenberg, der als Minister im Hochstift Münster das Schulwesen umfassend erneuert und die Universität gegründet hatte. Hemsterhuis, der durch seine berufliche Stellung als Staatssekretär bei der niederländischen Regierung entsprechende Kontakte hatte, konnte die Verbindung zu Fürstenberg herstellen. In Münster wurde die Fürstin bald zum geistigen Katalysator und gesellschaftlichen Mittelpunkt. Jacobi, Fürstenberg, Franz Caspar Buchholtz und später auch Friedrich Leopold Graf zu Stolberg trafen sich in ihrem Haus. Goethe, Herder, Claudius und Lavater korrespondierten mit den Münsteranern. Anders als mehr literarisch interessierte Kreise der Zeit, waren die Münsteraner Freunde vorwiegend bildungsreformerisch und religiös motiviert. Als „familia sacra" ist der Kreis dann auch in die Geistesgeschichte eingegangen. Mit der Rückwendung der Fürstin zum katholischen Glauben ihrer Kindheit im Jahre 1786, fand ihr tastendes Suchen, dem Hemsterhuis Jahre vorher eine erste Richtung gegeben hatte, festen Grund. Die Konversion des Grafen zu Stolberg und seiner Frau in der Hauskapelle der Fürstin wenige Jahre später, im Sommer 1800, löste heftigste öffentliche Reaktionen aus, die sich bis zu einer Diffamierungskampagne steigerten.

Hamanns Schriften wurden vom Münsteraner Kreis begierig aufgenommen, sein lutherischer Hintergrund tat dem keinerlei Abbruch, man hatte ein ganz natürliches ökumenisches Verständnis für das gemeinsame biblische Fundament. Die Fürstin ließ sich die verstreuten Schriften Hamanns zusammenkaufen und der wohlhabende Buchholtz unterstützte Hamann materiell. Nach längerer Korrespondenz folgte Hamann schließlich dem Drängen der Münsteraner Freunde und brach mit seinem 17-jährigen Sohn Johann Michael zu der beschwerlichen Reise nach Münster auf.

Hamann stand zu dieser Zeit bereits am Ende seines Lebens. Es sollte die letzte Reise des Magus werden. 1730 als Sohn des städtischen Baders in Königsberg geboren, stammte Hamann aus eher kleinbürgerlichen Verhältnissen. Die Königsberger Universität verließ er 1756 nach breit angelegten Studien der Geisteswissenschaften ohne Abschluss. Seinen Unterhalt verdiente er als Hauslehrer, bis ihm die baltische Kaufmannsfamilie Berens eine viel versprechende Karriere in ihrem Handelshaus eröffnete. Mit einer Mission, deren Hintergründe nie ganz geklärt werden konnten, wurde Hamann 1757 nach London geschickt. Möglicherweise hatte er den Auftrag, politische Fäden zu ziehen, die zu einer Loslösung des Baltikums von Russland führen sollten. Die Mission scheiterte. Monatelang blieb Hamann auf sich selbst zurückgeworfen und einigermaßen haltlos in London. Er lebte in den Tag und verbrachte seine Zeit mit ziellosen Studien,

Abb. 2: Johann Georg Hamann (1730 – 1788)

bis er schließlich beim Lesen der Bibel eine seelische Erschütterung erfuhr, die seine Lebensorientierung von Grund auf wandelte. An seinen Bruder schrieb er nach seiner Rückkehr: „In dem würdigen Namen, nach dem wir Christen heißen, wie der Apostel Jakobus sagt, vereinigen sich alle Wunder, Geheimniße und Werke des Glaubens und der wahren Religion. Dieser würdige Name, nach dem wir genannt sind, ist der einzige Schlüßel der Erkenntnis, der Himmel und Hölle, die Höhen und Abgründe des Menschlichen Herzens eröfnet" (Hamann 1988, 9). Aus mehr persönlichen Gründen, aber auch aufgrund einer gewissen gegenseitigen Entfremdung durch die neu gewonnene religiöse Haltung Hamanns kam es zum Bruch mit der Familie Berens. Neben den verschiedensten Brotberufen als Hauslehrer, Privatsekretär, Übersetzer in der preußischen Zollverwaltung und zuletzt als Lagerhausverwalter, widmete sich Hamann nun ganz seinen schriftstellerischen Arbeiten, vor allem in Frontstellung zu den Vereinseitigungen und Verkürzungen des Rationalismus und der Aufklärung. Aber auch die politischen Zeiterscheinungen nahm er kritisch aufs Korn. Mehrfach spielte er mit dem Feuer, indem er die Machtpolitik Friedrichs II. und seine Verbindung mit den französischen Aufklärungsphilosophen scharf angriff. So unbedeutend auch sein offizielles Amt war, so sehr wuchs er immer mehr zu einer geistigen Größe mit bedeutendem Einfluss. Nach den vielen Jahren im Joch ungeliebter Brotberufe, eröffnete ihm die Unterstützung von Buchholtz und das Angebot zu einem längeren Aufenthalt in Münster die Aussicht auf eine neue Freiheit, sich seinem Werk widmen zu können. Seine ungeduldigen, abschlägig beschiedenen Urlaubsanträge führten schließlich unter erniedrigenden Umständen zu seiner Entlassung aus dem Amt. Die ihm zugesprochene Pension war klein, aber die Unabhängigkeit wiedergewonnen. Hamann konnte seine letzte Reise antreten. Bitter blickte er dann von Münster aus zurück auf die verlorene Zeit: „Die zwanzig Jahre des Jochs, das ich getragen habe, sind nicht mehr zu ersetzen, und das einzige, auch klügste, was mir zu thun übrig bleibt ist ein *finis coronans opus* (krönender Abschluss des Werkes)" (Hamann 1988, 287).

Hamanns Gedanken entwickelten sich stets in der Auseinandersetzung mit zeitgenössischen Autoren. Er hat sie nie zu einem System zusammengefasst, aber schon in seinen ersten Schriften sind die Grundgedanken ausgebildet, die sich durch sein ganzes Werk ziehen sollten. Metzke hat Hamanns Position in ihrer Entgegensetzung zur Aufklärung und zu Kant auf einfache zusammenfassende Begriffe gebracht: „Bei Hamann: die konkreten Gegebenheiten, konkretes Sein – Sprache. Dort: die Abstraktionen und abstraktes Sein –Vernunft" (Metzke 246).

Gegen die Vorstellung eines autonomen, frei von allen religiösen Bindungen allein nach Vernunftprinzipien handelnden Menschen verweist Hamann auf die Brüchigkeit menschlicher Vernunftbildungen, auf die Begrenztheit seines Erkenntnisvermögens und die Bedingtheit des Menschen. Die vom Glauben losgerissene verabsolutierte Vernunft ist nur „Sand, Treibsand, worauf nichts zu bauen ist", wenn sie vor die letzten entscheidenden Menschheitsfragen gestellt ist (nach Metzke 180). In seiner ersten Schrift, den „Sokratischen Denkwürdigkeiten", nimmt er sich den griechischen Philosophen zum Gewährsmann. Der Mensch muss sich selbst in seiner Unwissenheit erkennen und die Geltung erster grundlegender Wahrheiten voraussetzen: „Unser eigen Daseyn und die Existenz aller Dinge ausser uns muß geglaubt und kann auf keine andere Art ausgemacht werden. Was ist gewisser als des Menschen Ende, und von welcher Wahrheit gibt es eine allgemeinere und bewährtere Erkenntnis?" (Hamann 1968, 51). Dabei ist Hamann kein Skeptiker, denn die Schöpfung ist ihm Sprache Gottes, die der Mensch dank der ihm gegebenen Sprache in Erkenntnis übersetzen kann: „Reden ist übersetzen – aus einer Engelsprache in eine Menschensprache, das heist, Gedanken in Worte, Sachen in Namen, – Bilder in Zeichen; die poetisch oder kyriologisch, historisch, oder symbolisch oder hieroglyphisch und philosophisch oder charakteristisch seyn können" (Hamann 1968, 87 u. 89).

Gegen die atheistischen Positionen der Aufklärung oder die deistische Verbannung Gottes in eine irrelevante Ferne ohne Bezug zur Welt der Menschen, setzt er den lebendigen erfahrbaren Gott, der in der Sprache der Schöpfung, der Geschichte und der Offenbarung zu uns gesprochen hat. Wir hören Töne grollenden Zorns, dann wieder zärtlichster Faszination, wenn er schreibt: „Die Einheit des Urhebers spiegelt sich bis in dem Dialecte seiner Werke; – in allen Ein Ton von unermäslicher Höhe und Tiefe! Ein Beweiß der herrlichsten Majestät und leersten Entäußerung! Ein Wunder von solcher unendlichen Ruhe, die GOTT dem Nichts gleich macht, daß man sein Daseyn aus Gewissen leugnen oder ein Vieh seyn muß; aber zugleich von solcher unendlichen Kraft, die Alles in Allem erfüllt, daß man sich vor seiner innigsten Zuthätigkeit nicht zu retten weiß!" (Hamann 1968, 107). Gott ist für ihn immer personales Du, keine unpersönliche, pantheistisch aufgefasste Allnatur, zu der sich kein „christlich Vaterunser" beten lässt (nach Metzke 258).

Gegen die begriffliche Zergliederung der Welt und ihre Instrumentalisierung verweist er auf die Unaufhebbarkeit des Geheimnisvollen, auf die Unmittelbarkeit und Ganzheitlichkeit der Erfahrung, in der sich mehr erschließt als einfache deterministisch-mechanische Zusammenhänge: „Alle Erscheinungen der Natur sind Träume, Gesichte, Rätsel, die ihre Bedeutung, ihren geheimen Sinn haben. Das Buch der Natur und der Geschichte sind nichts als Chiffren, verborgene Zeichen" (nach Metzke 153). Dabei verneint Hamann weder Vernunft noch Wissenschaft, aber er baut seine Gegenpositionen auf gegen jene Vereinseitigungen und Vereinfachungen, die alles das nicht mehr gelten lassen wollen, was außerhalb der Reichweite der Vernunft liegt. Aber auch Gleichgesinnte wie Jacobi werden von seiner Kritik nicht ausgenommen, wenn sie mit ihrer Argumentation in eine Schieflage geraten. Im „Pantheismusstreit" zwischen Moses Mendelssohn und Jacobi etwa, kritisiert er Jacobis Entgegensetzung von Idealismus und Realismus, die zwei Seiten der Wirklichkeit auseinander reißen würde, die jede Philosophie in sich vereinen müsse (Nadler 367).

Nach seiner Ankunft blieb Hamann nur kurz in Münster, von Buchholtz in dessen Stadthaus am Alten Fischmarkt beherbergt. Bereits Ende Juli kam Jacobi zu Besuch und lud ihn zu sich ein. Anfang November, als ihm die erdrückende Fürsorge der Familie Jacobi, zuerst in Pempelfort, dann in ihrer Düsseldorfer Stadtwohnung, wohl zu viel geworden war, stahl er sich zum großen Befremden seines Gastgebers heimlich aus dem Haus und reiste zurück nach Münster. Aber auch hier kam er nicht zur Ruhe, so gut man es auch mit ihm meinte. Die Besucher gaben sich die Klinke in die Hand, man reichte ihn herum. Er wurde verwöhnt und konnte seiner Leidenschaft, der Schlemmerei und guten Tröpfchen, ausgiebig frönen. Von einer Landpartie mit Fürstin von Gallitzin berichtet einer seiner Briefe so bildhaft, dass man den Duft des ländlichen Gelages zu riechen glaubt: „Eine pommersche Mandelsuppe stand neben Sauerkraut, wie ein paar Zwillingsschwestern. Ich nahm dazu einen Schnitt Rindfleisch mit Weißbrodt und Pfeffer gepudert; durfte nicht mehr aus Achtsamkeit des auf mich wartenden Sauerbratens. Hier trank ich einer alten Sitte der Diät zufolge zwey Gläser kräftiges Biers. Mein katholischer Magen ließ sich auch gelüsten 2 Löffel eingerührter Eyer zu schmecken. Ein fetter Kurren oder Putenbraten hatte allen Reitz einer (sanften) schmachtenden Blonden in meinen Augen. Ein Pudding schwam im rothen Wein. Ein Mandelkuchen des vorigen Tages; eine Apfeltorte, die erst gebacken war. Wären wir heute gekommen; so war das dritte Gebacknis schon bestellt. Ein Glas Bordeaux und 2 oder 3 Gläser Tokayer, wovon der eine trüber und Georgii Ausbruch, der andere klarer und feuriger war. Alles wurde mit einem Schnittchen schwarzbrodt und Butter beschloßen, und man stand von der Tafel auf. Auf 2 Schälchen Caffé zu einer Pfeife Knaster trank ich noch ein großes Glas mit Salzerwasser" (Hamann 1988, 297 f). Schon Anfang Dezember wurde ihm das alles dann doch zuviel und auch Münster zu eng. „Es fehlt mir an Raum und Zeit", klagte er in einem Brief an Jacobi (Hamann 1988, 301). Das hoffte er in dem abgelegenen Landsitz von Buchholtz in Welbergen zu finden. Für Hamann waren die rund 40 Kilometer eine beschwerliche Tagesreise. Heute fährt man bequem in weniger als einer Stunde von Münster hinüber zum Haus Welbergen bei Ochtrup. Es lohnt sich, über Land zu fahren, statt den direkten Weg auf der B 54 zu nehmen. Man kommt durch Bauernland, das in der Gegend der Baumberge wie eine grüne See ist, mit weiten Wellen, bedeckt mit junger Saat, die in der Frühlingssonne schimmert. Die backsteinroten Gehöfte, verstreut auf den Anhöhen, wirken wie Halligen in dem wogenden grünen Meer. Die einfachen schmucklosen Häuser sind ohne einheitlichen Plan von Schuppen und Stallungen umgeben. Die Karte verzeichnet einzeln die Namen der Besitzerfamilien, der Pöppelmanns, Schulzes, Stratmanns, Piepers, Essmanns oder Brinks. Unter hohen Bäumen versteckt liegen alte Adelssitze hinter schützenden Wassergräben, den so genannten Gräften. Verfallende Wirtschaftsgebäude dämmern neben herrschaftlichen Toreinfahrten. Wie an der Schnur entlang der Bäche und Wassergräben recken Pappeln und Weiden ihr graues, noch blattloses Geäst. Gleich Masten ferner Segelschiffe sind manchmal nur die Spitzen der Kirchtürme hinter den grünen Wellenbergen zu sehen, bis sie dann in ihrer ganzen Mächtigkeit auftauchen, wie der Dom zu Billerbeck. Die Dorfschänken heißen Zur Linde, Alter Posthof oder Bürgerhaus. Nach Norden, auf Rosendahl und Metelen zu, klingen die Wellen schließlich aus in eine gänzlich flache Landschaft, die Hamann vielleicht an seine ostpreußische Heimat erinnert hat. Wie dort strecken sich die Straßen ins Unendliche, so dass sich die Autos weit vorne in Luftspiegelungen aufzulösen scheinen.

Kurz vor Ochtrup, in einem bewaldeten Gebiet, liegt Haus Welberg. Ein breiter, vom Gauxbach gespeister Wassergraben umgibt die Vorburginsel. Schleimige braune Schlieren von ganz zerfallenen modrigen Blättern der hohen Buchen treiben am Rand. Das Herrenhaus ist halb verdeckt von der Ringmauer. Entlang der Gräfte, vorbei an altem Rhododendron, einer Wassermühle und einem Speicherhaus führt der Weg, dann über die Zugbrücke und durch das Torhaus in die Anlage. Eine Tafel informiert, dass sie jetzt als Tagungsstätte für deutsch-niederländische Kulturorganisationen dient und im Besitz der Bertha-Jordaan-van-Heek-Stiftung ist. Abgetretene Sandsteinplatten und ein Pflaster aus großen Flusskieseln führen auf das bescheidene Herrenhaus zu, das ganz im Wasser der Gräfte steht und nur über eine Brücke von der Vorburginsel aus zu erreichen ist. Das Geviert der Anlage wird eingefasst von Wirtschaftsgebäuden und einer durch drei zierliche Türme gegliederten Ringmauer. Der mittlere Turm ist eine barock ausgestattete Marienkapelle. Abgezirkelte Rasenflächen und sorgfältig beschnittene Buxus- und Eibenhecken gliedern die Gartenanlage. Seit Hamanns Aufenthalt hat sich wenig verändert. Im 13. Jahrhundert erbaut durch die Herren von Welbergen, dann in Besitz der Herren von Blome und Oldenhues, hat die Anlage schließlich durch die Familie Buchholtz, an die sie 1730 kam, ihre jetzige Gestalt erhalten.

Hamann hat den ganzen Winter 1787/88 in Welbergen verbracht. Anders als erhofft fand er auch hier nicht die Ruhe zur Arbeit, um endlich den „finis coronans opus", den krönenden Abschluss seines Lebenswerkes schreiben zu können. Er klagte über die feuchte und morastige Gegend und musste die meiste Zeit krank im Bett verbringen: „In Welbergen habe eine Quarantaine von 3 Monathen ausgehalten an Faul- Gallen- Fluß und (Entzünd) Wundfieber, Ausschlägen und Geschwüren. Von Schmerzen wenig gefühlt, an Heiterkeit des Gemüths bey der grösten Ohnmacht hat es auch nicht gefehlt. Mein Appetit und Schlaf ist beynahe unveränderlich" (Hamann 1988, 312). Vor der Abreise aus Welbergen an einem grauen Märzmorgen nach einem Frühstück unter mit heißen Kräutern gefüllten Kissen, zog er sich nach langer Zeit zum ersten Mal wieder an und ging hinunter in die Vorhalle des Herrenhauses. Er ließ sich die Kapelle im mittleren Turm öffnen, „um wenigstens ein teutsches Pater Noster in einer römischen proseuche (griechisch: Bethaus) zu stammeln" (Hamann 1988, 305). Nach dreimonatigem Krankenlager im abgelegenen Haus Welbergen fühlte er sich bei der Ankunft in Münster „etwas entfremdet von dem städtischen Leben und Sitten gleich einer mus rusticus (Landmaus)" (Hamann 1988, 306).

Hamann sollten nach seiner Rückkehr am 19. März 1788 nur noch gut drei Monate bleiben. Es fehlte ihm die Kraft zu neuen Arbeiten, Entwürfe blieben liegen, kaum dass sie angefangen waren. Aber in der persönlichen Begegnung wirkte er weiter, als „Ackermann" des Geistes den „guten und reinen Saamen" der Wahrheit ausstreuend, wie er sich nach einem

Bild aus Matth. 13, 24 in einem Brief ausdrückte (Hamann 1988, 302). Die Gespräche mit der Fürstin vertieften sich und wurden zu einem sehr privaten Gedankenaustausch über religiöse Fragen. Das Haus der Fürstin in der Grünen Gasse stand Hamann jederzeit offen, wovon er ausgiebig Gebrauch machte, vor allem, um sich in ihrer Bibliothek zu bedienen. Ein Bombenangriff hat 1943 das Haus in Schutt und Asche gelegt. Die Grüne Gasse ist jetzt eine völlig gesichtslose Straße. Eine Gedenktafel am Annette-von-Droste-Hülshoff-Gymnasium erinnert an einen Besuch Goethes im Haus der Fürstin. Mehrfach unternahm Hamann Ausflüge nach Angelmodde, wo die Fürstin in einem Bauernhaus einige Zimmer zu ihrer Verfügung hatte. Sie liebte den Rückzug aufs Land und hatte bereits während ihrer Zeit in Den Haag ein Bauernhaus vor der Stadt gemietet, um sich vor den Zwängen der höfischen Etikette dorthin flüchten zu können. Der schwerfällige und kränkliche Stubengelehrte hatte offenbar Mühe, bei solchen Landpartien mit der sportlichen naturverbundenen Fürstin mitzuhalten, wie wir aus einem seiner Briefe erfahren: „Die Fürstin kam und wollte mir einen Vorgeschmack der schönen Gegend geben, bis an den Zusammenfluss der beyden Bäche. Ich lief, daß mir der Othem vergieng. Der Weg gieng über eine lange hohe Brücke; ich entschuldigte mich mit meinem Schwindel, ohne des leeren Magens zu erwähnen“ (Hamann 1988, 297). Die beiden Bäche waren das Flüsschen Werse und die Angel. Angelmodde ist jetzt ganz von modernen Wohngebieten der sich ausdehnenden Stadt umgeben. Im Bereich der bäuerlich schlichten Saalkirche St. Agatha ist der dörfliche Charakter noch zu ahnen. Hinter dem Pfarrhaus kann man einen Abhang hinuntersteigen zum Flüsschen Angel, das dort seine weit ausholenden Schleifen in das Weideland geschnitten hat. An der Außenmauer von St. Agatha liegt das Grab der Fürstin von Gallitzin.

Am 1. Juni war Hamann zum letzten Mal in Angelmodde. Seine Gesundheit verschlechterte sich zusehends. Jacobi kam von Düsseldorf herüber und sorgte für intensive ärztliche Betreuung. Am 2. Juni schrieb Hamann „auf dem Bette“ an Professor Kraus, dass er seine Rückreise nach Königsberg vorbereite und plane sich vorher noch in „Duisburg magnetisiren zu laßen“ (Hamann 1988, 337). Bevor er zurück in das heimatliche Königsberg aufbrechen konnte, starb er in den Morgenstunden des 21. Juni 1788. Auf Wunsch der Fürstin wurde Hamann im Garten hinter ihrem Haus in der Grünen Gasse beigesetzt.

Das Grab ist 1851 auf den „Überwasserfriedhof“ verlegt worden (jenseits des Flüsschens Aa, daher „über Wasser“). Der alte, schon 1886 aufgehobene Friedhof liegt nahe beim Schloss in einem Park an der Wilhelmstraße. In einer vermoosten Wiese, aus der Narzissenbüschel leuchten, stehen die alten Grabsteine. Prächtige sind dabei, wie der von einem Franz von und zur Mühlen, gestorben 1825, oder solche von minderem Stein, deren Schriften schon abgewittert sind. Tauben gurren und auf der nahen Wilhelmstraße rauscht der Verkehr. Außergewöhnlich sind die gepflegten Grabdenkmäler der Generäle von Horn (1762 – 1829) und von Schreckenstein (1789 – 1858), mit einem schlafenden Löwen auf mächtigem Sockel der eine und einer großen Liegestatue des Generals der andere. Ausgestreckt liegt der General dort, wie in leichtem Schlaf während einer Kampfpause. Eine Falte des weiten Mantels hängt seitlich herab. Den Säbelgriff mit Löwenkopf in der Faust, die Klinge ist verschwunden. Gleich am Anfang des Geländes neben dem Hauptweg unter Eiben und Rhododendron finden wir das Grab Hamanns. Ein steinernes urnenartiges Gefäß krönt zwei ganz schlichte übereinander gesetzte Steinquader. Davor einfache Trittplatten und ein Stein mit dem Namen Hamanns, Efeu und ein paar verlorene Stiefmütterchen. Das Grabmal wurde zwar bei der Umbettung auf den Überwasserfriedhof erneuert, entspricht aber weitgehend dem ursprünglichen Entwurf von Franz Hemsterhuis.

Hamann war ein Solitär, so vielfältig und tief auch seine Freundschaften waren. Als Denker ist er ganz eigenständig seinen Weg gegangen, geistiger Quellgrund war ihm vor allem die Bibel. Anregungen Humes hat er ganz in sein eigenes Denken assimiliert. Von den akademischen Philosophen wurde er wegen seiner Kritik an Kant abgelehnt, Trotzdem war sein Einfluss bedeutend, wenn auch vor allem indirekt vermittelt über Goethe und Herder. Lange vergessen, hat Kierkegaard ihn für sich entdeckt. Immer noch ist er ein Dorn im Auge neoaufklärerischer, ausschließlich am naturwissenschaftlich-analytischen Weltbild orientierter Schreiber. Aus ihrer auf quantitative Methoden eingeschränkten Sicht heraus können sie natürlich nie wirklich Zugang finden zu dem Symbolischen und Gestalthaften, um das es Hamann ging. Isaiah Berlin etwa stempelt ihn zum Vater des Irrationalismus und reaktionären Bannerträger und zieht eine Linie von der durch Hamann beeinflussten deutschen Romantik zum Nationalsozialismus. Hamanns Kritik der Aufklärung bringt ihn für Isaiah Berlin schon in die Nähe des Obskurantismus, Antisemitismus und „österreichisch-deutschen Rassismus“ (Berlin, 25 f, 82). Hamanns Verachtung einer Wissenschaft, die darauf ausgerichtet ist, „die Natur zu beherrschen, um Ziele zu erreichen“, habe im Ergebnis zu einer irrationalistischen „Orgie im Dunkeln“ geführt (Berlin 163), und so weiter. Heute ist offenkundig, wie recht Hamann hatte, sich gegen eine Verstümmelung der Seelen zu wenden, die alles wegschneidet, was nicht rational auf ökonomische Zwecke oder Mittel ausgerichtet ist. Dabei wendet er sich nicht gegen den Fortschritt der Wissenschaften, die ihm eine „edle Gabe Gottes“ sind (nach Metzke 186). Sein allerdings kompromissloser Kampf gilt dem Ausschließlichkeitsanspruch einer Vernunft, die sich ganz auf sich selbst stellen will, und in einer Instrumentalisierung der Natur die einzige Form des Fortschritts sieht. Er will zurückführen zu einem Wirklichkeitsverhältnis, das ohne Beschränkung auf abstrakt-begriffliche Zergliederung das Buch der Schöpfung lesen lernt und das in unmittelbarer und ganzheitlicher Anschauung die Ansprache Gottes schon im Kleinsten erkennt: „Wer ein Sonnenstäubchen erklären kann, der hat das Rätsel der ganzen Natur“ (nach Metzke 168).

Die Reise auf den Spuren des Magus lässt sich verbinden mit einer (Rad-)Tour zu den vielen sehenswerten Wasserschlössern im Umland von Münster. Annette von Droste-Hülshoff, die große Dichterin Westfalens, wurde auf Burg Hülshoff geboren und hat den größten Teil ihres Werkes im Rüschhaus geschrieben, einem von Schlaun entworfenen Landhaus, in dem eine Ausstellung zu Leben und Werk der Dichterin zu besichtigen ist. Auf dem Friedhof in Mecklenbeck kann man das Grab des christlichen Existenzphilosophen Peter Wust besuchen.

Praktische Hinweise:

Haus Welbergen bei Ochtrup, Anmeldung über die Bertha-Jordaan-van-Heek-Stiftung, Tel.: +49 (0)25 53/9 81 80

Burg Hülshoff in Havixbeck, Schonebeck 6, Tel.: +49 (0)25 34/10 52

Haus Rüschhaus in Münster-Nienberge, Am Rüschhaus 81, Tel.: +49 (0)25 33/13 17

Das Goethe-Museum „Schloss Jägerhof“ in Düsseldorf zeigt in einem Jacobi-Kabinett interessante Exponate zum Leben Friedrich Heinrich Jacobis und zu dessen Freundeskreis, darunter auch Portraits Hamanns und eine Büste des niederländischen Philosophen Hemsterhuis. In direkter Nachbarschaft zu Schloss Jägerhof liegt das Landhaus Pempelfort, bis 1794 in Besitz der Familie Jacobi, in dem neben Goethe auch Hamann zu Gast war.
Jacobistr. 2,
Tel.: +49 (0)211/8 99 62 62, Internet: www.goethe-museum.com

Literatur:

Berlin, I.: Der Magus in Norden – J. G. Hamann und der Ursprung des modernen Irrationalismus. Berlin, 1995
Brummel, L.: Franz Hemsterhuis – Een Philosofenleven. Haarlem, 1925
Hamann, J. G.: Briefe. Frankfurt a. M., 1988
Hamann, J. G.: Sokratische Denkwürdigkeiten, Aesthetica in nuce. Stuttgart 1968

Literatur:

Knoll, R. (Hrsg.): Johann Georg Hamann (1730 – 1788) – Quellen und Forschungen. Ausstellung zum 200. Todestag. Katalog, Bonn, 1988

Metzke, E.: J. G. Hamanns Stellung in der Philosophie des 18. Jahrhunderts. Darmstadt, 1967

Nadler, J.: Johann Georg Hamann (1730 – 1788) – Der Zeuge des Corpus mysticum. Salzburg, 1949

Schulz, P. (Hrsg.): Amalia Fürstin von Gallitzin (1748 – 1806) – Ausstellung zum 250. Geburtstag, Katalog, Münster, 1998

Der Geist und die Sehnsucht

Das Stift und der Turm in Tübingen – Hegel, Schelling, Hölderlin

Wie ein Schiffsbug ragt der Nordflügel des Tübinger Stifts in die Altstadtgassen. Es ist der Ostchor der alten Klosterkirche, die wie das Kloster selbst nach der Reformation in Württemberg zu einer Ausbildungsstätte für protestantische Pfarrer umgestaltet wurde. Ab 1547 zogen die ersten Studenten ein, die so genannten „Stiftler". Um mehr Platz zu schaffen für beheizbare Stuben, wurden über Chor und Kirche zwei neue Stockwerke aufgebaut, die auf dem ehemaligen Ostchor sitzen wie eine Kajüte. „Gedeckelt" ist damit gewissermaßen das ursprünglich aufstrebende Gotische des Klosters der Augustiner-Eremiten. Wo Maßwerk und Spitzbögen der Fenster entfernt wurden, sind die alten Umrisse noch schwach im Putz zu erkennen. Darunter, zum Neckar hin, liegt das Geviert der Stiftsgebäude um den ehemaligen Kreuzgang. Schon bald nach der Gründung verzeichnet die Stiftsgeschichte einen ersten bedeutenden Absolventen, den Astronomen Johannes Kepler. Viele weitere sollte diese schwäbische Eliteschmiede noch hervorbringen.

Im repräsentativen klassizistischen Ostflügel über dem Haupttor im zweiten Stock lag das Zimmer, in dem Hegel, Schelling und Hölderlin zusammen gewohnt haben, die berühmteste Stubengemeinschaft der Stiftsgeschichte. Hegel und Hölderlin, beide 1770 geboren, waren 1788 in das Stift eingetreten. Hölderlin hatte den üblichen Weg über die Lateinschule und die Vorbereitungsschule in Maulbronn genommen. Hegel hatte das Gymnasium in Stuttgart besucht. Schelling, 1775 geboren und damit fünf Jahre jünger, konnte frühreif bereits als Zwölfjähriger in der Vorbereitungsschule in Bebenhausen am Unterricht der viel älteren Schüler teilnehmen. 1790 durfte er noch vor seinem sechzehnten Geburtstag mit einer Sondergenehmigung ins Stift wechseln. Alle drei stammten aus bürgerlich obrigkeitstreuen Elternhäusern der mittleren Führungsschicht. Ihre Väter waren Klosterverwalter, Rentkammersekretär und Professor. Eine solide Karriere als protestantischer Pfarrer wäre allen dreien sicher gewesen. „Die Freuden einer ruhigen Pfarre", wie Hölderlin an seine Mutter schrieb, hatten wohl auch durchaus einen gewissen Reiz (Martens 32). Aber es waren unruhige Zeiten des Aufbruchs aus der Unfreiheit des Absolutismus und der Enge eines in Lehrformeln erstarrten orthodoxen Denkens. Natürlich

Abb. 1: Das Evangelische Stift in Tübingen

wandte sich ihr jugendlicher Widerspruchsgeist zunächst auch gegen das am Stift herrschende Reglement. Die Studenten mussten eine schwarze klösterliche Tracht tragen und sich einem streng geregelten Tagesablauf unterordnen. Ihre Leistungen bestimmten bis hin zur Sitzordnung im Speisesaal ihren Rangplatz. Aber so schlimm kann es doch nicht gewesen sein, wenn die Strafen vor allem im Entzug des Tischweines bestanden. Die Freunde jedenfalls ließen „nichts anbrennen" und zechten gerne und ausgiebig im „Alten Lamm" am Markt. Besonders Hegel hat wohl öfter nach nächtlichem Trinkgelage den Morgen verschlafen und die Vorlesungen versäumt. Es waren vor allem die Ideen der Aufklärung, Rousseaus Bild von einem glücklichen natürlichen Urzustand, Kants Kritik der alten Metaphysik und die Losungen der Französischen Revolution, die in den jugendlichen Köpfen durcheinander wirbelten. Dazu kam ein guter Schuss schwäbisch pietistischer Herzensfrömmigkeit, wie sie in den Elternhäusern gelebt wurde. Auf ihrer Stube lasen sie gemeinsam, was nicht zum offiziellen Studienprogramm gehörte. Über eine Schrift Jacobis, die gegen Spinoza und dessen Vorläufer Giordano Bruno gerichtet war, lernten sie deren Lehre vom All-Einen kennen. Aber nicht Jacobis Kritik am Pantheismus nahmen sie auf, sondern das pantheistische „Hen kai Pan" (Eins und Alles). Hierin glaubten sie den Zauberschlüssel gefunden zu haben, der ihnen ein weites und blutvolles Weltverständnis aufschließen konnte. Ihre Begeisterung für die Französische Revolution legte sich nach den Massenhinrichtungen und der Diktatur des Mobs. Treu blieben sie sich in ihrem Aufbruch aus orthodoxer Enge und Unfreiheit, in der Sehnsucht nach Weite, Ganzheit, Einheit und Heilem. „Vernunft und Freiheit bleiben unsere Losung, und unser Vereinigungspunkt die unsichtbare Kirche", schrieb Hegel 1795 an Schelling (Kirchhoff 24). Hölderlin schrie es im Garten des Wirtes zum „Alten Lamm" weinselig mit erhobenem Glas hinaus in die Nacht: „Dieses Glas dem guten Geist", dass es in den Gassen widerhallte (Martens 41). Ihre Kerngedanken amalgamierten sie schließlich zu einem geistigen Programm, das sie gemeinsam verfolgen wollten. Wir kennen es aus einem Schriftstück in Hegels Handschrift, das erst 1917 aufgefunden wurde. Über die eigentliche Autorschaft wurde lange gestritten. Wahrscheinlich haben alle drei an der Abfassung mitgewirkt. Wir lesen dort von einer „Philosophie des Geistes", die eine ästhetische Philosophie sein muss, und von einer neuen „Mythologie der Vernunft", die nicht weniger sein sollte als „eine neue Religion" (Gulyga 54).

In diesem hohen Anspruch und im „Hen kai Pan", in der Sehnsucht nach der All-Einheit sollten sie verbunden bleiben, doch nach einer anfänglich gemeinsamen Wegstrecke verschiedene Wege gehen und sich

Abb. 2: Hegel (1770 – 1831)

Abb. 3: Schelling (1775 – 1854)

Abb. 4: Hölderlin (1770 – 1843)

schließlich auch ganz verlieren. Der schnell aufsteigende Stern war der in unbändiger Produktivität vor Ideen sprühende Schelling. Noch während des Studiums machte er mit ersten philosophischen Werken von sich Reden. Das gemeinsame Programm löste er ein mit seiner Identitätsphilosophie, in der Natur und Geist, Subjekt und Objekt in einem absoluten Einen zusammenfallen. Hegel, der schwerblütige, der sich unermüdlich über alles Notizen machte, mahlte den Gedankenstoff langsamer aber gründlich. Er trat viel später, aber dafür um so machtvoller hervor mit seinem monumentalen System einer Philosophie des alles umfassenden, sich in Gegensätzen entwickelnden absoluten Geistes. Hölderlin, der Empfindsame, beschwor in großartigen Dichtungen die selbstvergessene Einheit mit der Natur in der Feier der antiken Götter. Vor allem mit seinem Briefroman „Hyperion" sollte er kurz strahlend aufleuchten, um dann ganz in eine vier Jahrzehnte lange Nacht des Wahnsinns zu versinken.

Bis heute ist das Stift Ausbildungsstätte für protestantische Theologen und wie zu Zeiten Hegels, Schellings und Hölderlins wird es von einem Ephorus geleitet. Eine Gedenktafel am Brunnen im Vorhof erinnert an den Orientalisten Professor Schnurrer, der während der Studienzeit der drei dem Stift vorgestanden hat. Im Innenhof, dem ehemaligen Kreuzgang, hört man fröhliche junge Stimmen. An seine Nordseite grenzt eine große überdachte Terrasse, die so genannte Altane. Ein Stiftler läutet dort ausgelassen die kleine Glocke auf dem Dach eines baldachinartigen Überbaus. Sie ruft in den Speisesaal, der sich noch immer im Südflügel befindet, mit freiem Blick über die Stiftsgärten zum Neckar hin. Der lange Saal mit den rissigen alten Holzsäulen in der Mitte hat etwas von einem mönchischen Refektorium, nur das nicht Äbte auf den Gemälden an der Wand abgebildet sind, sondern württembergische Herzöge. Insgesamt ist es jetzt wohl bequemer im Stift, die Stubenöfen wurden durch eine Zentralheizung ersetzt und der Altbau mit einem Lift ausgestattet. Wir gehen durch das kahle Gemäuer des

Treppenhauses neben dem Lift auf die Altane und schauen hinunter in den Innenhof, der mit Rosen schön berankt ist. Vielleicht haben sich die drei genau hier nebeneinander auf die Brüstung gelehnt und ihre Ideen ausgetauscht. Sie hätten sich nicht träumen lassen, dass hinter ihnen an der Wand einmal ihr Bronzerelief hängen würde zusammen mit dem Keplers. Von David Friedrich Strauß (1808 – 1874) konnten sie noch nichts wissen. Er sollte vier Jahrzehnte später als Repetent am Stift lehren und anknüpfend an Hegels Philosophie in seinem umstrittenen Buch „Das Leben Jesu" die biblischen Geschichten als bloße Mythen deuten. Er musste das Stift nach Erscheinen des Buches verlassen. In einem Eck der Altane hat er trotzdem eine Gedenkplatte erhalten, allerdings ohne Portrait. Mit noch immer nachklingender Bitternis wird darauf vermeldet: „Repetent von 1832 – 35. Verfasser des ‚Leben Jesu'. Ärgernis und Anstoß für Theologie und Kirche." Vom Stift geht man in wenigen Minuten zum Markt mit der wunderbar bemalten Fassade des Rathauses. Dort, wo jetzt das Geschäftshaus mit der Nummer 7 steht, war das Wirtshaus zum „Alten Lamm", in dem die drei kräftig dem Wein zugesprochen und ihre Köpfe über philosophischen Ideen zusammengesteckt haben. Zurück sind sie vielleicht auf Schleichwegen gegangen, über die schmalen Treppen von der Münzgasse hinunter zum Stift, ein wenig unsicher, Hölderlin seine neuen Verse rezitierend. Oft sind sie auch zu gemeinsamen Wanderungen in die Umgebung von Tübingen aufgebrochen. Hölderlin spricht in einem Brief von einem Spaziergang mit Hegel zur Wurmlinger Kapelle. Es ist lohnend, mit Hölderlins „Hyperion" in der Tasche, diesen Gang nachzuvollziehen. Von weitem sichtbar schwebt das kleine hell schimmernde Heiligtum auf einem Kegelberg vor schwer hängenden Wolken. Durch Streuobstwiesen und höher dann durch Wacholderweiden steigt man hinauf. Die dunklen Wacholderbüsche dort erinnern an südliche Zypressen, stumme Totenwächter für den Stifter der Kapelle, den Grafen von Calw, der sich 1050 hier hat beisetzen lassen. Oben angekommen schaut man weit über die Ortschaften und grünes Wiesenland bis zu den dunklen Klippen des Steilabfalls der Alb. Ein kräftiger Wind weht von den Bergen her und greift in die Blätter des Buches, während wir im „Hyperion" lesen: „Mein ganzes Wesen verstummt und lauscht, wenn die zarte Welle der Luft mir um die Brust spielt. Verloren ins weite Blau, blick ich oft hinauf an den Aether und hinein ins heilige Meer, und mir ist als öffnet' ein verwandter Geist mir die Arme, als löste der Schmerz der Einsamkeit sich auf ins Leben der Gottheit."

Hegel und Hölderlin verließen das Stift 1793 nach dem theologischen Abschlussexamen. Schelling studierte noch bis 1795. Keiner der drei wollte Pfarrer werden. Viel zu weit hatten sie sich innerlich von der kirchlichen Theologie entfernt. Ganz unterschiedliche persönliche Gründe kamen hinzu. Der schwer formulierende, stark schwäbelnde Hegel war zum Prediger wenig geeignet. Hölderlin, der Sensible, hätte gerne dem Wunsch seiner Mutter entsprochen, die ihn unbedingt als Pfarrer sehen wollte. Ihr zu Liebe hatte er sich sogar die Haare „in Rollen" gelegt, aber er fürchtete sich vor den Anforderungen des Seelsorgeberufes und die dichterische Berufung in ihm überwog schließlich alles. Schelling wusste längst, dass er mit Leichtigkeit weit höhere Ziele erreichen konnte. Alle drei aber mussten zunächst als Hauslehrer anfangen, um sich nach dem Studium über Wasser halten zu können. Hegel ging nach Bern. Vier Jahre ließ er wenig von sich hören, betrieb aber intensive Studien, sammelte Stoff, grübelte und entwarf erste Schriften, die jedoch alle in der Schublade blieben. Hölderlin fand eine Stelle im abgelegenen Waltershausen in Franken bei Familie von Kalb. Neben seinen Aufgaben in der Erziehung des Sohnes der Familie studierte er Kants Werke und arbeitete an seinem Roman „Hyperion". Die kunstsinnige Hausherrin, Charlotte von Kalb, hatte Kontakte zu Schiller in Jena. Sie erkannte Hölderlins Begabung und machte ihn mit Schiller bekannt, der sich des jungen Poeten zwar annahm, doch in skeptischer Distanz zu ihm blieb. Immerhin wurde ein erstes Fragment des „Hyperion" in Schillers Zeitschrift „Thalia" veröffentlicht. Bei Schiller lernte er auch Goethe kennen. Der erdverbundene Dichterfürst aber konnte mit dem versponnenen jungen Poeten, dessen Blick sich meist in luftigen Höhen verlor, wenig anfangen. Die nervöse und überspannte Art Hölderlins im Umgang mit dem Sohn der Familie von Kalb führte bereits nach einem Jahr zur Kündigung seines Vertrages. Charlotte von Kalb unterstützte ihn trotzdem bei seinem Versuch, in Jena Fuß zu fassen und sich eine unabhängige Existenz aufzubauen. Die Honorare aus einem von Schiller vermittelten Verlagsvertrag für den „Hyperion" reichten dafür nicht aus. Den Plan, sich als Hochschullehrer zu etablieren, gab er wieder auf, betrieb aber selbst intensive philosophische Studien und hörte bei Fichte, der mit seiner Philosophie der Freiheit und des „absoluten Ich" neben Schiller geistiger Mittelpunkt in Jena war.

Fichte (1762 – 1814) war erst nach langer ärmlicher Hauslehrerexistenz durch eine Schrift im Stil der kantischen Philosophie plötzlich bekannt geworden und hatte einen Lehrstuhl in Jena erhalten. Bald ging er eigene Wege, indem er die Widersprüchlichkeit der Philosophie Kants, nach der die Objekte zwar noch eine unabhängige Wirklichkeit haben, dem erkennenden Subjekt aber nur nach den Formen des Erkenntnisvermögens erscheinen, konsequent zur subjektiven Seite hin auflöste. Die in

Kants Ding an sich ohnehin nur noch ein Schattendasein führende objektive Wirklichkeit schob er ganz beiseite, um Raum zu schaffen für die Freiheit und Spontaneität des Subjektes. Nach Fichte bringt das Ich mit seiner produktiven geistigen Tätigkeit die erscheinende Welt hervor und setzt sie als Nicht-Ich, das wir fälschlich als eine uns äußerliche Wirklichkeit erfahren. Ich und Nicht-Ich sind dialektisch aufgehoben in der Einheit des absoluten Ich. Dabei ist Fichtes Begriff des Ich schillernd und hat zu karikierenden Fehldeutungen geführt, wie Heinrich Heine schmunzelnd berichtet: „Die Damen fragten: glaubt er nicht wenigstens an die Existenz seiner Frau? Nein? Und das lässt Madame Fichte so hingehen?"

Hölderlin wurde bald klar, dass ihn diese abstrakten „Luftgeister, mit den metaphysischen Flügeln" (Martens 73), wie er an Hegel schrieb, vom warmen Strom der künstlerischen Inspiration abschnitten. Die unwirkliche Ferne eines kantischen „Dinges an sich" und die blasse Projektion der Welt als „Nicht-Ich" bei Fichte konnten ihn kaum befriedigen, denn es war ja die All-Einheit, die unmittelbare Nähe zur Natur und zum Sein, nach der er sich sehnte. Ziemlich überstürzt brach Hölderlin dann auch nach wenigen Monaten seine Zelte in Jena wieder ab und flüchtete sich in eine neue Hauslehrerstelle bei Familie Gontard in Frankfurt. Die heimliche Liebe zu der ihm seelenverwandten Hausherrin Susette Gontard inspirierte ihn bei der Fertigstellung des als Briefroman konzipierten „Hyperion". Züge der jungen Susette hat er in der Figur der schönen Diotima nachgezeichnet. Es war eine letzte Hochstimmung, gekrönt durch das Erscheinen des ersten Bandes seines Romans im Frühjahr 1797 unter dem Titel „Hyperion oder der Eremit in Griechenland". Die abstrakten „Luftgeister" ringen darin mit der in ihm urmächtigen Sehnsucht nach Einheit. Die Briefe Hyperions an seinen Freund Bellarmin und an Diotima reflektieren den Weg des Menschen aus Zerfallenheit, aus Gottes- und Naturferne zurück zu einem beseligenden Zustand der Selbstvergessenheit in Einheit mit dem „All der Natur", mit der „ewigeinigen Welt" (Hölderlin 12 f). Nicht das „trockene Brot" der menschlichen Vernunft stillt das Verlangen danach, nur wer „am Göttertische schwelgt", den die Schönheit gedeckt hat, und „der seligen Natur" sich hingibt, kann Ganzheit und Versöhnung mit dem All-Einen erfahren (Hölderlin 142, 276).

Schelling schloss sein Studium zwei Jahre später ab als Hegel und Hölderlin. Aber schon im Stift hatte er mit Arbeiten über Fichtes Philosophie öffentliche Anerkennung gefunden und die wohlwollende Aufmerksamkeit Fichtes selbst erregt. Trotzdem musste er wie seine Freunde zunächst als Hauslehrer arbeiten. Doch auch hier war er der Glückliche, dem die Dinge zufielen. Seine Aufgabe war die Betreuung zweier junger Adliger, die an der Universität Leipzig studierten. So blieb ihm genug Freiraum für eigene naturwissenschaftliche und medizinische Studien, die er auf seine Weise philosophisch aufarbeitete. 1797 veröffentlichte er gleich zwei naturphilosophische Arbeiten. 1798 erschien sein Buch „Von der Weltseele", das ein entschiedener Schritt hin zu seiner eigenen Philosophie war. Natur versteht Schelling hier bereits nicht mehr vom Ich her wie Fichte, sonders als eigenständige und objektive, von einem gestaltenden Prinzip durchwirkte und sich lebendig entwickelnde Ganzheit, in der Anorganisches und Organisches sich nur scheinbar unterscheiden. Schelling hatte damit bereits einiges vorzuweisen und eine Professur in Jena kam in greifbare Nähe. Fichte setzte sich für ihn ein. Den noch zögernden Geheimrat Goethe konnte der brillant auftretende Schelling in einem persönlichen Gespräch für sich einnehmen. Goethe erkannte die Geistesverwandtschaft mit dem jungen Philosophen, der wie er selbst die Natur in ihren lebendigen Bildungsgesetzen verstehen, nicht nur nach Art eines toten Mechanismus erklären wollte. Im Juni 1798 erhielt der gerade dreiundzwanzig Jahre alte Schelling ohne Habilitation die Berufung nach Jena. Er lehrte jetzt als Professor neben Fichte, den er noch vor wenigen Jahren als Student aus der Ferne bewundert hatte. Fichte musste allerdings bereits ein Jahr später wegen des Vorwurfs, seine Philosophie sei atheistisch, die Universität verlassen. In schneller Folge erschienen nun weitere Arbeiten Schellings, vor allem sein „System des transzendentalen Idealismus" und seine in mehreren Schriften entwickelte Identitätsphilosophie. Der eigene Weg wurde immer deutlicher und die Abgrenzung zu Fichte, der ihn ursprünglich stark angeregt hatte, schärfer. Eigentlich war von Anfang an klar, dass ein auf sich zurückgeworfenes Ich, für das die Welt nur ein vom ihm selbst gesetztes Schattenreich ist, wie bei Fichte, mit dem nach Einheit und Objektivem strebenden Denken Schellings in Konflikt kommen musste. Sein Schritt über Fichte hinaus war die Einsicht, dass es nicht nur Ideales, sondern auch Reales gibt, nicht nur Subjektives, sondern auch Objektives, nicht nur Geist, sondern auch Natur in ihrer Eigenwirklichkeit. Aus dem Objektiven der Natur entwickelt sich die Vernunft, in der das Geistige der Natur sichtbar wird und im Menschen zu sich selbst kommt. Das Subjektive, Geistige wiederum treibt die Natur als eine letztlich geistdurchwirkte lebendige Wirklichkeit hervor. Alles aber ist identisch und aufgehoben in dem absoluten göttlichen Einen. Philosophie wird damit zur „Wissenschaft des Absoluten" (Baumgartner 79). Sein System bezeichnete er jetzt als „objektiven Idealismus" in Abgrenzung zu dem „subjektiven" Fichtes. Die Beziehung zu Fichte zerbrach schließlich an den Auseinandersetzungen darüber.

Hegel, der immer noch Hauslehrer war, las die Schriften seines Freundes, der bereits als Professor in Jena lehrte, wohl nicht ohne einen gewissen Stachel des Neides zu spüren. Hölderlin hatte ihm 1797 eine Stelle in Frankfurt vermittelt. Eine Erbschaft nach dem Tod seines Vaters ermöglichte ihm 1799 endlich, an eine Veränderung zu denken. Er besann sich der alten Seilschaft aus Tübinger Tagen und nahm mit Schelling Kontakt auf. Schelling ebnete seinem Freund, der 1801 nach Jena kam, gerne den Weg. Noch ganz im Schatten des Jüngeren veröffentlichte Hegel zunächst eine Schrift über die Unterschiede der Systeme Fichtes und Schellings. Die Herausgabe eines „Kritischen Journals der Philosophie" zusammen mit Schelling verschaffte ihm weitere Aufmerksamkeit. Es hätte eine starke Arbeitsgemeinschaft werden können, angeregt durch den geistigen Austausch mit dem Kreis der Romantiker um Friedrich und August Wilhelm Schlegel, mit dem Schelling in regem Austausch stand. Aber schon 1803 verließ Schelling Jena, um eine Professur in Würzburg zu übernehmen. Er entzog sich so den zunehmenden Angriffen gegen seine Naturphilosophie und den Querelen im Freundeskreis der Romantiker, an denen Schelling selbst durch eine Liebensbeziehung zu Caroline Schlegel, der Frau August Wilhelm Schlegels, erheblichen Anteil hatte. Hinzu kamen Vorwürfe, er habe durch Kurpfuscherei nach den Prinzipien seiner Naturphilosophie den Tod der fünfzehnjährigen Tochter von Caroline Schlegel mitverschuldet. In Würzburg heiratete Schelling die von August Wilhelm Schlegel inzwischen geschiedene Caroline. Hegel musste sich in Jena nun allein durchschlagen. Seine Stelle als Privatdozent, später als Professor, war unbesoldet. Der Hörerkreis blieb klein, so dass auch die Einnahmen aus den Teilnahmegebühren schmal waren. Endlich aber war ein erstes großes Werk im Werden, die „Phänomenologie des Geistes". Die Grundlinie seiner eigenen Philosophie ist darin bereits ausgezogen. Es ist der Weg des absoluten Geistes, der über die Stufen seiner Entäußerung in Natur und Geschichte erst zu sich selbst kommt. Getreu dem gemeinsamen Programm gilt auch für ihn: „Das Wahre ist das Ganze" (Hegel 22) und dieses Ganze ist Geist. Aber das Ganze und Absolute ist nicht „Abgrund des Leeren" (Hegel 20), wie er kritisch gegen Schellings Identitätsphilosophie anmerkt, sondern es hat ein inneres Leben, es will sich entäußern und entwickeln, um zu sich selbst zu kommen. Der Pulsschlag dieses Lebens ist die Dialektik, die alles Seiende im Dreischritt von These, Antithese und der diese beiden aufhebenden Synthese hervorbringt. Taktgeber und treibende Kraft ist die ständig neue Entgegensetzung, die jede gewonnene Synthese wieder aufhebt. Alles wird verflüssigt und von der „Macht des Negativen" (Hegel 29) in eine unaufhörliche Bewegung versetzt. Das Denken verliert den „festen gegenständlichen Boden“ (Hegel 47). Die alte Substanzmetaphysik, nach der sich beständige Einheiten der Wirklichkeit abgrenzen lassen, wird außer Dienst gestellt. Selbst den Namen ‚Gott‘ will Hegel vermeiden, da er zu sehr „die feste Ruhe des zum Grunde liegenden Subjekts ist“ (Hegel 48). Menschliche Personalität und Freiheit lässt sich schwer denken, wenn alles nur flüchtige Lebensäußerung des Absoluten selbst ist. In der weiteren Ausformung seiner Lehre lässt Hegel selbst das unbestimmte allgemeine Sein und das Nichts im Werden zusammenfallen. Damit legt er Hand an die Grundfesten der Logik, denn das unbestimmte Sein ist zwar aller Einzelheit entkleidet, aber damit doch nicht Nichts. Auch Denken und Sein sind für Hegel identisch im Geist. Das Absolute wird im Menschen sich selbst bewusst. Somit denkt im Menschen der absolute Geist und die höchste Stufe seines Selbstbewusstseins ist die Philosophie - ein ungeheuerlicher Anspruch. Aber auch darin kommt die Bewegung nicht zur Ruhe, denn das Leben des sich selbst erzeugenden und genießenden Geistes ist ein unaufhörliches Kreisen in sich selbst. „Anfang und Ende, Ursache und Zweck sind immer nur Momente eines übergreifenden Ganzen, das in sich selber schwingt“ (Lakebrink 73).

Kriegsereignisse machten zunächst alle Pläne Hegels zunichte. Französische Truppen drangen bis Jena vor und schlugen die preußischen Armeen in einer entscheidenden Schlacht vor den Toren der Stadt. Jena wurde besetzt und geplündert, der Universitätsbetrieb kam zum Erliegen. Die Arbeit an seiner Phänomenologie konnte er gerade noch abschließen, bevor die siegreichen französischen Truppen in die Stadt eindrangen. Obwohl Hegel miterleben musste, wie sie in der Stadt hausten und auch seine Wohnung plünderten, war er tief bewegt, als er Napoleon, „diese Weltseele“, wie er sich in einem Brief ausdrückte, durch Jena reiten sah. Schellings großes Thema war die Natur, Hegel faszinierten die gestaltenden Mächte und Kräfte der Geschichte.

Im Haus der Gontards war es im Herbst 1798 schließlich zum unvermeidlichen Eklat gekommen. Hölderlin wurde vor die Tür gesetzt, als dem Hausherren die „Vorlesestunden“ Hölderlins bei Susette zu viel geworden waren. Eine Weile noch unterhielt Hölderlin von Homburg aus, wo er bei seinem Freund Sinclair untergekommen war, heimlich Kontakt zu Susette. Doch zunehmend ergriffen ihn Unruhe und Verwirrung, die sich schon länger angekündigt hatten und durch die Nähe zu Susette nur gemildert worden waren. Noch entstanden große Dichtungen und der zweite Band des „Hyperion“ erschien. Aber auch eine neue, schnell wieder aufgegebene Hauslehrerstelle in der Schweiz und die Obhut von Freunden konnten nicht verhindern, dass ihm die Realität zunehmend entglitt. Aus

Frankreich, wo er in Bordeaux nur drei Monate auf einer Hauslehrerstelle ausgehalten hatte, kam er mit deutlichen Spuren der Geisteskrankheit zurück. Schelling, der ihm nach seiner Rückkehr begegnet war, schrieb an Hegel: „Sein Anblick war für mich erschütternd: er vernachlässigt sein Äußeres bis zum Ekelhaften" (Althaus 174). Der frühe Tod Susettes und die Verhaftung seines Freundes Sinclair wegen angeblichen Hochverrates beschleunigten den Verfallsprozess. Zum Schluss rissen auch die letzten dünnen Luftwurzeln, die ihn noch mit der Wirklichkeit verbanden, und er tauchte gänzlich ein in seine Wahnwelt. War es die nicht mehr überbrückbare Kluft zwischen seinem hohen Idealbild des Seins und der „dürftigen Zeit", die er in seiner Elegie „Brod und Wein" beklagt? War es die Unmöglichkeit, ständig das hochgestimmte ozeanische Gefühl einer poetischen Feier des Göttlichen und Ewigen aufrechtzuerhalten angesichts allgemeiner Profanität und Kälte? War es die zu große Nähe der Götter, die „ein schwaches Gefäß" nicht immer zu fassen vermag, wie es in „Brod und Wein" heißt? Für den Dichter Wilhelm Waiblinger, der sich um den kranken Hölderlin intensiv gekümmert hat, war es Wahnsinn „aus Gotttrunkenheit". 1806 erfolgte die Einlieferung in die Autenriethsche Klinik in Tübingen, unweit des Stiftes. Ohne Aussicht auf Heilung wurde er im Mai 1807 entlassen. Im Haus des Schreinermeisters Zimmer, der für die Klinik Gerätschaften und Krankenmöbel anfertigte, fand er sein letztes Asyl. Dort bezog er eine kleine Kammer im ersten Stock eines halbrunden Vorbaus mit Blick auf den Neckar, Rest eines in das Haus einbezogen Turms der alten Stadtmauer. Durch die geduldige und liebevolle Fürsorge Zimmers und seiner Tochter beruhigte sich der Zustand des Kranken etwas und blieb einigermaßen stabil. Bis 1843, also mehr als sechsunddreißig Jahre, sollte er sein Leben dort noch fristen, unruhig im Haus oder auf dem Uferweg zwischen Turm und Brücke auf und ab gehend, in Selbstgesprächen oder deklamierend.

Wie lang sind sechsunddreißig Jahre im Wahnsinn? Man komme an einem regnerischen Tag außerhalb der Touristensaison, um in Hölderlins „Rundel" selbst auf das Verrinnen der Zeit zu horchen. Die Hölderlingesellschaft hat im ehemaligen Haus des Schreinermeisters Zimmer ein kleines Museum eingerichtet mit Bildnissen, Briefen, Manuskripten und Lebensdokumenten. Das Zimmer im ersten Stock des vorspringenden Halbturmes, in dem der kranke Hölderlin gelebt hat, kann besucht werden. Es ist fast leer, nur einige Stühle laden ein, die Wandtafeln mit seinem Gedichtzyklus über die Jahreszeiten zu lesen. Sie sind mit Scardanelli unterzeichnet, wie sich der Kranke selbst nannte. Acht Schritte sind es von einer Seite zur anderen, 27 Schritte einmal herum. Draußen malt der

Regen Ringe auf die graue Fläche des Neckars, die sich dann in hellen Schlieren auflösen. Enten ziehen pfeilartige Wellen hinter sich her. Ein Stocherkahn dümpelt am Ufer unter den tief hängenden Zweigen einer Uferweide. Hölderlins Wasserschloss. Hat er es noch wahrgenommen, oder nur seine inneren Bilder und Stimmen, begleitet vom Singsang der Holzdielen, die unter den Schritten manchmal hohl pochen, dann wieder leise knarren, knirschen, quietschen? Stundenlang hat er hier Selbstgespräche geführt und aus seinem „Hyperion" rezitiert. „Ich baue meinem Herzen ein Grab, damit es ruhen möge; ich spinne mich ein, weil überall es Winter ist; in seligen Erinnerungen hüll ich vor dem Sturme mich ein", heißt es dort. An den runzeligen großen Platanen auf der Neckarinsel gegenüber lässt sich ablesen, wie viel Zeit seitdem vergangen ist. Hölderlin hat sie noch als junge, gerade gepflanzte Bäume gesehen. Auf halbem Weg zum Stift liegt die Burse, 1478 als Wohnheim für die Studenten der mittelalterlichen Universität errichtet. Zwei Treppen führen zu separaten Eingängen auf der rechten und der linken Seite, wie es heißt, damit die Anhänger der beiden mittelalterlichen philosophischen Schulen, des Nominalismus und des Realismus, sich nicht in die Quere kommen konnten. Ab 1805 befand sich hier die Autenriethsche Klinik, in der Hölderlin monatelang den nutzlosen Drangsalierungen der damaligen Psychiatrie ausgeliefert war. Heute ist in der Burse das philosophische Seminar der Universität.

1806 war das Jahr, in dem Kaiser Franz II. auf französischen Druck hin die deutsche Kaiserwürde niederlegte. Das durch Kleinstaaterei und Uneinigkeit längst innerlich morsch und handlungsunfähig gewordene Heilige Römische Reich Deutscher Nation ging damit endgültig unter. Die Gründung des Rheinbundes brachte große Teile Deutschlands in direkte Abhängigkeit von Frankreich. Auch für die drei Freunde war es ein gemeinsames Schicksalsjahr, ein Wendepunkt in ihrer aller Lebenskurve: Hölderlins stürzte senkrecht ins Nichts, Schellings begann zu stagnieren, Hegels zeigte jetzt endlich nach oben und sollte bald Schellings kreuzen und übertreffen.

Hölderlin verschwand 1806 hinter den Mauern der Autenriethschen Klinik und schied damit aus dem Dreibund aus. Hegel begann mit der „Phänomenologie des Geistes" seinen unaufhaltsamen Aufstieg. Erst musste er zwar noch als Zeitungsredakteur in Bamberg und dann als Rektor eines Gymnasiums in Nürnberg eine längere Wegstrecke ohne universitäres Amt überbrücken, aber mit der Geduld eines Uhrmachers fügte er jetzt seinem nie stillstehenden System, dessen Unruh die Dialektik bleiben sollte, immer neue Elemente hinzu. Nüchtern, Schritt für Schritt voranschreitend, baute er den in der Phänomenologie gefassten Gedanken immer weiter aus. Keine „zerstörende Leidenschaft“ (Wiedmann 104) trieb ihn um, wie Hölderlin, keine enthusiastische Intuition wie Schelling. Gänzlich unbeeindruckt blieb schon der junge Hegel angesichts der Schweizer Bergnatur. Über die Grindelwaldgletscher notierte er in seinem Tagebuch: „Ihr Anblick bietet weiter nichts Interessantes dar. Man kann es nur eine neue Art von Schnee nennen, die aber dem Geist schlechterdings keine weitere Beschäftigung gibt“ (nach Althaus 58). Alles bei ihm war nüchternste Begriffsarbeit, kühle Logik. 1811 heiratete der einundvierzigjährige Hegel die viel jüngere Marie von Tucher aus Nürnberg und führte fortan ein biederes Familienleben im Schlafrock. 1812 erschien seine dreibändige „Wissenschaft der Logik“, eine monumentale Biographie der Entwicklungsstufen des Geistes auf seinem Weg aus der Selbstentfremdung zurück zu sich selbst. 1816 endlich erhielt Hegel eine Professur an der Universität Heidelberg und bereits zwei Jahre später wurde er als Nachfolger Fichtes auf den Lehrstuhl für Philosophie an der jungen aufstrebenden Universität Berlin berufen. Damit hatte er sich eine zentrale einflussreiche Stellung erobert und zugleich Schelling übertrumpft. Staatstragend und anti-katholisch sollte Hegel in Berlin wirken und er enttäuschte seine Förderer nicht (Althaus 316). „Was vernünftig ist, das ist wirklich, und was wirklich ist, das ist vernünftig“, heißt es in seiner Rechtsphilosophie, ein Satz, der sich als Rechtfertigung bestehender politischer Verhältnisse lesen lässt. Bei seinem frühen Tod 1831 hinterließ er mit seiner Philosophie ein gewaltiges Bauwerk. Er wurde nur einundsechzig, aber alles war fertig und seine Schüler dominierten die philosophischen Lehrstühle.

Während Hegel 1806 erst richtig begann, schloss Schelling in diesem Jahr mit einer Streitschrift gegen Fichte die Arbeit an seiner Identitätsphilosophie bereits ab. 1806 nahm er auch für lange Jahre Abschied von der akademischen Lehrtätigkeit. Wegen politischer Wirren im Gefolge der napoleonischen Kriege wechselte er nach München an die Akademie der Wissenschaften. 1808 erfolgte dann die Ernennung zum Generalsekretär der neu gegründeten Akademie der bildenden Künste. Da München noch keine Universität hatte, war er von jeder Vorlesungsverpflichtung frei, doch sein Werk kam trotzdem nicht mehr voran. Nach der eruptiven Produktivität der Anfangsjahre war er jetzt seltsam gehemmt und zögerlich, als würde er inne halten und erkennen, dass er manches zu schnell gesagt und nicht in seinen Konsequenzen bedacht hatte. Unter dem Einfluss des katholischen Philosophen Franz von Baader und der Mystik Jakob Böhmes versuchte er noch einmal einen Neuansatz mit einer deutlichen Rückwendung zum Christlichen. Ohne seine Grundpositionen aufzugeben, wollte er die Systembrüche heilen und Unklarheiten ausräumen, die immer wieder dazu führten, dass ihm Pantheismus vorgeworfen wurde, der die Freiheit des Menschen gänzlich aufhebe. Mit seiner Schrift „Über das Wesen der menschlichen Freiheit" legte er 1809 einen ersten Entwurf dazu vor. Selbststand der Natur und Freiheit des Menschen erklärt er darin in weit ausgreifender Spekulation aus der Entzweiung eines absoluten Ungrundes, der allem Anfang voraus liegt. Er ist der unbewusste und gänzlich indifferente Schoß des Seins, gewissermaßen der noch schlafende ungeborene Gott. „Damit Leben und Lieben sei und persönliche Existenz" (Schelling 129), teilt er sich in den existierenden Gott und einen inneren Grund seiner Existenz. Der Grund ist als tragende Schicht des existierenden Gottes, „die Sehnsucht, die das ewige Eine empfindet, sich selbst zu gebären." Er ist Wille, „aber Wille, in dem kein Verstand ist" (Schelling 72), dunkler chaotischer Drang. Der existierende Gott dagegen ist Licht und Verstand, Ordnung und Form. In Gott sind Grund und Existenz unauflöslich. Das helle Prinzip bindet das dunkle und durchformt es. Die Natur, die Dinge und der Mensch sind aus dem Grund hervorgegangen als dem, „was in Gott selbst nicht *Er Selbst* ist" (Schelling 71). Sie haben damit gegenüber Gott selbst einen Eigenwillen und Unabhängigkeit. Selbstheit und Geist im Menschen ermöglichen seine Freiheit, die in liebender Übereinstimmung mit der göttlichen Ordnung bleiben soll. Der Mensch aber kann das in Gott unauflösliche Band zum Guten zerreißen. Wendet sich der aus dem Grund stammende Eigenwille des Menschen selbstsüchtig vom Lichthaften Gottes ab, verfällt er dem Bösen. Das Sein kehrt schließlich aus der Entzweiung auf einer höheren Stufe der Einheit wieder in den Ungrund zurück, dann aber als das „alles durchwirkende Wohltun", als „die Liebe, die Alles in Allem ist" (Schelling 130). Erst dann ist Gott an sein Ziel gekommen. Die kleine Schrift sollte der Auftakt werden zu einer Gesamtdarstellung seines Spätwerkes unter dem Titel „Weltalter". Aber alles haftete, wollte nicht gelingen. Der Tod Carolines 1809 lähmte ihn zusätzlich. Nach vierzehn Jahren ohne Lehrtätigkeit kehrte er zunächst in Erlangen, dann in München mit seiner neuen Philosophie an die Universität zurück. Nicht autorisierte und fehlerhafte Vorlesungsmitschriften trugen ein entstelltes Bild in die ungeduldig auf ein Wort von ihm wartende Öffentlichkeit. Sein Verleger Cotta drängte Schelling zur Veröffentlichung der Weltalter, doch er konnte sich nicht entschließen. Alles blieb zuletzt unvollendet liegen.

Ihren alten Weggefährten Hölderlin hatten die beiden Philosophen über ihrem Kampf um Anerkennung, Einfluss und Positionen fast vergessen. Nur noch manchmal, wenn sie sich wehmütig an die Zeit ihres gemeinsamen Aufbruchs erinnerten, dachten sie an ihn. „Da fing er von Hölderlin an, der für die Welt verschollen ist", lautet eine Eintragung im Tagebuch der Prinzessin von Preußen vom 6. März 1830 über ein Gespräch mit Hegel. Bald entfremdeten sie sich auch untereinander. Eine gegen Schelling gerichtete Passage im Vorwort der Phänomenologie führte 1807 zum Bruch. Recht brüsk hatte Hegel die Identitätsphilosophie darin abgekanzelt als „die Naivität der Leere an Erkenntnis" (Hegel 20). Nur noch dreimal sind sie sich danach flüchtig begegnet. Noch nach Hegels Tod trat Schelling immer wieder mit heftiger Polemik gegen die Philosophie seines einstigen Freundes auf. Er war schon hoch in den Sechzigern, als er zu seiner Genugtuung auf Betreiben des neuen preußischen Königs Friedrich Wilhelm IV. nach Berlin berufen wurde, wo er die „Drachensaat des Hegelschen Pantheismus" ausroden sollte (Gulyga 354). Das Janusköpfige der Hegelschen Philosophie hatte sich inzwischen an den Denkern gezeigt, die an sie anknüpften, wie der religionskritische David Friedrich Strauß und der offen atheistische Ludwig Feuerbach. Schellings erster Auftritt in Berlin war spektakulär. In dem riesigen Auditorium seiner Antrittsvorlesung saßen Friedrich Engels, Sören Kierkegaard, Michail Bakunin, Ferdinand Lassalle, Jacob Burckhardt, Leopold Ranke, um nur einige der vielen bekannten Namen zu nennen. Aber Schelling konnte mit seiner Spätphilosophie nicht mehr überzeugen. Andere, vorwiegend materialistische Strömungen begannen das Feld zu beherrschen. Enttäuscht zog er sich nach wenigen Jahren ganz zurück. 1854 starb er während eines Kuraufenthaltes im Schweizer Bad Ragaz, wo er auch beigesetzt ist.

Schelling hat die subjektivistische Verengung überwunden, die Kants „Ding an sich" und Fichtes „absolutes Ich" gebracht hatten. Auch sah er wieder das Lebendige und Dynamische, gegen den Empirismus mit seinen starren Erklärungsmustern. Er wollte die Natur mit ihrer prallen Fülle und Unauslotbarkeit zurückgewinnen, senkte ihren Ursprung zuletzt aber in einen dunklen und unbewussten Ungrund aus dem sich Gott erst erheben und zur Bewusstheit entwickeln muss. Mehr und mehr wurde damit seine Philosophie zu einer gewagten theosophischen Spekulation, die Gott als das von Ewigkeit in sich selbst ruhende vollkommene Sein nicht finden konnte. Schopenhauer hat den in einem dunklen Grund wirkenden Willen, der bei Schelling das Gute nie überwältigen kann, in seiner Philosophie dann zum einzigen Weltprinzip gemacht.

Hegels schwieriger Denkstoff ist ganz aus dem Dreischritt von These, Antithese und Synthese gewebt. Die unendliche dialektische Bewegung des Setzens und wieder Aufhebens reißt alles in einen schwindelerregenden Wirbel hinein. Der sich in Gegensätzen entwickelnde Werdeprozess des Seins ist ein unendliches Pulsieren des Absoluten, in dem das

Einzelne und Individuelle nur unbedeutende Episode bleibt. In allem Sein ist stets auch der Keim des Nichts, in das es in ewig kreisender Bewegung immer wieder zurückkehrt. Die beständige Seinsordnung der alten Philosophie stürzt so in einen „bacchantischen Taumel" (Hegel 36). An die Stelle des personalen Gottes tritt in Hegels Philosophie ein vor Eiseskälte klirrender, „von Nichts zu Nichts" in sich selbst schwingender absoluter Geist (Lakebrink 61, 73). Das nie Fassbare, Schillernde der dialektischen Sprünge hat es ermöglicht, dass ganz gegensätzliche Denkrichtungen an ihn anknüpfen konnten, rechtskonservativ obrigkeitsstaatliches ebenso wie revolutionäres und atheistisches Denken. Geschichtsmächtig ist Hegels Philosophie vor allem dadurch geworden, dass marxistisch-leninistische Ideologien seine Dialektik als Methode für ihre revolutionäre Geschichtsdeutung adoptiert haben.

Hölderlins Dichtung ist das hohe Lied eines unerfüllbaren Sehnens. Das Heilige im Einfachen und Nahen konnte er nicht erkennen. Nur in ätherischer Ferne, in geistigen Höhen und beseligenden Augenblicken der Selbstvergessenheit suchte er Erfüllung. Das Antlitz Gottes im Alltäglichen und im Nächsten sah er nicht. Konsequent erschien ihm der Tod in Entwürfen zu einem Trauerspiel zuletzt als Weg zur Vereinigung mit dem Unendlichen. Hölderlins Dichtung hat anregend auf die moderne Philosophie gewirkt (Roberg 11). Vor allem Heidegger interpretiert Hölderlin im Sinne seiner Seinsphilosophie.

Eine Reise nach Tübingen kann man mit dem Besuch weiterer Orte verbinden, die mit dem Leben von Hegel, Schelling und Hölderlin in Verbindung stehen. Sehenswert sind vor allem die beiden ehemaligen Zisterzienserklöster Maulbronn und Bebenhausen. Durch ihre Nutzung als Vorbereitungsschulen für das Tübinger Stift nach der Reformation haben sie sich als Gesamtanlagen mit Wehrmauer, Wirtschaftsgebäuden, Kirche und Klausurbereich ganz erhalten. Hölderlin war Schüler in Maulbronn und Schellings Vater hat die Schule später geleitet. Während eines Besuches bei den Schwiegereltern starb 1809 dort Schellings erste Frau Caroline. Ein verwitterter Obelisk in der Gartenanlage rechts neben der Klosterkirche erinnert an sie. „Gott hat sie mir gegeben, der Tod kann sie mir nicht rauben", ist darauf zu lesen. Bebenhausen liegt landschaftlich schön in einem Talkessel wenige Kilometer nördlich von Tübingen. Schelling ist dort Schüler gewesen. Das Gästehaus des Klosters wurde von den Württembergischen Königen zu einem Jagdschloss umgebaut. Die Räume sind noch so zu besichtigen, wie sie der letzte König Wilhelm II. 1915/16 eingerichtet hat.

Praktische Hinweise:

Geburtshaus Hegels in Stuttgart mit einer Ausstellung zu seinem Leben und Werk, Eberhardstr. 53, Tel.: +49 (0)711/2 16 67 33,
Internet: www.stuttgart.de/stadtarchiv

Geburtshaus Schellings, das alte Leonberger Pfarrhaus in der Pfarrstr. 14

Schelling-Gedenkraum im Stadtmuseum Leonberg, Pfarrstraße 1,
Internet: www.leonberg.de/kultur/ausstell.htm

Hölderlin-Turm in Tübingen, Bursagasse 6, Tel.: +49 (0)70/7 12 20 40

Hölderlin-Zimmer im Museum in Lauffen am Neckar, Klosterhof 4,
Tel.: +49 (0)71 33/1 22 22

Hölderlin-Ausstellung im Stadtmuseum Nürtingen, Wörthstr. 1,
Tel.: +49 (0)702/23 63 34

Hölderlin-Ausstellung im Schiller-Nationalmuseum in Marbach am Neckar, Schillerhöhe 8-10, Tel.: +49 (0)71 44/84 86 01,
Internet: www.dla-marbach.de

Ehemaliges Verlagshaus Cotta, Münzgasse 15 in Tübingen, Verlag Goethes, Schillers, Hölderlins und Schellings.

Das ehemalige Wohnhaus Fichtes in Jena ist jetzt als „Romantiker-Haus" ein Literaturmuseum, das sich der Jenaer Frühromantik und den mit ihr verbundenen Philosophen widmet. Fichte und Schelling werden ausführlich gewürdigt. Unterm Markt 12a, Tel.: +49 (0)36 41/44 32 63,
Internet: www.jena.de/kultur/romantik.htm

Literatur:

Althaus, H.: Hegel und die heroischen Jahre der Philosophie. München, 1992
Baumgartner, H. M.; H. Korten: Friedrich Wilhelm Joseph Schelling. München, 1996
Gulyga, A.: Schelling – Leben und Werk. Stuttgart, 1989
Hegel, G. W. F.: Phänomenologie des Geistes. Frankfurt a.M., 1970
Henningfeld, J.: F. W. J. Schellings ‚Über das Wesen der menschlichen Freiheit'. Darmstadt, 2001
Hirschberger, J.: Geschichte der Philosophie. Freiburg, 1955.
Hölderlin, F.: Hyperion oder der Eremit in Griechenland. Wiesbaden, o. J.
Kirchhoff, J.: Schelling. Reinbek, 2000
Lakebrink, B.: Studien zur Metaphysik Hegels. Freiburg, 1969
Martens, G.: Friedrich Hölderlin. Reinbek, 2000
Michel, W.: Das Leben Friedrich Hölderlins. Darmstadt, 1963
Roberg, T. (Hrsg.): Friedrich Hölderlin. Darmstadt, 2003
Rumler, A.: Tübinger Dichter-Spaziergänge. Tübingen, 2003
Schelling, F. W. J: Über das Wesen der menschlichen Freiheit. Stuttgart, 1983
Schöllkopf, W.: Evangelisches Stift Tübingen. Tübingen, 2003
Wiedmann, F.: Hegel. Reinbek, 1996.
Zweig, S.: Hölderlin. In: Baumeister der Welt. Frankfurt a. M., 1965

Der blinde Weltgrund

Mit Arthur Schopenhauer in Frankfurt

Immer weiter himmelwärts scheinen sie wachsen zu wollen, die Kathedralen des Mehr und Schneller im Frankfurter Bankenviertel. Grausilbrig schimmern die Fensterfronten der Bürotürme und hohe Antennenmasten recken sich in den Datenstrom. Die Türme der Altstadt-Kirchen mainaufwärts wirken unbedeutend dagegen und rührend hilflos. Mit ihren warmen Sandsteintönen und heller grünspaniger Bedachung fügen sie sich ein, bleiben im Maß. Fingerzeig wollen sie sein auf eine andere Kraftquelle: der Dom, Krönungskirche der deutschen Kaiser seit 1562, die Nikolaikirche mit ihrer schlanken Turmspitze, die Paulskirche, Tagungsort der ersten Deutschen Nationalversammlung, St. Katharinen, Liebfrauen und St. Peter. Von der Sachsenhauser Mainseite aus, wo die Alt-Frankfurter Gemütlichkeit zu Hause ist mit urigen Gassen und „Ebbelwoi"-Stuben, überblickt man dieses Stadtbild der Gegensätze. Die breite Uferpromenade lädt ein zum gelassenen Flanieren unter ausladenden Platanen, die einen Duft verströmen wie nach feiner parfümierter Seife. Das rastlose Treiben in den sich türmenden Arbeitswaben auf der gegenüber liegenden Seite scheint weit entfernt zu sein.

Arthur Schopenhauer, der seit 1833 als wohlhabender Privatgelehrter in Frankfurt lebte, hätte seinen Spaß gehabt an diesem Bild. Sicher wären ihm allerlei bissige Aphorismen dazu eingefallen während des täglichen Spaziergangs mit seinem Pudel, denn der Grundgedanke seiner Philosophie ist hier geradezu versinnbildlicht: das ruhelose Streben eines blinden Weltwillens, der in immer neuen Formen erscheint, immer neu ansetzt und immer weiter will, will und immer nur will. Er ist nach Schopenhauer die Rückseite der uns erscheinenden Welt, die wir unmittelbar als Wille in uns selbst erfassen können, weil wir über unsere leiblichen Antriebe in den einen unteilbaren Urgrund, den Weltwillen hi-

Abb. 1: Arthur Schopenhauer (1788 – 1860)

neinragen. Unser Verstand nimmt nur die „äußere Seite der Welt" wahr, denn er ist befangen in den angeborenen Anschauungsformen von Zeit, Raum und Kausalität, so dass er den Willen als das eigentliche „innerste Wesen der Welt nie trifft" (Schopenhauer 2002, 1/62). Schopenhauer hatte weiter nichts zu tun, als jahraus, jahrein an diesem einen philosophischen Gedanken weiterzuspinnen und darauf zu warten, dass sich endlich der Ruhm einstellte. Bereits 1818, als Dreißigjähriger, hatte er in einem großen Wurf seine philosophischen Gedanken in ein System gebracht und sein Hauptwerk geschrieben, das unter dem Titel: „Die Welt als Wille und Vorstellung" erschienen war. Die Resonanz war seitdem enttäuschend gering geblieben. Nur wenige Exemplare wurden verkauft und lediglich mit einigen knappen Hinweisen nahmen die einschlägigen Zeitschriften das Werk zur Kenntnis. Im sicheren Bewusstsein, etwas Bedeutendes der „Menschheit übergeben" zu haben, ließ sich Schopenhauer nicht beirren. Nach einer längeren Reise durch Italien versuchte er ab 1820 als Hochschullehrer an der Universität Berlin den Durchbruch zu schaffen. Doch die Hörer blieben aus, da er seine Vorlesung provozierend und in maßloser Überschätzung seiner Möglichkeiten zur selben Zeit angesetzt hatte wie Hegel, der damals unbestrittene Gigant der Philosophie. Eine erneute Reise nach Italien sollte Ablenkung schaffen, endete aber in einer tiefen Krise mit fast einjähriger schwerer Krankheit. Als er nach einer Kur in Gastein 1825 nach Berlin zurückkehrte, um sich erneut als Hochschullehrer zu versuchen, stand er wiederum vor leeren Hörsälen. 1831 bot ihm der Ausbruch einer Cholera-Epidemie – der Hegel übrigens erlag – den äußeren Anlass, endlich Berlin zu verlassen. Schopenhauer hielt sich zunächst abwechselnd in Frankfurt und Mannheim auf. Nach nüchterner Abwägung der Vor- und Nachteile beider Städte zog er dann 1833 endgültig nach Frankfurt, von da an nur noch mit sich selbst und seinem einen philosophischen Gedanken beschäftigt.

Schopenhauer konnte es sich leisten, denn sein Vater hatte in Danzig ein gut gehendes Handelshaus besessen und ein beträchtliches Erbe hinterlassen. 1788 war er noch in Danzig geboren worden, bevor der Vater sein Geschäft nach Hamburg verlegte. Der kleine Arthur Schopenhauer hatte wenig Gelegenheit, kindliches Urvertrauen aufzubauen in dem großen geschäftigen Handelshaus. Sein depressiv veranlagter Vater vergrub sich in Arbeit und seine Mutter, die in der Ehe mit ihrem viel älteren Mann unglücklich war, suchte Abwechslung im Hamburger Gesellschaftsleben. Als seine Schwester Adele geboren wurde, schickte man ihn für zwei Jahre zu Sprachstudien nach Le Havre, wo er in der Familie eines Geschäftsfreundes lebte. Danach sollte er sich auf die Übernahme des väterlichen Handelshauses vorbereiteten. Aber Arthur fühlte sich eher zu humanistischen Studien hingezogen. Sein Vater, der sich damit nicht abfinden wollte, stellte ihn vor eine vertrackte Alternative: Entweder dürfe er das Gymnasium besuchen oder an einer mehrjährigen Europareise teilnehmen, wonach er dann aber die Kaufmannslehre zu beginnen hätte. Arthur entschloss sich schließlich doch für das Zweite. Die Reise wurde lebensprägend und verschaffte ihm einen reichen Schatz an Bildern und Erfahrungen, die viel später noch für sein philosophisches Werk nützlich sein sollten. Zunächst aber wartete auf ihn in der trockenen Luft einer Bürostube die Kaufmannslehre. Als 1805 der Vater starb, wahrscheinlich durch Selbstmord, war die Befreiung von diesem ungeliebten Beruf möglich geworden. Arthur selbst zögerte zunächst und verließ den vom Vater vorgezeichneten Lebensweg erst, nachdem ihn die Mutter dazu ermutigt hatte. Johanna Schopenhauer selbst hatte ihr Leben bereits wenige Monate nach dem Tod ihres Mannes vollständig umgekrempelt. Nach dem Verkauf des Handelshauses war sie mit ihrer Tochter Adele nach Weimar übergesiedelt, angezogen von den Geistesgrößen, die sich dort versammelt hatten. Bald war sie anerkanntes Mitglied des dortigen Gesellschaftslebens und hatte Erfolg als Autorin von Reiseberichten und Romanen. Goethe besuchte regelmäßig ihren Salon. Arthur holte in kurzer Zeit das Gymnasium nach und studierte in Göttingen und Berlin. Die Vorlesungen Fichtes waren für ihn enttäuschend. „Rasender Unsinn", urteilte er ärgerlich in einer Mitschrift. Mit seiner Dissertation „Über die vierfache Wurzel des Satzes vom zureichenden Grunde", die er 1813 in Jena einreichte, ging er vor allem von Kant aus. Bald aber strebte er weiter zu einem ganz eigenen philosophischen System. Er ahnte wohl, dass es für ihn ein einsamer Weg werden würde, als er die folgenden Zeilen schrieb: „Die Philosophie ist eine Alpenstraße, zu der nur ein steiler Pfad über Steine und Dornen führt. Immer einsamer, immer öder wird er, je höher man kommt, und wer ihn geht, darf kein Grausen kennen, sondern muss alles hinter sich lassen und sich zuletzt den Weg im Schnee selbst bahnen“ (Schopenhauer 1968, XVII).

Der frischgebackene Doktor der Philosophie reiste nach Weimar und quartierte sich im Haus seiner Mutter ein. Wichtige Begegnungen verdankte Schopenhauer ihrem hochkarätigen Freundeskreis. Hier traf er den Indologen Friedrich Majer, der ihn auf die altindische Philosophie aufmerksam machte, die mit seiner schon keimhaft entwickelten Willensphilosophie zusammenstimmte. Und er traf Goethe, der in das ihm zugesandte Exemplar der Dissertation hineingelesen hatte. Er zog Schopenhauer ins Gespräch über seine Farbenlehre. Der anfangs intensive Gedankenaustausch verebbte, als Schopenhauer schließlich selbst eine Schrift mit eigenen Theorien dazu veröffentlichte. Schopenhauers Mutter war nicht erbaut darüber, dass ihr erwachsener Sohn plötzlich wieder in ihrem Leben aufgetaucht war. Bald kam es zu Auseinandersetzungen. Er konnte mit der Selbständigkeit und Unabhängigkeit seiner Mutter nicht umgehen und sie fühlte sich durch ihn in der Freiheit ihrer Lebensgestaltung behindert und von seinem dunklen Gemüt bedrückt. Obwohl man wieder unter einem Dach lebte, war die Distanz unüberbrückbar und der Ton wenig einfühlsam bis verletzend. Zur Dissertation ihres Sohnes „Über die vierfache Wurzel“ bemerkte sie knapp und scharfzüngig: „Das ist wohl etwas für Apotheker“ (Safranski 255). Schließlich kam es zum vollständigen und unheilbaren Bruch. Nur noch wenige, meist geschäftsmäßige Briefe wurden danach zwischen Mutter und Sohn ausgetauscht. Selbst in den Briefen, in denen so etwas wie mütterliche Sorge anklingt, hört man im Hintergrund immer den mühsam unterdrückten Unwillen, so in einem Brief mit dem indirekten Hinweis auf den Selbstmord des Vaters, geschrieben 1832 nach dem endgültigen Scheitern seiner Universitätslaufbahn und kurz vor der Übersiedlung nach Frankfurt: „Was Du über Deine Gesundheit, Deine Menschenscheu, Deine düstere Stimmung mir schreibst, betrübt mich mehr, als ich es Dir sagen kann und darf, Du weißt warum. Gott helfe Dir, und sende Dir Licht und Muth und Vertrauen in Dein umdüstertes Gemüth, dies ist der herzlichste Wunsch Deiner Mutter“ (Schopenhauer 1987, 60).

Es stand wahrhaftig nicht gut um Schopenhauer, als er sich in Frankfurt niederließ. Er war bereits 45 Jahre alt und als Autor und Hochschullehrer erfolglos. Alle seine Beziehungen zu Frauen waren gescheitert. Wirkliche Freunde hatte er nicht. Von der Universitätsphilosophie, die ihn seit Jahren ignorierte, fühlte er sich verkannt und ausgegrenzt. Aber sein Selbstbewusstsein war zu unerschütterlich, um daran zu zerbrechen. Es gelang ihm, für sich in der Welt, die er „als eine Art Hölle“ ansah, eine

„feuerfeste Stube" zu schaffen (Schopenhauer 1968, 134). Die Wände zimmerte er aus seiner Philosophie, in die er sein dunkles Weltgefühl hineinarbeitete, und aus der Abwertung all dessen, das ihn zurückgestoßen hatte. Nicht die anderen lehnen mich ab, sagte er sich, sondern ich benötige die anderen nicht: „Denn je mehr einer an sich selber hat, desto weniger bedarf er von außen und desto weniger auch können die übrigen ihm sein. Darum führt die Eminenz des Geistes zur Ungeselligkeit" (Schopenhauer 1968, 24). Aus seinem inneren Exil heraus steigerte er sich immer weiter hinein in Angriffe auf die zeitgenössischen Größen der Philosophie. „Windbeutelei" und „Unsinnschmierer" wetterte er gegen Fichte, Schelling und vor allem Hegel. Umgang hatte er meist mit Zufallsbekanntschaften, die er beim täglichen Mittagstisch im Englischen Hof am Rossmarkt traf. Flötenspiel nach Werken von Rossini und Spaziergänge im Geschwindschritt mit seinem Pudel, manchmal Bäder im Main und Zeitungsstudium im Lesesaal der Casinogesellschaft gliederten den Tagesablauf. Vor allem aber arbeitete er eisern jeden Morgen drei Stunden an seinem philosophischen System, das in den Grundzügen gänzlich unverändert blieb, aber immer weiter ausgebaut und mit Material der naturwissenschaftlichen Forschung illustriert wurde. Es war wie ein tägliches Purgatorium für seine zerquälte einsame Seele. Schließlich hatte er schon in der ersten Ausgabe festgestellt, dass die Welt vor allem Leiden ist und der erkenntnislose, dumpf drängende und mit sich selbst zerfallene Wille dessen Ursache. Aber er hatte in der „Verneinung des Willens" auch den Notausgang entdeckt aus der Welt, die für ihn nicht dazu da ist „um genossen, sondern um überstanden, abgetan zu werden" (Schopenhauer 1968, 133). Seine Philosophie spiegelt seinen Lebenspessimismus und bietet gleichzeitig eine Anleitung dazu, sich aus der Welt des Leidens selbst zu erlösen.

Es ist bemerkenswert, wie Schopenhauer auf der Nadelspitze weniger Grundgedanken so weitreichende Schlüsse zieht wie die Annahme eines unteilbaren und blinden Weltwillens, der die gesamte erscheinende Welt hervortreibt. Unumstößlich ist für ihn zunächst Kants Lehre, nach der die Welt für uns nur Erscheinung ist. Andererseits will er sich nicht damit zufrieden geben, da die Welt dann lediglich „wie ein wesenloser Traum, oder ein gespensterhaftes Luftgebilde, an uns vorüberziehen müsste" (Schopenhauer 2002, 1/150). Er will wieder durchstoßen, zum „inneren Wesen" der Welt, zum Ding an sich. Den Schlüssel dazu findet er im eigenen Leib, der zwar zunächst auch nur Vorstellung ist, über die unmittelbar erfahrenen Willensimpulse aber mit dem Urgrund der Welt in Verbindung steht, denn „Die Aktion des Leibes ist nichts Anderes, als der objektivirte, d. h. in die Anschauung getretene Akt des Willens" (Schopenhauer 2002, 1/151). Dass Leib und Wille identisch sind, kann nicht bewiesen werden, ist aber eine uns unmittelbar gegebene, sichere Einsicht. Schopenhauers ganzes philosophisches System balanciert auf dieser ersten Setzung. Durch einen Analogieschluss wird dann die Identität des Leibes mit dem Willen auf alle anderen Erscheinungen der Natur ausgedehnt, die ihrem inneren Wesen nach damit auch nichts anderes sind als der eine, in allem erscheinende Wille, oder wie Schopenhauer auch sagt: Drang, denn er ist erkenntnis- und ziellos. Zu erklären bleibt aber die „schaudererregende" Tatsache der „Unfehlbarkeit der Naturgesetze", denen der Wille offenbar folgt, wenn er sich in den Erscheinungen zeigt. Die Lösung hierfür nimmt Schopenhauer von Platons Ideen, den ewigen Urbildern des Seins, nach denen sich dann die einzelnen Individuen dem Satz vom Grunde entsprechend, also nach Zeit, Raum und Kausalität, vervielfältigen. Aber in allem ist immer der eine unteilbare Wille: „Er offenbart sich ebenso ganz und ebenso sehr in EINER Eiche, wie in Millionen" (Schopenhauer 2002, 1/185). Der Charakter eines Menschen ist gewissermaßen die Idee seiner Individualität, in der sich der Wille verfestigt hat. Es gibt kein Entrinnen daraus und keine freie Entscheidung. Jeder muss „vom Anfang seines Lebens bis zum Ende denselben von ihm selbst missbilligten Charakter durchführen und gleichsam die übernommene Rolle bis zu Ende spielen" (Schopenhauer 2002, 1/168). Tod und Vernichtung sind nichts als das Verlöschen flüchtig aufflackernder Erscheinungen des einen, unsterblichen Willens. Und doch kann der Mensch das „Joch" des Willens „abwerfen", sich von der Welt des Leidens erlösen, denn in ihm hat sich ja der Wille „ein Licht angezündet", die Vernunft, durch die er sich selbst wie in einem Spiegel erkennt. Wenn sich die Erkenntnis von der bloß dienenden Rolle für den Lebenswillen löst, erlischt für eine Weile die „Zuchthausarbeit des Wollens". Dies geschieht durch die „Seeligkeit des willenlosen Anschauens" der Schönheiten in Kunst und Natur, wenn wir nur noch das „EINE Weltauge" sind, das von allem qualvollen Wollen und jeder Individualität abgelöst ist. Kurze kontemplative Momente sind es nur, in denen sich der Mensch so von der ewigen Qual des Wollens loszumachen vermag. Aber der Wille kann sich im Menschen auch dauerhaft gegen sich selbst richten, sich ganz verneinen und aufheben. Ein erster Schritt dahin ist das Mitleid, durch das der täuschende „Schleier der Maja" zerreißt, nach einem Bild der indischen Weisheitslehren, die Schopenhauer gerne heranzieht. Der Mensch erkennt dadurch, dass hinter jeder Individualität und auch ihm selbst immer nur der eine Wille steht, der als Folge seiner Selbstentzweiung am Egoismus der gegeneinander kämpfenden Individuen leidet. Die letzte höchste Stufe der Willensverneinung, die nur von wenigen erreicht wird, ist die vollständige Verneinung, ja Abtötung des Wollens durch Askese. Erst dann stellt sich „jene gänzliche Meeresstille des Gemüths, jene tiefe Ruhe, unerschütterliche Zuversicht und Heiterkeit" ein, bei der wir „die Welt zerfließen sehen und nur das leere Nichts vor uns behalten" (Schopenhauer 2002, 1/527 f).

Sucht man in Frankfurt nach dem, was heute noch an Schopenhauer erinnert, so ist es oft nur das Atmosphärische, das uns die Verbindung zu seiner Zeit finden lässt. Schon damals war Frankfurt Börsen- und Bankenplatz, unter anderem Sitz der Rothschilds. Der vornehme Englische Hof am Rossmarkt etwa, in dem er regelmäßig zu Mittag gegessen hat, ist nicht erhalten, aber die großzügige Weite des Platzes, die Fassaden der großen Bürgerhäuser, das Gutenbergdenkmal und die Katharinenkirche können uns etwas ahnen lassen von der damaligen Zeit. Noch ganz so, wie es Schopenhauer gesehen hat, steht das barocke Deutschherrenhaus auf der Sachsenhauser Mainseite an der Alten Brücke. Es beherbergt jetzt ein Ikonenmuseum, aber der rückwärtige Gebäudeteil ist immer noch Priorat des Deutschen Ordens. Steinerne Ritterstatuen über dem prachtvollen Portal aus rotem Sandstein erinnern an die kriegerische Vergangenheit des Ordens während der Kreuzzüge und der Ostkolonisation. Schopenhauer kam hierher, um sich vom Maler Lunteschütz porträtieren zu lassen. Besonders hatte es ihm einer der Deutschordensherren angetan, der so genannte „Franckforter", der im 14. Jahrhundert hier gewirkt und die mystische Schrift „Theologia Deutsch" verfasst hatte. Über den Autor weiß man nur, was die Schrift selbst über ihn mitteilt: „eyn deutschir herre, eyn prister vnd eyn custos yn der deutschen herren hauß zu franckfurt." Der „Franckforter", wie überhaupt die Mystik von Meister Eckhart über Tauler und Jakob Böhme bis hin zu Angelus Silesius, wurde von Schopenhauer als geistesverwandt angesehen. „Die Übereinstimmung mit meiner Philosophie ist wundervoll", schwärmte er (Hübscher 1973, 46). Ein Missverständnis, denn alle diese religiösen Denker sehen im mystischen Erleben die Fülle einer gnadenhaften Gottesgeburt in der Tiefe der Seele, Schopenhauer dagegen will das Verstummen und Verlöschen des Ich im Nichts der Verneinung.

Eine vierspurige belebte Straße führt am Deutschherrenhaus vorbei über die Alte Brücke in die Innenstadt. Auf der gegenüberliegenden Mainseite an der Uferstraße „Schöne Aussicht" lagen die Häuser, in denen Schopenhauer sich während der letzten 17 Jahre seines Lebens eingemietet hatte. Das Eckhaus mit der Nummer 16 ist jetzt ein gesichtsloser Neubau. Über dem Eingang ist zu lesen: „Hier starb am 21.9.1860 Arthur Schopenhauer". Man muss dicht herantreten, um auf dem dunklen Band die

Schrift zu erkennen. Schopenhauer hat in dem Vorgängerbau, damals die Nummer 17, tatsächlich 16 Jahre gewohnt, ein Jahr vor seinem Tod ist er jedoch nach Streitigkeiten mit dem Vermieter, der ihm das Füttern fremder Hunde verbieten wollte, in das Nachbarhaus rechts davon umgezogen. Eine spartanische Junggesellen-Wohnung war es, die Schopenhauer hier bewohnt hat, in der vor allem seine umfangreiche Privatbibliothek Platz beanspruchte. Blickfang im Wohnzimmer war eine vergoldete Buddhastatue, die auf einer Marmorkonsole thronte. Über dem Sofa hing ein Portrait Goethes neben englischen Hundekupferstichen. Auf dem Schreibsekretär am Fenster hatte eine Kantbüste ihren Ehrenplatz. Wo dieses Haus stand, klafft eine Baulücke. Werbetafeln verstellen den Blick. Nur durch ein Loch im Bretterzaun kann man das verwilderte Grundstück dahinter einsehen, eine Dornröschenwildnis aus Brombeergesträuch und Holunderbüschen. 1944 wurde das Haus durch Bombertreffer völlig zerstört und mit ihm das Schopenhauer-Museum, das gerade erst dort eingerichtet worden war. Große Teile der Sammlung, die man bereits zum Abtransport auf einen Lastwagen geladen hatte, verbrannten ebenfalls. Nur einige der schon ausgelagerten Stücke blieben erhalten. Das Sofa, auf dem Schopenhauer gestorben ist, wurde von Nachbarn in letzter Minute aus dem schon brennenden Haus gerettet. Von seiner Wohnung aus hatte Schopenhauer nur wenige Minuten zu gehen bis zu der 1820 – 25 erbauten Stadtbibliothek an der Obermainbrücke, die er häufig aufsuchte. Die klassizistische Vorhalle, der so genannte Portikus, steht noch, das Gebäude selbst wurde im Krieg zerstört und durch einen Neubau ersetzt. In der Obermainanlage dahinter steht zwischen hohen Sträuchern eine Bronzebüste Schopenhauers. Schmallippig schaut der Philosoph des Leidens hinüber zu den Parkbänken, auf denen die Patienten des nahen Krankenhauses in der Sonne dösen. In seinen „Aphorismen zur Lebensweisheit" hat er ihre Lage ganz erfasst: „Der allgemeinste Überblick zeigt uns, als die beiden Feinde des menschlichen Glückes, den Schmerz und die Langeweile. Dazu noch lässt sich bemerken, dass, in dem Maße, als es uns glückt, vom einen derselben uns zu entfernen, wir dem andern uns nähern, und umgekehrt" (Schopenhauer 1968, 22). Was noch vom Nachlass Schopenhauers gerettet werden konnte, wird jetzt im Schopenhauer-Archiv an der Bockenheimer Landstraße verwahrt. Eine kleine Ausstellung zeigt Portraits, Büsten, Briefe, Lebensdokumente, handschriftliche Originalmanuskripte und die berühmten Fotos nach dem Daguerrotypie-Verfahren, die er der Frankfurter Stadtbibliothek vermacht hat. Auch das aus dem brennenden Haus an der Schönen Aussicht gerettete Sofa hat man hier aufgestellt. In den Vitrinen sind persönliche Gegenstände ausgestellt wie seine Querflöten, seine letzten beiden Schreibfedern und der Serviettenring, den Schopenhauer in Gebrauch hatte, wenn er im Englischen Hof speiste. Der Archivar holt für uns die Jugendreisetagebücher aus dem ledernen Köcher, in dem sie gerade von der Restaurierung zurückgekommen sind. Sorgfältig ist der Reiseweg auf einer eingelegten Karte verzeichnet, penibel, wie es sich für einen angehenden Kaufmann gehörte.

Schopenhauer hatte lange warten müssen, aber endlich kam der Ruhm doch. Ein kleiner Verehrerkreis hatte zwar immer für ihn getrommelt, aber auch sein Buch „Über den Willen in der Natur" und die zweite Auflage seines Hauptwerkes von 1844, also 25 Jahre nach der ersten, verkauften sich nicht. Erst die „Parerga und Paralipomena", gesammelte Gelegenheitsarbeiten, und darin vor allem die „Aphorismen zur Lebensweisheit", eine praktische Anleitung für ein Leben nach den Prinzipien seiner pessimistischen Philosophie, brachten 1851 dem bereits 63-Jährigen den ersehnten Erfolg. Richard Wagner schickte seine Stücke, Hebbel besuchte ihn und die Königliche Akademie der Wissenschaften zu Berlin trug ihm die Mitgliedschaft an. Er konnte sich nicht mehr lange daran freuen, 1860 schlief er an einem Herbstmorgen friedlich auf seinem Sofa ein.

Vor allem auf Künstler hat Schopenhauers Werk inspirierend gewirkt. Wilhelm Raabe, Richard Wagner, Wilhelm Busch, Leo Tolstoi und Thomas Mann seien nur beispielhaft genannt. Nietzsche ist der wohl wirkungsmächtigste Philosoph, der an ihn angeknüpft hat. Er aber wolle den Willen reiten, sich dem Willen zur Macht rauschhaft hingeben, statt ihn zu verneinen. „Seligkeit, auf dem Willen von Jahrtausenden zu schreiben wie auf Erz, – härter als Erz, edler als Erz", heißt es in seinem „Zarathustra". Die Spätphilosophie Max Schelers sollte dann noch einmal Schopenhauers Motiv eines blinden Dranges in der Natur aufnehmen. Ein Brief Schelers zeigt die Verwandtschaft seines Erfahrungshintergrundes mit Schopenhauers Weltgefühl. Er berichtet darin über einen Film, der im Zeitraffer das blinde Tasten und Schlingen von Pflanzenranken sichtbar gemacht hatte: „Das erschütterte mich so, dass ich mit Mühe die Thränen zurückhielt. O wie ist das ‚Leben' überall gleich süß, zuckend und schmerzhaft ... und wie ist alles, alles Leben eins" (nach Mader 118).

Schopenhauer suchte nach der kantischen Wende den Weg zurück zur Metaphysik. Wie Schelling, Hamann, Herder und die Romantik sah auch er wieder das Lebendige in der Natur und hat es gegen die vereinfachenden Lehren des Materialismus verteidigt. Seine Verallgemeinerung der im Menschen erfahrenen leiblichen Willensimpulse und des in der Welt zweifellos überall anzutreffenden Strebens zu einem unteilbaren und vernunftlosen Weltgrund ist jedoch nicht wirklich begründet und führt in der weiteren Ausformung zu Widersprüchen. Es lässt sich etwa fragen, warum die Aufhebung des einzelnen Willens eines Menschen durch Verneinung nicht auch die ganze Welt aufhebt, wenn der Wille einheitlich und unteilbar ist (Hübscher 1973, 257). Auch die Frage, warum ein blindes dumpfes Weltprinzip immer verlässlich in bestimmten gegliederten Formen nach dem Bild der platonischen Ideen und unter dem Gesetz des Satzes vom Grunde erscheint, beantwortet Schopenhauer nicht (Fleischer 106). Sein Wille ist damit gewissermaßen gezähmter gebundener Wille, ja es kann sogar Heiligkeit „aus der inneren Tiefe des Willens" (Schopenhauer 2002, 1/100) aufsteigen und die Musik, der Inbegriff von Harmonie und Gestaltung, ist nach Schopenhauer direkter Ausdruck des Willens selbst. Eigentlich hätte Schopenhauer eine Art umgekehrter Theodizee nötig gehabt, die erklärt, wie das unbestreitbar existierende Schöne und Gute in die Welt kommt angesichts des blinden vernunftlosen Weltgrundes.

Erst bei Sartre lässt dann das Sinnlose, das gestalt- und regellos Wuchernde seine widerliche Fratze ganz unverhüllt sehen, wie er es in seinem Roman mit dem Titel „Der Ekel" konsequent vorgeführt hat. In einem Park angesichts der Wurzel eines Kastanienbaumes, die sich in die Erde bohrt, wird der Ich-Erzähler vom Ekel vor der Existenz überwältigt: „Und dann, plötzlich: auf einmal war es da, es war wie das Licht: die Existenz hatte sich plötzlich enthüllt. Sie hatte ihre Harmlosigkeit einer abstrakten Kategorie verloren: sie war der eigentliche Teig der Dinge, diese Wurzel war in Existenz eingeknetet. Oder vielmehr, die Wurzel, das Gitter des Parks, die Bank, das spärliche Gras des Rasens, das alles war entschwunden; die Vielfalt der Dinge, ihre Individualität waren nur Schein, Firnis. Dieser Firnis war geschmolzen, zurück blieben monströse und wabbelige Massen, ungeordnet – nackt, von einer erschreckenden und obszönen Nacktheit."

Schopenhauer war hier schwankend. Einerseits war er fasziniert von den Schönheiten der Natur und von Harmonie und Gestaltung in Kunst und Musik, andererseits sah er in der Welt weiter nichts als eine Kugel mit „erstarrter, kalter Rinde" im unendlichen Raum, „auf der ein Schimmelüberzug lebende und erkennende Wesen erzeugt hat" (Schopenhauer 2002, 2/11). Mancher mag vor allem die dunklen Töne, die er anschlägt, in sich widerklingen hören. Uexküll hat in seinem Buch „Nie geschaute Welten" einen Studenten beschrieben, der sich ganz in eine nihilistische Philosophie hineingelebt hatte, für die der Mensch nur eine sinnlose Maschine ist, die „eine Weile abschnurrt, bis sie wieder im Nichts versinkt". Verzweifelt bereitete er seinem Leben schließlich ein Ende und man fand ihn tot in seinem Zimmer: „Durch das offene Fenster lachte die

Sonne. Ringsum funkelten tausend Tautropfen auf den frisch erblühten Frühlingsblumen, den weißen, gelben und violetten Krokus, die sich wie Edelsteine aus dem satten Grün des neuen Rasens erhoben. Auch sie hatten die Umwelt des Toten verschönt, ehe die neue widersinnige Lehre gleich einer Wanderdüne in den bunten Garten seiner Umwelt eingebrochen war und mit dem Nichts alles in eine graue Sandwüste verwandelt hatte."

Verbinden lässt sich die Reise nach Frankfurt mit einem Besuch im Museum Goethehaus, dem wiederhergestellten Geburtshaus des Dichters. Im Vorort Rödelheim liegt idyllisch versteckt im dortigen Brentanopark das Petrihaus, ein von Georg Brentano zu einem Landhaus im Schweizer Stil mit klassizistischen Elementen umgestaltetes, ehemaliges Bäckerhaus. Dieses Refugium am Flüsschen Nidda war wie geschaffen als Treffpunkt für den Romantiker-Kreis um Clemens Brentano, der sich hier zusammenfand. Neben den Brüdern Grimm und Marianne von Willemer, die Goethe zu den Gedichten des „West-östlichen Divans" inspiriert hat, fand sich dort auch Schopenhauers Schwester Adele ein, die nach dem Vorbild ihrer Mutter Romanautorin geworden war.

Praktische Hinweise:

Schopenhauer-Archiv in Frankfurt mit Ausstellungsräumen zu Schopenhauers Leben und Werk, Bockenheimer Landstraße 102, Tel.: +49 (0)69/21 23 90 07, Internet: www.stub.uni-frankfurt.de/archive/schop.htm

Das Grab Schopenhauers befindet sich auf dem Frankfurter Hauptfriedhof an der Eckenheimer Landstraße. Wenn man durch den klassizistischen Torbau von 1826 den alten Teil betritt und sich links hält, findet man nach wenigen Schritten in der Nähe der Umfassungsmauer das mit einer wuchtigen Steinplatte bedeckte Grab.

Goethe-Haus in Frankfurt, Großer Hirschgraben 23 – 25, Internet: www.goethehaus-frankfurt.de

Historisches Petrihaus im Brentanopark, Landhaus von Georg Brentano, Frankfurt-Rödelheim, www.petrihaus.de

Literatur:

Abendroth, W.: Arthur Schopenhauer. Reinbek, 2000
Fleischer, M.: Schopenhauer. Freiburg i. B., 2001
Hübscher, A.: Schopenhauer und Frankfurt. Schopenhauer-Jahrbuch, 1966, 47, S. 1 – 13
Hübscher, A.: Denker gegen den Strom, Schopenhauer: Gestern – Heute – Morgen. Bonn, 1973
Mader, W.: Max Scheler. Reinbek, 1995

Literatur:

Malter, R.: Der eine Gedanke. Hinführung zur Philosophie Arthur Schopenhauers. Darmstadt, 1988

Regehly, T.: Auf den Spuren Schopenhauers in Frankfurt. www.schopenhauer-online.de

Safranski, R.: Schopenhauer und Die wilden Jahre der Philosophie. Reinbek, 1990

Schopenhauer, A.: Die Welt als Wille und Vorstellung. Bd. I und II, München, 2002

Schopenhauer, A.: Aphorismen zur Lebensweisheit. Stuttgart, 1968

Schopenhauer, A.: Ein Lebensbild in Briefen. Frankfurt a. M., 1987

Die Rückkehr des Dionysos

Nietzsches Sils-Maria im Oberengadin

Steine und Wasser prägen die Landschaft um Sils-Maria im Oberengadin. Auf über 1800 Metern liegt das Hochtal, und noch einmal 1000 Meter steigen zu beiden Seiten die Bergmassive auf, wie ein graues, in einem dramatischen Urgeschehen zu Stein erstarrtes Gewoge, mit Schaumkronen aus Firnschnee auch im Sommer. Bergbäche ziehen silbrige Fäden durch Fels und Geröll. Selbst die Wälder der zähen Zirbelkiefern und Lärchen reichen nur an den Fuß der unwirtlichen Höhen. Im Talgrund spiegeln, mal milchiggrün, mal blau, die Flächen des Silser Sees und des Sees von Silvaplana. Ledrig dunkelgrünes Buschwerk der rot blühenden Alpenrose bedeckt den felsigen Boden der Bergwälder. Die Wiesen schimmern bunt nach der blauen Rapunzel, den buttergelben Kugeln der Trollblume und den rosa Blütenähren des Schlangenknöterichs. Einzeln stehen die kapriziösen Blütengebilde von Akelei, Lilien und Türkenbund. Felsbrocken ragen aus den Bergwiesen, als drohe eine rohe ungestaltete Unterwelt hervorzubrechen und diesen verletzlichen Flaum des Pflanzenkleides wieder zu verschlingen. Wuchtige Quader sind es oder Platten, Stelen, Keile und skurrile Knollen, einzelne Sturzblöcke oder übereinandergetürmte Bergsturztrümmer, manchmal krautig bewachsen und umklammert vom Wurzelwerk darauf siedelnder Kiefern. Für die Urbevölkerung des Tals waren solche mächtigen und unheimlichen Steine die Wohnstätten der Erdgötter und Altar für ihre Kulte. In der Volksüberlieferung hat sich die Erinnerung daran noch erhalten, wenn von Hexen berichtet wird, die in Steinen wohnen und dort sagenhafte Schätze hüten. Auf manchen Felsblöcken, den so genannten „Schalensteinen", hat man vor Urzeiten angebrachte Vertiefungen gefunden, in die Opfergaben gegossen wurden oder in denen während der Kulthandlungen Harz- und Butterlichter brannten. Als das Christentum kam, wurden die alten Steinkulte in zähem Ringen überformt und

Abb. 1: Sils-Maria mit dem Silser See, der Halbinsel Chastè und dem Piz Lagrev

christianisiert. Eingeritzte Kreuze neben den in den Fels gegrabenen Opferschalen zeugen noch heute davon. Eine große „Umwertung“ hat hier stattgefunden, ein Kampf des christlichen Gottes mit den alten rätischen Göttern, den „Dialas“ (Caminada).

Friedrich Nietzsche, der 1879 zum ersten Mal ins Engadin kam, wusste wohl nichts davon, als er selbst hier in einem dunklen ärmlichen Pensionszimmer an seinem Programm der „Umwertung“ gearbeitet hat, das nicht weniger war als eine kompromisslose Abbrucharbeit an den Grundlagen der Kultur. Am Schluss, kurz bevor der Wahnsinn über ihn hereinbrach, wollte er dann „mit dem Hammer“ philosophieren, wie der Untertitel der „Götzen-Dämmerung“ lautet, eines seiner letzten Werke. Immer wütender wurden die Schläge gegen das Christentum und die darauf begründete Moral, wenn er an dem kleinen Holztisch in seinem Pensionszimmer zwischen tagelangen Kopfschmerzattacken und stundenlangem Erbrechen seine Bannflüche niederschrieb. Seit 1881 zog es ihn im Sommer in das abgelegene Bergdorf Sils-Maria, wo er immer in derselben einfachen Pension das für ihn reservierte Zimmer bezog. In der Hochgebirgsluft glaubte er Linderung für seine schwere chronische Krankheit zu finden und vor allem fühlte er sich der rauen kargen Bergnatur wesensverwandt, dieser „Hochebene, welche sich ohne Furcht neben die Schrecknisse des ewigen Schnees hingelagert hat" (Nietzsche 1/1004). Sie war ihm Sinnbild der eisigen Leere, in die er immer weiter strebte. Manchmal überwältigte ihn ein Grauen vor dem von ihm selbst geschaffenen Nichts um ihn herum und ein „Gefühl der Einöde" überkam ihn, dass er „schreien" mochte (Nietzsche 3/1134). Und doch wollte er unerbittlich standhalten wie der zukünftige „Übermensch", von dem er träumte, der ohne falsche Beruhigung durch Religion und ohne lähmende Zügelung seines „Willens zur Macht" durch die Moral sich selbst übersteigt und in der Intensität des gelebten Augenblicks seinen einzigen Sinn findet. Aus Nizza, wo er überwinterte, schrieb er 1888: „Ich bin jetzt allein, absurd allein; und in meinem unerbittlichen und unterirdischen Kampfe gegen alles, was bisher von den Menschen verehrt und geliebt worden ist (– meine Formel dafür ist ‚Umwertung aller Werte')" (Nietzsche 3/1276).

Noch der zwölfjährige Friedrich hatte „Gott in seinem ganzen Glanze" gesehen" (Frenzel 15), wie Nietzsche später selbst berichtete. Diese lebendige natürliche Gotteserfahrung war ihm bald ausgetrieben worden durch die moralinsaure und verkrampfte Theologie seiner Zeit, die nur Sündenschwere kannte und nicht die befreiende und lösende Begegnung mit einem göttlichen Du in der Fülle der Schöpfung und der Liebe. Sein Leben lang sollte er das Christentum mit Lebensfeindlichkeit und Sündenstrafen gleich setzen. Nach dem frühen Tod seines Vaters, der protestantischer Pfarrer im sächsischen Röcken war, lebte er zusammen mit Mutter und Schwester, zwei Tanten und einer Großmutter in Naumburg, bis er mit vierzehn in das Internatsgymnasium von Schulpforta eintrat. Als sechzehnjähriger Schüler weigerte er sich während der Ferien zu Hause bereits, am Gottesdienst teilzunehmen. Die Laufbahn eines protestantischen Pfarrers, die er nach dem Wunsch der Familie einschlagen sollte, kam für ihn nicht in Frage. Zwar belegte er, dem Wunsch Mutter folgend, zunächst auch Theologie, als er 1864 in Bonn sein Studium aufnahm, bald aber konzentrierte er sich ganz auf die Philologie. Von Professor Ritschl gefördert, dem er nach Leipzig gefolgt war, trat er schon als Student mit beachtlichen Leistungen hervor. Und bereits 1869 – er war gerade vierundzwanzig Jahre alt – erhielt er durch Vermittlung Ritschls, vor allem aber wegen seiner herausragenden Leistungen, ohne Promotion und Habilitation, einen Lehrstuhl für klassische Philologie an der Universität Basel. Unversehens musste der nach Freiheit strebende musische Mensch nun der „Göttin Tagespflicht" opfern. Unter keinen Umständen wollte er „Herdenmensch" werden (Nietzsche 3/1008). Schopenhauers Philosophie und Wagners Musik waren die ihn beglückenden Entdeckungen dieser Zeit, die

Abb. 2: Friedrich Nietzsche (1844 – 1900)

seinem Bedürfnis nach einsamer Lebenssteigerung und Transzendenz entgegen kamen. Als Schüler hatte er zum Unwillen seiner Lehrer Hölderlin wiederentdeckt, in dessen hymnischer Feier der Natur und der antiken Götter er das intensive Erleben fand, das ihm die blasse protestantische Worttheologie nicht hatte bieten können. Wie ein Erweckungserlebnis traf den jungen Studenten die Lektüre des zufällig in einem Antiquariat aufgestöberten Hauptwerkes von Schopenhauer. Er las es fast in Trance, und nun wurde ihm diese Lehre beinahe Religion –„religione quadam“, wie er selbst schreibt (Nietzsche 3/1011). Was sie ihm bot, war Abgrund des Lebens, Wille und Überwindung – starke Ingredienzien, wie er sie suchte, um sich über die dumpfe Alltäglichkeit erheben zu können. Drei Jahre später kam dann die Begegnung mit Richard Wagners Musik, die ihm die exstatischen Momente eines „Musikorgiasmus“ schenkte und schließlich die persönliche Bekanntschaft mit Wagner selbst, bei dem er sich „wie in der Nähe des Göttlichen“ fühlte (Nietzsche 3/1013). Von Anfang an war etwas Missionarisches in ihm, auch wenn er es in seinen Schriften später verleugnen sollte. Kurz vor Antritt der Professur in Basel meldete er in einem Brief an seinen Freund Rohde, dass sich nun auch der letzte seiner Freunde zu Schopenhauers Philosophie bekehrt habe. Nietzsche träumte von einer „klösterlich-künstlerischen Genossenschaft“, die in lebendigem geistigen Austausch lebt und Bücher schafft, die wie „Angelhaken“ neue Gesinnungsgenossen heranziehen (Nietzsche 3/1036).

Von Basel aus fuhr Nietzsche häufig zum Landhaus der Wagners in Tribschen bei Luzern und war dort bald so etwas wie ein Kind der Familie. Musik war im jetzt alles. Er improvisierte selbst am Klavier und komponierte, nachsichtig belächelt von Wagner. Der sah in Nietzsche eher einen Propagandisten seiner Musik. Nietzsche machte sich auch tatsächlich ans Werk und verfasste seine erste größere Schrift, „Die Geburt der Tragödie", die er selbst als ein „Manifest" bezeichnete. Darin stellte er, noch unter dem Einfluss der Willensmetaphysik Schopenhauers, das apollinische dem dionysischen Prinzip der Kunst gegenüber. Apollinisch ist das bildnerische Kunstschaffen, die Musik ist dionysisch. In einem weiteren, metaphysischen Sinne als Weltprinzip genommen ist das Apollinische formhaft-beharrend, trennend und individuierend, das Dionysische dagegen ist rauschhaft, fließend-willenshaft, alle Trennung und Individuation auflösend, es ist urmächtige Wirklichkeit. Dieses wahrhafte Ur-Seiende, dass sich im Dionysischen enthüllt, ist aber der „furchtbare Eisstrom des Daseins" (Nietzsche 1 / 102). Es muss durch den apollinischen Schein abgeschirmt und erträglich gemacht werden. Die griechische Tragödie hatte es in wunderbarer Meisterschaft verstanden, beide Prinzipien zu vereinen, bevor Sokrates mit seinem unmusischen Streben nach reiner Vernunfterkenntnis diese fruchtbare Harmonie zerstörte und das Dionysische in den Untergrund der Geheimkulte abgedrängt wurde. Nietzsche lässt Dionysos, den trunkenen Gott des Rausches und der Enthemmung, hier zum ersten Mal auftreten. Er sollte seine Leitfigur bleiben. Hier schon verkündet er seine Wiederkehr, zunächst noch in der Musik, insbesondere in der Wagners. Solche Musik redet aus dem „Herzen der Welt" und sie kann einen neuen Mythos hervorbringen. Kunst ist ihm die „eigentlich metaphysische Tätigkeit", ja mehr noch, „nur als *ästhetisches Phänomen* ist das Dasein und die Welt ewig *gerechtfertigt*", denn eine tiefere Wirklichkeit drückt sich darin aus (Nietzsche 1 / 20,40).

Erhabenheit und Urgewaltiges erwartete Nietzsche auch vom deutsch-französischen Krieg, in den er 1870 als Freiwilliger zog. Dieses Erlebnis war für ihn schnell wieder vorbei, denn während eines Verwundetentransportes, den er als Sanitäter in „elenden Viehwagen" zu begleiten hatte, infizierte er sich und erkrankte schwer an Diphtherie und Ruhr. Nachdem im Januar 1872 sein Tragödienbuch erschienen war, zeigte sich bald, wie weit er sich schon vom akademischen Lehrbetrieb entfernt hatte. Die Philologenzunft brachte wenig Verständnis auf für die dionysischen Ausschweifungen und wies ihm gravierende Fehler in der Quellennutzung nach. Nietzsche selbst schien zunächst arglos und beklagte sich bei seinem Förderer, Professor Ritschl, über dessen Schweigen zu seinem Buch. Der Brief Nietzsches, in dem er davon spricht, dass er sich mit seinen Ideen der jüngeren Generation der Philologen „bemächtigen" wolle, wird den nüchternen Wissenschaftler zusätzlich befremdet haben (Nietzsche 3 / 1058). Wieder ging es ihm um Anhänger, um Jünger. Mit dem Tragödienbuch war ja der erste „Angelhaken" ausgelegt. Die katholische Konversion eines

Hausgenossen betrachtete er geradezu als Abfall von dem „Heiligen“, das er selbst vertrat (Nietzsche 3/1105). Und er ließ nicht davon ab, gegen den Strom zu schwimmen. Vier „Unzeitgemäße Betrachtungen“ entstanden bis 1876, in denen er seine Kulturkritik weiter entwickelte. Große Hoffnungen setzte er auf das geplante Festspielhaus für die wagnersche Musik. Im Mai 1872 wurde in Bayreuth dafür der Grundstein gelegt. Der neue Mythos, die große Erneuerung, sollte hier ihren Tempel bekommen. Die Philologie war ihm nur noch „Notberuf“, den er gerne wieder abgestreift hätte. Lieber wollte er als Theoretiker und reisender Propagandist ganz für das Bayreuther Unternehmen tätig sein.

Alles kam schließlich anders, denn 1876 brachte die große Krise. Bayreuth wurde nicht das, was er sich vorgestellt hatte, und Schopenhauers Philosophie verlor ihre Kraft der „metaphysischen Tröstung“. Der weihevolle Aufbruch, den er sich von Bayreuth erhofft hatte, fand nicht statt. Stattdessen kam oberflächliches, aber gut zahlendes Publikum, um sich schlicht zu unterhalten. Wagners Rückwendung zum Christentum betrachtete er als Verrat. Auch das „Leichenbitter-Parfüm Schopenhauers“ mit seiner Willensverneinung und auf Mitleid gegründeten Moral war ihm jetzt zu dicht am Christentum. Alles Heilige, das ihn so ganz begeistert und erfüllt hatte, war dahin. Mit der Seele revoltierte sein Körper. Die seit seiner Schulzeit immer wieder auftretenden Kopfschmerzen steigerten sich ins Unerträgliche, dazu kam eine schwere Augenerkrankung. Zur Schonung der Augen saß er im abgedunkelten Zimmer, eingehüllt von „schwärzester Melancholie“. Nach der großen Enttäuschung wollte er nun „Freigeist“ sein, der sich „nichts mehr wünscht, als täglich irgendeinen beruhigenden Glauben zu verlieren“ (Nietzsche 3/1125). „Menschliches Allzumenschliches“ entstand. Als kalter Analytiker wütet er darin gegen alles, gegen jeden höheren Sinn und Religion, Willensfreiheit und Verantwortung, selbst gegen die Kunst, und er will jedes metaphysische Fundament einer übergeordneten Geltung zertrümmern: „Alles aber ist geworden; es gibt *keine ewigen Tatsachen*: so wie es keine absoluten Wahrheiten gibt“ (Nietzsche 1/448).

Trotz eines Urlaubsjahres und mehrerer Kuren trat keine wirkliche gesundheitliche Besserung ein. 1879 verschlimmerte sich sein Zustand. Möglicherweise zeigten sich hier bereits erste Auswirkungen einer Syphilisinfektion, auf die auch die späteren Symptome seiner Krankheit hindeuten. Nach nur zehnjähriger Tätigkeit als Hochschullehrer sah sich der Fünfunddreißigjährige gezwungen, sein Amt aufzugeben. Eine kleine, von der Universität bewilligte Pension ermöglichte ihm, „eine idealistische Dachstuben-Einsamkeit“ zu verwirklichen (Nietzsche 3/1167). Unruhig und getrieben reiste er fortan von Ort zu Ort, von Pension zu Pension. Bern, Zürich, Davos, St. Moritz, Naumburg, Leipzig waren allein 1879 die Stationen. St. Moritz brachte ihm die Entdeckung des Oberengadin. „Der Wanderer und sein Schatten" entstand hier aus Notizen, die er sich während seiner rastloser Wanderungen machte. Noch wollte er der nüchterne Analytiker sein, aber schon schimmerte die Sehnsucht durch, sich wieder hinreißen zu lassen von der dionysischen Wucht des Erlebens. Angesicht der Hochgebirgsnatur schrieb er: „ – alles groß, still und hell. Die gesamte Schönheit wirkte zum Schaudern und zur stummen Anbetung des Augenblicks ihrer Offenbarung ..." (Nietzsche 1/993).

Die Faszination des Engadin ließ ihn nicht mehr los. Während des Winters lebte er in Italien oder Südfrankreich, im Sommer aber zog es ihn in das abgelegene Hochgebirgstal, wo er 1881 mit dem Dorf Sils-Maria eine ihm gemäße Zuflucht gefunden hatte und der „Einsiedler von Sils-Maria" wurde. „Es kann gar nicht still und hoch und einsam genug um mich sein, dass ich meine inneren Stimmen vernehmen kann!", schrieb er im Juni 1883 von dort (Nietzsche 3/1208). Der rastlose Wanderer wurde tatsächlich mehr und mehr sein eigener Schatten. Einsam streifte er in den Wäldern umher, wenn er nicht gerade gequält von Kopfschmerz und Erbrechen zu Bett lag. Er benötigte Unmengen von Schlafmitteln, die dann seinen Magen wieder in Aufruhr versetzten. Nur mit wenigen Freunden war er noch über Korrespondenz und seltene Besuche verbunden. Es waren vor allem der Komponist Peter Gast, sein einziger wirklicher Jünger bis zum Schluss, der abtrünnige Theologe Franz Overbeck, der Historiker Jakob Burkhard, die mütterliche Freundin Malwida von Meysenbug, für kurze Zeit auch die junge brillante Lou Salomé. Aber alles blieb ihm zuletzt doch „ferne, ferne, ferne" (Nietzsche 3/1173).

Das Haus in Sils-Maria, in dem Nietzsche während der Sommermonate logiert hat, steht noch heute in seiner ganzen Bescheidenheit, mit einfachem steingedeckten Dach, angelehnt an einen bewaldeten Hang, durch den ein schmaler Steig zum Aufstieg auf die Marmorè führt. Auf der anderen Seite der Dorfstraße rauscht der jetzt in Stein gefasste Fexbach kalt und grünlich. Rechts und links stehen große Hotelbauten. Das Hotel Edelweiß gab es schon zu Nietzsches Zeiten. Dort oder im Hotel Alpenrose an der Straße zum Ortsteil Baselgia nahm er seine Mittagsmalzeit ein. Die pathetische Bronzeskulptur eines Adlers mit gespreizten Flügeln vor dem Eingang des einfachen dörflichen Hauses, in dem jetzt ein Nietzsche-Museum eingerichtet ist, soll an Nietzsches bekanntestes Werk „Also sprach Zarathustra" erinnern, in dem er dieses „stolzeste Tier" auftreten lässt. Nietzsches Zimmer lag im ersten Stock, mit einem kleinen Fenster zur

Abb. 3: Nietzsche-Haus in Sils-Maria, Oberengadin

Seite hin, im Schatten von hohen Zirbelkiefern. Der Pensionswirt Gian Durisch betrieb in den unteren Räumen einen Kramladen. Etwas menschliche Wärme wird der einsame Philosoph gespürt haben, wenn er manchmal bei schlechtem Wetter von seinen Wanderungen zurückkehrte, durch die Doppeltür ging und die heimelig nach Arvenholz duftende Diele betrat, von Gian Durisch freundlich begrüßt, etwa im verregneten Sommer 1888, seinem letzten, in dem es sogar bis ins Tal schneite. „Wie froh bin ich! Nun bin ich wieder zu Hause", seufzte er, wenn er nach dem im Süden verbrachten Winter wieder in Sils-Maria eintraf (Raabe 22). Manchmal kam Nietzsche herunter in den Laden, in dem es nach Seife, Kaffee und Gewürzen roch, um sich mit Tee, englischen Biskuits und Cornedbeef zu versorgen. Dann schleppte er sich wieder hoch in seine „Höhle", wie er selber sagte. In bunter Unordnung lagen dort Bücher, Manuskripte und seine wenigen Habseligkeiten um das ungemachte Bett. Auch tagsüber herrschte das seinen Augen wohltuende Halbdunkel. Ein übler Dunst von abgestandenen Lebensmitteln, scharfer Medizin und erbrochenem galligen Schleim aus dem Toiletteneimer hing in dem winzigen Raum. Das Zimmer Nietzsches mit rekonstruierter Möblierung ist heute Herzstück des Museums und lässt den Besucher einen Blick in die allerdings etwas zu aufgeräumte Klause des „Einsiedlers von Sils-Maria" tun. Die Holzvertäfelung gab es zu Nietzsches Zeiten noch nicht. Gian Durisch hatte die ursprünglich weiß getünchten Wände auf Nietzsches Wunsch in augenschonendem Grün tapeziert. In den unteren Räumen ist eine Ausstellung zu besichtigen mit Briefen, Fotos, Manuskripten und Lebensdokumenten. Die „Professorenstube" zeigt Möbel aus Nietzsches Baseler Wohnung. Bedrückend ist die Totenmaske mit den eingefallenen Zügen des schwer von der Krankheit Gezeichneten, daneben ist die im Auftrag seiner Schwester gefälschte und idealisierte zu sehen. Im Nietzsche-Haus stehen für Studenten und Wissenschaftler, die über Nietzsche arbeiten, auch einige Gästezimmer zur Verfügung.

Von seiner Pension aus unternahm Nietzsche weite Gänge in die Umgebung von Sils, mit umgehängter Ledertasche für seine Notizen und Sonnenschirm zum Schutz der kranken Augen. Meist ging er hinauf ins Fextal auf den Gletscher zu, um den Silvaplaner See herum oder auf die Halbinsel Chastè, die sich vom Ortsteil Baselgia aus als eine lange Zunge weit in den Silser See vorschiebt – mürrisch, in trüben Gedanken, ab und zu Halt machend, um sich Ideen für neue Aphorismen zu notieren, ein festes Ritual morgens und abends, Stoff auf Stoff auftürmend für Bücher im Stil von „Menschliches Allzumenschliches" und dessen Fortsetzung „Morgenröthe". An einem Tag im August 1881 wurde dann plötzlich alles anders. Bei einem großen, seltsam geformten Felsen am Weg von Sils nach Silvaplana an dem er vorher wohl schon oft achtlos vorüber gegangen war, überfiel ihn eine erschütternde Inspiration. Der alte, schon bei Heraklit und den Stoikern zu findende Gedanke der „ewigen Wiederkehr des Gleichen" stand nun plötzlich mit der Gewalt einer religiösen Eingebung vor ihm. Damit glaubte er endlich etwas gefunden zu haben, mit dem sich auf dem Trümmerfeld des Nihilismus wieder etwas Positives aufrichten ließ, denn in der „Wiederkehr" sah er nun „die höchste Formel der Bejahung, die überhaupt erreicht werden kann" (Nietzsche 2/1128). Überwältigt und euphorisch brach er immer wieder in Freudentränen aus.

Der so genannte „Stein von Surlej" ist einfach zu finden. Man verlässt Sils-Maria und geht am östlichen Ufer des Sees von Silvaplana entlang. Lange führt der Weg durch einen lichten Lärchen- und Arvenwald. Am Ausgang des Waldes, wo sich der Blick wieder auf den See öffnet und hinüber nach Silvaplana mit Schloss Crap da Sass, bilden zwei Felsen rechts und links ein natürliches Tor. Der am See gelegene ist in der Tat auffällig. Mit dem Fuß im Wasser ist er schon halb unterspült von den ewig malenden Wellen. Spitz ragt er auf wie ein archaisches Totenmal, Abbild der zackigen Grate des Piz Polaschin gegenüber. Mehrere Pyramiden scheinen sich zu durchdringen, die eine die andere hervorbringend und wiederholend als Beginn einer unendlichen Vervielfältigung.

Zunächst wollte Nietzsche den neuen Gedanken ganz ausloten und reifen lassen. Sein nächstes Werk, „Die fröhliche Wissenschaft", gab zwar erste Hinweise darauf und führte die Figur des Zarathustra ein, den er dann später seine neue Lehre verkünden ließ, bereitete aber sonst nur die Atmosphäre vor. Durch Mark und Bein geht der Schrei des „tollen Menschen" im gleichnamigen Aphorismus angesichts des Grauens vor dem Nichts. Heinrich Heine schon hatte geschrieben: „Es ist der alte Jehova selber, der sich zum Tode bereitet … Hört ihr das Glöckchen klingen? Kniet nieder – Man bringt die Sakramente einem sterbenden Gotte", aber er schien sich kaum umzublicken nach der vorbeiziehenden Prozession. Ähnlich die vielen Materialisten und Salonrevolutionäre des 19. Jahrhunderts, die Gott zwar totgesagt, aber sich längst ihren Ersatzgott zurechtgemacht hatten: die Vernunft, die Wissenschaft, die Materie, die Natur, den „Kreislauf des Lebens". Ganz anders Nietzsche, er spürte wie kein anderer den existentiellen Abgrund, der sich damit auftat. Der Atem stockt, wenn man die Rede des „tollen Mensch" liest: „Wohin bewegen wir uns? Fort von allen Sonnen? Stürzen wir nicht fortwährend? Und rückwärts, seitwärts, vorwärts, nach allen Seiten? Gibt es noch ein Oben und ein Unten? Irren wir nicht wie durch ein unendliches Nichts? Haucht uns nicht der leere Raum an? Ist es nicht kälter geworden? Kommt nicht immerfort die Nacht und mehr Nacht? Müssen nicht Laternen am Vormittage angezündet werden? Hören wir noch nichts vom Lärm der Totengräber, welche Gott begraben? Riechen wir noch nichts von der göttlichen Verwesung? – auch Götter verwesen! Gott ist tot! Gott bleibt tot! Und wir haben ihn getötet!" (Nietzsche 2/127). Das ist blanke Verzweiflung, und der tolle Mensch schreit: „Ich suche Gott! Ich suche Gott", in lächerlich sinnloser Geste seine Laterne am helllichten Tage anzündend.

In diese Stimmung hinein sollte das Dichtwerk „Also sprach Zarathustra" dann das erlösende Wort sprechen. Im Stil einer mythischen Erzählung mit Anklängen an biblische Texte lässt Nietzsche darin den Propheten Zarathustra seine Einsiedlerhöhle im Gebirge verlassen, um den Menschen einen neuen Sinn zu predigen. Es ist ein „Menschen-Sinn", den nur „Schaffende" verwirklichen können, die mit aller Entschlossenheit hier und jetzt den Augenblick ergreifen und ganz zur Neige ausleben, sei er auch voller Schrecken. Von „überirdischen Hoffnungen" reden nur die „Giftmischer". Der Schaffende zerbricht zuerst die alten „Tafeln der Werte". „Neue Tafeln" gibt er sich selbst. Mit unbedingtem „Willen zur Macht" schreibt er sich dem Leben ein und erhebt sich so zum „Übermenschen". „Müssen wir nicht selber zu Göttern werden …?", hatte schon der „tolle Mensch" gefragt. Die Unterscheidung von Gut und Böse ist nur ein „alter

Wahn“ und „Mitleid macht dumpfe Luft allen freien Seelen“. Selbst das „höchste Böse“ gehört zur „höchsten Güte“, wenn es nur schöpferisch schaffend sich selbst übersteigt. Die „Viel-zu-Vielen“ schiebt der Übermensch beiseite, ja, „was fällt, das soll man auch noch stoßen“. Zuletzt dann erreicht er, balancierend auf dem „Seil über einem Abgrunde“ des Nichts, die dionysische Ekstase und singt: „Jetzt bin ich leicht, jetzt fliege ich, jetzt sehe ich mich unter mir, jetzt tanzt ein Gott durch mich“. Diesem Dies-Hier-Jetzt gibt der Gedanke der Ewigen Wiederkehr, der „hochzeitliche Ring der Ringe“, eine tiefere Weihe, so dass man selbst angesichts des Todes sagen kann: „Noch einmal!“ (Nietzsche 2/277 – 561). Wenn Nietzsches Zarathustra heute auch peinlich berührt mit seiner operettenhaften Dionysosmaskerade und seinem monologisierenden Pathos, bei aller Amoralität selbst Jesusworte wie „Tut dies zu meinem Gedächtnis“ nachahmend, so war es Nietzsche doch bitter ernst damit. 1883 schrieb er an Malwida von Meysenbug: „Ich habe alle Religionen herausgefordert und ein neues ‚heiliges Buch‘ gemacht!“ (Nietzsche 3/1206). Damit war aus dem Missionar für Schopenhauers Philosophie und Wagners Musik nun sogar der Stifter eines eigenen dionysischen Diesseitskultes geworden.

Große Teile des „Zarathustra“ sind in Sils-Maria entstanden. Dort hat er über sein Inspirationserlebnis gedichtet: „Da, plötzlich, Freundin! wurde eins zu zwei – Und Zarathustra ging an mir vorbei ...“ (Nietzsche 2/271). Wir wollen sehen, ob auch wir Zarathustra begegnen können und gehen von Sils über die weiten Uferwiesen hinüber zur Halbinsel Chastè. Hier war einer seiner Lieblingsorte, und oft hat er versteckt irgendwo auf den Felsklippen im Halbschatten der zartgrünen Nadelschleier des Lärchenwaldes auf einem Bett von Felsenblumen gelegen und gedichtet. Hier hätte er sich gerne eine einsiedlerische Waldhütte gebaut. Vom Hauptweg am Ufer zweigt ein Saumpfad ab, der über den langen bewaldeten Felsrücken bis zur Südspitze der Halbinsel führt. Alpenrosen verströmen einen schweren herb-harzigen Geruch. Die unteren Zweige der Bäume sind ganz von Flechten umhüllt und wie in einem Zauberbann erstarrt. Immer wieder führt der Pfad auf hoch über dem See gelegene Felsvorsprünge und gibt den Blick frei auf kleine Inseln, auf den Fexgletscher und die ragenden grauen Felsmassen der Bergflanken. Steil fallen die Klippen manchmal ab und bilden unzugängliche Buchten, in denen die rot blühenden Alpenrosen bis an das grünlich schimmernde Wasser reichen. Fast ganz im Gehölz versunken sind die wenigen alten Gemäuer der Burg, von der die Halbinsel ihren Namen hat. An der Südspitze stößt man bei einem Plateau über dem Steilufer auf einen gewaltigen überhängenden Felsen. Hier könnte die Idee zu Zarathustras Höhle entstanden sein. Eine Gedenktafel ist dort angebracht mit den berühmten Zeilen aus Zarathustras Gesang, die aufgipfeln in: „Doch alle Lust will Ewigkeit – Will tiefe, tiefe Ewigkeit!“ Wir lauschen auf das Glucksen des Wassers, das unten an die Klippen schlägt. Der besessene Zarathustra ist uns in dieser zauberischen Natur nicht begegnet, eher können wir uns vorstellen, wie Merlin, der weise milde Magier der Artussage, hier vorüberschreitet.

Nietzsches Bücher verkauften sich schlecht, nur eine kleine eingeschworene Gemeinde nahm ihn wahr. Er vereinsamte zusehends. Und schon zeigten sich erste Züge des Irrsinns und Größenwahns. Sein immer schon vorhandener missionarischer Eifer steigerte sich ins Krankhafte. An Malwida von Meysenbug schrieb er 1884: „Und gewiss ist dies: ich will die Menschheit zu Entschlüssen drängen, welche über die ganze menschliche Zukunft entscheiden, und es *kann* so kommen, dass einmal ganze Jahrtausende auf meinen Namen ihre höchsten Gelübde tun. – Unter einem ‚Jünger‘ würde ich einen Menschen verstehen, der mir ein unbedingtes Gelübde machte –, und dazu bedürfte es einer langen Probezeit und schwerer Proben“ (Nietzsche 3/1220). Fühlte er sich schon wie die göttliche Inkarnation des Dionysos, als er in demselben Brief von seinem „Sohn Zarathustra“ sprach? Seine „Umwertung“ sollte alle bisherigen Werte außer Kraft setzen, ja umdrehen, und die Lehre des Zarathustra vollenden, die er nur noch als „Vorhalle“ zu seiner geplanten, systematisch ausgearbeiteten Philosophie sah. Unter dem Arbeitstitel „Wille zur Macht“ sammelte er umfassendes Material dafür. Hastig kompilierte er 1888, während seines letzten Sommers in Sils-Maria, daraus die „Götzendämmerung“ und „Der Antichrist“, mit denen er alle Misstöne seines Umwertungsprogramms in einem großen verstimmten Crescendo in die Welt schickte. Blanker Hass gegen das Christentum loderte jetzt auf, das für ihn Ursprung einer dekadenten „Sklavenmoral“ des Mitleides war, die Religion der „Schwachen und Missratenen“, die den „höheren Typus Mensch“ zu ihrer eigenen Nichtigkeit herabziehen wollen. Immer rasender wurde er, denn die Menschen wollten ihn nicht hören. Stattdessen bevölkerten sie weiter die Kirchen, diese „süßduftenden Höhlen“, die für ihn nichts anderes waren als „Grüfte und Grabmäler“ des von ihm tot gesagten Gottes. Man hört eine heisere, sich überschlagende Stimme, wenn man im „Antichrist“ liest: „Ich heiße das Christentum den *einen* großen Fluch, die *eine* große innerlichste Verdorbenheit“ (Nietzsche 2/1235). In seinem 1888 kurz vor dem Zusammenbruch geschriebenen Lebensrückblick, dem „Ecce homo“, taucht frappanter Weise wieder dasselbe Angelhakenbild auf wie achtzehn Jahre früher in einem Brief an Rohde. Immer schon wollte er Menschenfischer sein. Jetzt musste er feststellen, dass „die Fische fehlten“ für seine dionysische

Religion. Dionysos war zurückgekehrt aber wurde nicht gehört. Zuletzt kamen dann doch erste Zeichen des beginnenden Ruhms. Einzelne Briefe von glühenden Verehrern erreichen ihn in der Abgeschiedenheit des Engadin und Georg Brandes hielt in Kopenhagen die ersten Vorlesungen über Nietzsches Philosophie. Zu spät, das Zerstörungswerk der Krankheit war schon zu weit fortgeschritten und die Einsamkeit hatte sein Herz längst erfrieren lassen. Die letzte Zeile des „Ecce homo" lautet: „Hat man mich verstanden? *Dionysos gegen den Gekreuzigten* ...". Zum Schluss hatte er sich ganz in Dionysos hineingelebt und tanzte nackt in seinem Zimmer (Safranski 238). In einem Brief heißt es: „Nachdem der alte Gott abgedankt ist, werde *ich* von nun an die Welt regieren" (Nietzsche 3/1342), unterschrieben mit „das Untier". 1889, am 3. Januar schließlich kam das Ende in Turin. Im Zusammenbruch widerlegte er sich selbst und umarmte vor Mitleid ein Droschkenpferd, um es vor den Schlägen des Kutschers zu schützen. Danach gingen nur noch Wahnsinnsbotschaften in die Welt, mal unterschrieben mit „Der Gekreuzigte", mal mit „Dionysos". Freunde brachten ihn in die Psychiatrie. Die Mutter nahm ihn dann zu sich nach Naumburg. Nach dem Tod der Mutter fiel der Hilflose in die Hände seiner geltungssüchtigen Schwester, die zu Nietzsches Vermarktung und Instrumentalisierung für ihre rassistischen und nationalistischen Ideen noch zu seinen Lebzeiten das Nietzsche-Archiv in Weimar gründete und sein Werk verfälschte, so dass vor allem das Abgründige darin in den Vordergrund trat. Nietzsche dämmerte noch 10 Jahre dahin und starb dann 1900 in Weimar. Auf dem Friedhof seines Geburtsortes Röcken ist sein Grab.

Um keinen anderen Philosophen wird ein derartiger Kult getrieben wie um Nietzsche. Liegt es daran, dass er mit seiner Anlehnung an eine prophetische Sprache selbst dem modernen Nihilismus ein, wenn auch absurdes, religiöses Erlebnis ermöglicht? Oder, dass er wie kein anderer die existenzielle Verzweiflung des modernen Menschen zum Ausdruck gebracht hat? Nietzsche ist nicht Dionysos, in den er sich hineinphantasiert hat, er ist der „tolle Mensch", er ist der moderne Mensch. Er schreit „Gott ist tot", doch in der Melodie seiner Seele klingt es traurig: „Ich suche Gott!" Eugen Biser will in Nietzsches Werk sogar ein „unterdrücktes Ja" zu Christus unter dem „vehement hervorgestoßenen Nein" erkennen können (Biser 122). Nietzsches Wirkungen sind unübersehbar. Er hat auf Literatur und Dichtung gewirkt, die Lebensphilosophie und den Jugendstil angeregt, vielleicht sogar das Lebensgefühl einer ganzen Generation beeinflusst. Er hat das Signal zum Aufbruch aus dem prüden und steifen, in oberflächlicher Wissenschaftsgläubigkeit erstarrten gesellschaftlichen Klima des 19. Jahrhunderts gegeben. Hochempfindsam hat er das über sich selbst hinausweisende Schöne in Natur und Kunst gesehen. Der Wiederkunftsgedanke aber ist nur ein Mythos als Mittel zur Lebenssteigerung, dessen Tauglichkeit fraglich ist, denn er nimmt dem Augenblick das Einmalige der Herausforderung und erinnert eher an die nie endenden Qualen des Sisyphos. Tragisch war der Missbrauch Nietzsches durch die Nationalsozialisten. Ihre Ideologen haben seinen Schriften eine ganze Reihe geflügelter Worte des Unmenschen entnehmen können. Den Ausspruch etwa: „Gelobt sei, was hart macht!", hat die Nachkriegsgeneration zuerst aus dem Mund ihrer vom Krieg heimgekehrten Väter gehört, dann erst im „Zarathustra" gelesen. Sicher war das eine einseitige Lesart, aber es steht doch alles so in Nietzsches Werken. Man versetze einmal Nietzsches Zarathustra im Geiste in das Geschehen an jenem Julitag 1941 in Auschwitz, an dem aus der Reihe der zum Appell angetretenen Häftlinge zehn Männer ausgesondert wurden, die als Strafaktion im „Hungerbunker" sterben sollten. Maximilian Kolbe hob die Hand und meldete sich anstelle eines schon aufgerufenen Familienvaters. Wo hätte Zarathustra gestanden? Hätte er an der Seite des Kommandanten Fritsch giftig durch die Zähne gezischt: „Nichts ist ungesunder, inmitten unserer ungesunden Modernität, als das christliche Mitleid. *Hier* Arzt sein, *hier* unerbittlich sein, *hier* das Messer führen – das gehört zu *uns*, das ist *unsere* Art Menschenliebe" (Nietzsche 2,1169)? – Worte, die sich so in Nietzsches „Antichrist" finden.

Die Reise auf den Spuren Nietzsches nach Sils-Maria lässt sich vor allem mit Wanderungen in der Hochgebirgsnatur verbinden. Eine Attraktion eigener Art ist das exklusive Hotel Waldhaus auf einer Kuppe oberhalb von Sils-Maria. Das 1908 erbaute Haus hat sein nostalgisches Ambiente der Gründerzeit bewahren können. Stets war es Treffpunkt bedeutender Intellektueller und Künstler von Thomas Mann über Marc Chagall und Hermann Hesse bis Theodor Adorno. Auch heute pflegt man mit Vorträgen und Musikveranstaltungen ein intensives kulturelles Leben. In der Halle steht ein noch spielbereites elektropneumatisches Welte-Mignon-Piano von 1910, das vom Haustechniker regelmäßig mit den alten Papierrollen zum Klingen gebracht wird. Jedes Jahr finden im Hotel Waldhaus Nietzsche-Kolloquien statt.

Praktische Hinweise:

Nietzsche-Haus in Sils-Maria, Tel.: +41 (0)81/8 26 53 69, Internet: www.nietzschehaus.ch

Nietzsche-Haus in Naumburg, Weingarten 18, Tel.: +49 (0)34 45/70 35 03, Internet: www.museumnaumburg.de

Nietzsche-Archiv Weimar, Humboldtstr. 36, Tel.: +49 (0)36 43/54 55 01, Internet: www.weimar-klassik.de

Grab Nietzsches und Gedenkstätte beim Pfarrhaus in Röcken bei Lützen

Richard-Wagner-Museum auf Tribschen bei Luzern, Richard-Wagner-Weg 27, Tel.: +41 (0)41/3 60 23 70 (Nietzsche war 23mal im Landhaus der Wagners in Tribschen zu Gast). Internet: www.kultur-luzern.ch/wagner-museum

Literatur:

Benders, R. J. u. a. (Hrsg.): Friedrich Nietzsche. Chronik in Bildern und Texten. München – Wien, 2000
Biser, E.: Nietzsche – Zerstörer oder Erneuerer des Christentums? Darmstadt, 2002
Caminada, C.: Graubünden. Die verzauberten Täler. Die urgeschichtlichen Kulte und Bräuche im alten Rätien. Disentis, 1992
Eberlein, H.-P.: Flamme bin ich sicherlich! Friedrich Nietzsche, Franz Overbeck und ihre Freunde. Köln, 1999
Frenzel, I.: Friedrich Nietzsche. Reinbek, 2002
Krell, D. F.; D. L. Bates: Nietzsche der gute Europäer. Die Landschaften seines Lebens. München, 2000
Nietzsche, F.: Werke. Bd. 1 – 3. München, 1966
Raabe, P.: Spaziergänge durch Nietzsches Sils-Maria. Zürich – Hamburg, 1994
Safranski, R.: Nietzsche. Biographie seines Denkens. München, 2000
Salaquarda, J. (Hrsg): Nietzsche – Studienausgabe. Darmstadt, 1996

Das Sein und die Eigentlichkeit

Heideggers Heimatort Meßkirch und seine Hütte in Todtnauberg

Ordentlich sind die oberschwäbischen Ortschaften um ihre zwiebelbetürmten Kirchen aufgestellt, inmitten von Wiesen und Feldern, manchmal halb verdeckt von welligen Erhebungen, die eiszeitliche Gletscher in der Landschaft zwischen Bodensee und oberem Donautal hinterlassen haben. Geduckt in einer Senke liegt Meßkirch, überragt, fast erdrückt von dem modern wirkenden vierflügligen Renaissance-Schloss der Grafen von Zimmern, die über zwei Jahrhunderte hier segensreich regiert haben (1350 – 1594), gefolgt von den ebenfalls rührigen Helfensteinern und Fürstenbergern (bis 1806). Obwohl lange Zeit Residenz, scheint das kleine Provinzstädtchen wie in einem selbstvergessenen Schlummer. In einer halben Stunde hat man das Zentrum mit seinen Gassen und Fachwerkgiebeln zu Fuß erkundet. An den Maßen des Schlosses lässt sich erkennen, dass Größeres geplant war, doch die beschränkten Möglichkeiten des winzigen Territoriums konnten sich nie in eine wirkliche Ausdehnung der Stadt umsetzen. Vielleicht aber sind alle Energien, die nicht in sichtbarer Machtentfaltung veräußerlicht wurden, nach innen, in geistigem Wachstum fruchtbar geworden, denn die Reihe der bedeutenden schöpferischen Geister, die dieser „Badische Geniewinkel" hervorgebracht hat, ist lang. Sie begann bereits im ausgehenden Mittelalter mit dem Meister von Meßkirch, der künstlerisch hochrangige Altartafeln für die Stadtkirche geschaffen hat. In der Zeit nach dem Dreißigjährigen Krieg wirkte Abraham a Santa Clara (1644 – 1709), sprachgewaltiger Prediger und Barockschriftsteller. An der Nepomukskapelle, die als Anbau der Stadtkirche Sankt Martin auf den Kirchplatz vorspringt, erinnert eine Gedenkplatte an einen weiteren großen Sohn der Stadt, den Freiburger Erzbischof Dr. Conrad Gröber (1872 – 1948). Das Bildnis Gröbers darauf scheint ernst und kritisch hinüberzuschauen zu der Erinnerungstafel am gegenüberliegenden

Abb. 1: Die Pfarrkirche St. Martin und Heideggers Elternhaus in Meßkirch (links zwischen den Fachwerkhäusern)

Elternhaus von Martin Heidegger (1889 – 1976), dem international bekannten Philosophen aus Meßkirch, dessen Portrait etwas verlegen dem Blick Gröbers auszuweichen scheint. Man könnte fast an einen Scherz glauben, absichtlich so arrangiert und für Eingeweihte zu entschlüsseln. Gröber hat als Rektor des erzbischöflichen Gymnasialkonviktes in Konstanz, in das Heidegger mit kirchlicher Unterstützung eintreten konnte, seinen jungen Landsmann intensiv gefördert. Immer wieder sorgte er für die nötigen Stipendien und er war es, der Heidegger auf die Spur der Philosophie gesetzt hat, indem er dem jungen Gymnasiasten Franz Brentanos Schrift „Von der mannigfaltigen Bedeutung des Seienden nach Aristoteles" an die Hand gab. Später musste er dann erleben, wie Heidegger sich vom „System des Katholizismus" (Ott 106) lossagte, ja sogar während der dunklen Zeit seiner politischen Verstrickung mit dem Nationalsozialismus als Rektor der Universität Freiburg kämpferisch gegen den Katholizismus auftrat. Gröber zog trotzdem seine Hand nie ganz von Heidegger zurück. Erst nach dem Krieg, als Heidegger für seine Rehabilitation und um seinen Lehrstuhl kämpfen musste, suchte er wieder die Unterstützung Gröbers, inzwischen Erzbischof, dessen Wort bei den französischen Besatzungsbehörden Gewicht hatte. „Ach der Martin ischt mal wieder bei uns! Zwölf Jahre isch er nicht gekommen", wurde er von der Schwester des Erzbischofs in heimatlich-schwäbischer Mundart begrüßt (Safranski 405). Aber Heidegger erhielt das gewünschte erzbischöfliche Unterstützungsschreiben. Der wohlgeordnete Mikrokosmos seiner schwäbischen Heimatstadt war für Heidegger immer Wurzelgrund geblieben; die tief katholische Lebenswelt seiner Kindheit hatte ihn geprägt, imprägniert und blieb ihm nach einem Brief an Karl Jaspers „Pfahl" im Fleische (Ott 42), auch als er sich längst offiziell von ihr abgekehrt hatte. Noch im hohen Alter sah man ihn bei Familienbesuchen in der Kirche auf seinem alten Platz im Chorgestühl, den er schon als Messdiener eingenommen hatte.

Was es mit dem „Pfahl des Glaubens der Herkunft" auf sich hatte, den Heidegger sich Zeit seines Lebens nie ganz herausreißen konnte, lässt sich erahnen, wenn man die Wege des kleinen Martin in Meßkirch nachgeht. Sein Elternhaus kann nicht besichtigt werden, man gewinnt aber auch von außen einen guten Eindruck. Es ist ein einfaches Haus, das aber geräumig genug ist für eine Familie mit drei Kindern, wie es die Heideggers waren. Der Vater konnte als Küfer und Mesner der Pfarrkirche St. Martin für ein gesichertes Einkommen sorgen und die Kinder vor der Bedrückung materieller Not bewahren. Der kleine Martin Heidegger hatte als Messdiener oft den Weg hinüber zu gehen zur Kirche, manchmal im morgendlichen Halbdunkel zur Frühmesse oder zum Läuten der Glocken. Die Flügel der über den Altarbildern schwebenden Putten warfen dann im Dämmerlicht skurrile Schatten an die Wände. Der barocke Zierrat schimmerte golden im Kerzenschein und die bronzenen Reliefplatten mit den großen Rittergestalten der Grafen von Zimmern werden ihm etwas unheimlich gewesen sein. Aber da war dann schon die freundliche Putte über dem Orgelprospekt, die auf der Bassgeige das frohe Lied der Daseinsfreude spielte. Der stille, immer zur Feier geschmückte Kirchenraum, in dem noch ein Hauch von Weihrauch hing, gab Festlichkeit und wies über das Alltägliche hinaus. Das Rhythmische des Kirchenjahres und das die Zeit einteilende Glockengeläut, die liturgischen Symbole und feierlichen Handlungen prägten sich dem kleinen Messdiener Heidegger tief ein. Dies war der „Anspruch des höchsten Himmels", vor den er sich gestellt sah. Dann war da auch der gemessene Umgang des Vaters mit dem Holz, dem widerständigen Material, aus dem sich langsam die Form herausschälte. Die erdig-harzigen Gerüche in der Werkstatt, Hammerschläge und das dumpfe Hallen des bearbeiteten Holzes. Dies war der „Schutz der tragenden Erde", von dem er sich unterfangen fühlte (Heidegger 1983b, 3). Es war die frühe Erfahrung einer in zeitlichem Gleichmass erlebten Beständigkeit, ganz selbstverständlich verstanden als in einem höheren Sinn aufgehoben, die Heidegger immer wieder einholte. So etwa 1929, als er längst mit seiner

Abb. 2: Martin Heidegger (1889 – 1976)

eigenen Philosophie hervorgetreten war, beim Besuch des abendlichen Chorgebetes der Mönche in Beuron. Elisabeth Blochmann, eine Bekannte aus der Jugendbewegung, war höchst erstaunt, die Ergriffenheit Heideggers zu sehen, nachdem er im Gespräch vorher in schroffer Form mit der Kirche ins Gericht gegangen war. Heidegger legte dieses Beuron-Erlebnis später im Sinne seiner Philosophie aus als „Hineingehaltensein der Existenz in die Nacht" (Ott 351). Tatsächlich hatte ihn wohl etwas von der Urerfahrung seiner Kindertage berührt.

Nach Art der schwäbischen Grübler und Tüftler war es das Schwierigste, das Heidegger sich als Philosoph zu erhellen vorgenommen hatte, das Geheimnis von „Sein und Zeit". Schon vor ihm hatte ein anderer schöpferischer Spross der Gegend, Abraham a Santa Clara, von seiner Predigtkanzel donnernd gefragt: „Holla, Welt, was bist Du? Sag an!" Heidegger sollte seine Antworten auf ganz eigenen und ungewöhnlichen Wegen finden. Zunächst aber schien der Weg klar vorgegeben. Da seine Eltern die Kosten für eine höhere Schulbildung allein nicht tragen konnten, sprang die Kirche ein und nahm den begabten Jungen unter ihre Fittiche. Pfarrer Brandhuber war es, der die Begabung seines Messdieners zuerst erkannte, ihm kostenlos Lateinunterricht gab und für die Aufnahme im katholischen Gymnasialkonvikt in Konstanz sorgte, das Heidegger von 1903 – 1906 besuchte. Dort fand er im Leiter des Konviktes, Conrad Gröber, einen weiteren Förderer. Die letzten Schuljahre verbrachte Heidegger in Freiburg. Natürlich war all diese Förderung mit der Erwartung verknüpft, dass er später einen geistlichen Beruf ergreifen würde. Heidegger enttäuschte zunächst die in ihn gesetzten Hoffnungen nicht und bewarb sich nach Abschluss seiner Gymnasialzeit (1909) um Aufnahme bei den Jesuiten. Als er wegen gesundheitlicher Probleme schon nach einer kurzen Probezeit wieder ausscheiden musste, begann er in Freiburg mit dem Theologiestudium. Das Berufsziel „Priester" schien klar, seine Stipendien ließen auch nichts anderes zu, aber seine eigentliche Passion, die Philosophie, zog ihn mehr und mehr von der Theologie ab. Bald strebte er über den zum Studium der Theologie gehörenden Kanon der scholastischen Philosophie hinaus und entdeckte die Phänomenologie Edmund Husserls, dessen Methode des unvoreingenommen Blicks auf die Phänomene sein eigenes Denken auf den Weg bringen sollte.

1911 dann die Lebenskrise. Vordergründig stellten sich Herzbeschwerden ein, die zur Beurlaubung vom Studium führten und seine Eignung für den Dienst als Pfarrer in Frage stellten. Tiefer gingen die seelischen Nöte, die ihn in seiner bisherigen Lebensplanung grundlegend verunsicherten. Während eines Erholungsurlaubes im heimatlichen Meßkirch entschloss sich Heidegger schließlich zum Abbruch des Theologiestudiums. Eher halbherzig wechselte er in die naturwissenschaftliche Fakultät, um im Notfalle im Lehramt unterkommen zu können. Daneben aber trieb er mit aller Kraft seine philosophischen Studien voran. Noch stand Heidegger auf dem Boden des katholischen Denkens. Erste philosophische Aufsätze über Logik erschienen in katholischen Zeitschriften, die mit Interesse aufgenommen wurden. 1913 promovierte er mit einer Arbeit zur Kritik des Psychologismus, in der er uneingeschränkt an der allgemeinen Geltung der Logik festhielt gegen ihre Relativierung als bloßes Ergebnis psycho-biologischer Prozesse. Man machte ihm bereits Hoffnungen auf einen Lehrstuhl für Katholische Philosophie in Freiburg und bestärkte ihn, sich möglichst bald zu habilitieren. Wiederum stellte ein kirchliches Stipendium die erforderlichen materiellen Voraussetzungen sicher, verpflichtete ihn aber auf die christlich-scholastische Philosophie. So schien er weiterhin äußerlich an die katholische Welt gebunden, während eine schleichende Erosion seiner inneren Bindung einsetzte. Waren es bisher Fragen der allgemeinen überzeitlichen Geltung, die für ihn im Vordergrund standen, so geriet er bei der Arbeit an seiner Habilitation über Duns Scotus in den Bann des individuellen Einzelnen, das nach scotischer Lehre auch direkt ohne Vermittlung über Allgemeinbegriffe erkannt werden kann. Lebensphilosophische Einflüsse, wie Diltheys verstehendes Einfühlen in einmalige geistesgeschichtliche Gestalten, und die hegelsche Philosophie mit ihrer dialektisch sich selbst immer wieder aufhebenden Bewegung des Geistes, sollten ihn weiter vom Streben der christlichen Philosophie nach unwandelbaren metaphysischen Wahrheiten entfernen. Noch hielt er sich bedeckt, da es den Anschein hatte, als sei der Vertreter auf dem vakanten Lehrstuhl für Katholische Philosophie nur eine Übergangslösung, bis Heidegger sich habilitiert hatte. Lediglich zwischen den Zeilen ließ er 1915 bei der Verlängerung seines Stipendiums durchblicken, dass er ganz neue Wege eingeschlagen hatte. Verklausuliert heißt es in seinem Antrag, „daß er seine Lebensarbeit einstellt auf die Flüssigmachung des in der Scholastik niedergelegten Gedankengutes" (nach Ott 80).

Inzwischen war der große Krieg ausgebrochen, der an Heidegger nur entfernt vorüberzog. Wegen einer Herzschwäche stellte man ihn zunächst zurück, so dass er seine Habilitation im Juli 1915 abschließen konnte. Ab Herbst 1915 hatte er eine Heimatverwendung bei der Post-Überwachungsstelle in Freiburg, die sich mit der Weiterarbeit an der Universität gut verbinden ließ. Erst 1918 war er noch kurz frontnah im militärischen Wetterdienst eingesetzt. Bitter war die Enttäuschung für Heidegger, als der Lehrstuhl für Katholische Philosophie 1916 dann doch nicht an ihn vergeben wurde. Der letzte opportunistische Grund für Zurückhaltung beim Beschreiten seines eigenen Denkweges war damit entfallen. Statt mit dem neuen Lehrstuhlinhaber zusammenzuarbeiten, suchte er Kontakt mit Husserl, der 1916 einen Ruf nach Freiburg annahm. Dessen phänomenologische Methode, die Sachen selbst wieder in den Blick zu nehmen, so wie sie im Bewusstsein vorgefunden werden, ohne Voreingenommenheit durch vorgefasste Meinungen oder theoretische Konzepte, hatte ihn schon seit den frühesten Studienjahren beschäftigt. Aber Husserl lehnte ihn zunächst wegen seines katholischen Stallgeruches ab. Erst der Weggang von Edith Stein, die sich als Assistentin von Husserl ausgenutzt fühlte, machte den Weg frei. In langen philosophischen Gesprächen wuchs schließlich eine intensive Lehrer-Schüler Beziehung.

In Heideggers Vorlesungen nach dem Krieg ist keimhaft die Richtung zu erkennen, in die er nun, ausgehend von Husserls Phänomenologie, aufbrach. Er will die „Urhaltung des Erlebens" (Heidegger 1987, 110) von Welt aufdecken, einer Welt, in die wir immer schon ganz eingebunden sind, in der wir aufgehen, ohne erst künstlich in theoretischer Einstellung Distanz von ihr zu nehmen. „Es weltet" nennt Heidegger es, wenn die Dinge sich uns ganz unmittelbar in ihrer Bedeutung für uns geben. Heidegger erläutert das am Beispiel des Katheders. Der Vortragende nimmt es nicht als eine Holzkiste mit bestimmten Abmessungen wahr, sondern die ganze Vortragssituation leuchtet damit auf. Die theoretische Einstellung dagegen treibt für Heidegger das lebensgemäße intuitive „Welten" aus, „ent-lebt" es, wie die eigenwillige Heideggersche Bezeichnung dafür lautet (Heidegger 1987, 91). Die sprachschöpferische Kraft Heideggers begann sich zu entfalten.

Im Januar 1919 kappte Heidegger seine katholischen Bindungen dann auch offiziell. In einem Brief an den Priester und akademischen Weggefährten Professor Krebs erklärte er: „Erkenntnistheoretische Einsichten, übergreifend auf die Theorie des geschichtlichen Erkennens haben mir das *System* des Katholizismus problematisch und unannehmbar gemacht – nicht aber das Christentum und die Metaphysik, diese allerdings in einem neuen Sinne“ (Ott 106). Krebs, der Heidegger im März 1917 mit einer protestantischen Offizierstochter getraut hatte, wird nicht überrascht gewesen sein, denn das Ehepaar Heidegger hatte ihm bereits 1918 mitgeteilt, dass es vom Versprechen, die Kinder katholisch zu erziehen, zurücktreten würde (Ott 108).

Während Heidegger sich einen internationalen Namen machte, ging in Meßkirch das Leben seinen gewohnten Gang. Im Städtchen hat man länger gebraucht, um die Bedeutung des berühmten Sohnes zu erkennen. 1959 erhielt er die Ehrenbürgerschaft von Meßkirch und erst kürzlich ist ein Heidegger-Museum in einem der Schlossflügel eingerichtet worden. Schautafeln unterrichten über seine Schaffensperioden, in den Vitrinen sind Briefe, Erstausgaben seiner Bücher, Manuskriptseiten und interessante Fotos aus Familienbesitz zu sehen. Das Heidegger-Archiv steckt noch in den Kinderschuhen. Es ist in einem ehemaligen Büroraum des Rathauses untergebracht, ein Bau im Stil der Neu-Renaissance von 1899. Vom Ziergiebel schaut die Figur des Ritters Kuno hinunter auf alte bürgerstolze Häuser, auf die Fachwerkfassade des „Kleinfelderhauses“ von 1456 und das alte Rathaus von 1455. Vom Turm der Martinskirche schlägt die volle Stunde, während wir die breite Treppe zum Archivraum hinaufsteigen. Grundstock für das Archiv waren einige handsignierte Bände, die Heidegger seiner Heimatstadt geschenkt hat. Weitere Schenkungen und Nachlässe sind dazugekommen. Alles lagert in alten ausgemusterten Rollschränken. An der Wand hängt ein Portrait Heideggers aus Familienbesitz. Es ist Anfang der dreißiger Jahre entstanden, als Heidegger in der Freiburger Universität das Führerprinzip einführte, im Glauben befangen, der Nationalsozialismus sei eine Bewegung im Sinne seiner Philosophie. Das Gemälde ist in einer eigenartigen Farbe gehalten, wie von Brandschein übergossen. Heidegger ist idealisiert und heroisch dargestellt, im Stil der „Herrlichkeit und Größe des Aufbruchs“, die er in seiner Rektoratsrede beschworen hatte (Heidegger 1983a, S, 19). Auch das Archiv soll mit Unterstützung örtlicher Banken später in einen der Schlossflügel umziehen. Im Ratssaal mit seiner prachtvollen Kassettendecke blättern wir in einem Album mit Amateurfotos, die überwiegend von Meßkircher Privatleuten zusammengetragen wurden, teilweise unscharf und verwackelt, oft in fröhlicher Runde gemacht. Immer wieder ist Heideggers Bruder Fritz im Vordergrund, Martin Heidegger still daneben oder im Hintergrund. In der lebendigen Erinnerung der Stadt ist dann auch vor allem Heideggers Bruder Fritz geblieben, Bankangestellter in Meßkirch, der als Frohnatur und Büttenredner ein stadtbekanntes Original war.

Mit der Entdeckung des „Weltens" in seinen Nachkriegsvorlesungen hatte Heidegger den ersten Kerngedanken seiner Philosophie in der Hand. Die Menschen gehen ganz in ihren Lebensbezügen auf, Sorge treibt sie um, so dass sie sich in alltäglicher Geschäftigkeit verlieren. „Im Sorgen riegelt sich das Leben gegen sich selbst ab" (Heidegger 1985, 107). Der Mensch müsse wieder zu sich selbst kommen, sich herausreißen aus der falschen Selbstberuhigung der Religionen. Obwohl Heidegger noch nicht viel veröffentlicht hatte, machte er inzwischen von sich Reden, seine Vorlesungen faszinierten. 1923 schließlich, nach langer Tätigkeit als Privatdozent in Freiburg, erhielt er eine außerordentliche Professur in Marburg. Rudolf Bultmann, dessen protestantische Theologie von Heidegger beeinflusst ist, war ihm dort der einzige Lichtblick. Ansonsten zog es ihn eher zurück in die heimatliche Gegend. Die gesamten Semesterferien verbrachte er in seinem neuen Refugium, einer abgelegenen Hütte oberhalb des Skiortes Todtnauberg im Hochschwarzwald. Dort fühlte er sich inspiriert, dort fand er die Ursprünglichkeit, zu der er sich mit seiner Philosophie durcharbeiten wollte, dort war das Einfache, in dem sich für ihn das Sein zeigte. Das Sein war es, dem jetzt seine ganze Denkarbeit galt. Heidegger glaubte, eine Frage endlich beantworten zu müssen, die aus seiner Sicht von der abendländischen Philosophie nie gelöst, ja beiseite geschoben worden war, die Frage nach dem allgemeinsten Sein selbst, das nicht mit dem Seienden zusammenfällt, dem wir als Gegenständlichem begegnen (Pöggeler 9). Auch äußerlich demonstrierte er, dass er etwas anderes wollte als bloße Schulphilosophie. In Marburg provozierte er durch sein extravagantes Auftreten. Im Winter kam es vor, dass er im Skianzug direkt in den Hörsaal ging, im Sommer trug er jugendbewegtes Outfit mit Kniebundhosen, von den Studenten „existentieller Anzug" genannt (Safranski 159). Er gab sich als Naturbursche, der direkt Fühlung am Puls des Seins nehmen wollte, als philosophischer Eremit und Aussteiger in der Einfachheit der Schwarzwaldnatur. Viele seiner Grundgedanken entstanden in Todtnauberg und wurden dann in Vorlesungen entfaltet. Als für seine Berufung zum ordentlichen Professor eine größere Veröffentlichung von ihm verlangt wurde, schrieb er dort in fieberhafter Arbeit „Sein und Zeit", sein Hauptwerk, mit dem er die Frage nach Sein und Zeit vom Dasein her zu beantworten versuchte. Das „Dasein", wie er den Menschen nennt, ist besonders ausgezeichnet als das Seiende, das ein bewusstes Verhältnis zu sich selbst hat, in dem das Sein sich selbst erhellt. „Als Seiendes dieses Seins ist es seinem eigenen Sein überantwortet. Das *Sein* ist es, darum es diesem Seienden je selbst geht" (Heidegger 1972, 41 f). Das Dasein ist so der Schlüssel für die Beantwortung der Frage nach dem Sein. Heidegger untersucht in „Sein und Zeit“ die Grundstrukturen des Daseins, die er Existenzialien nennt im Unterschied zu den Kategorien, mit denen die Grundstrukturen des Dinghaften beschrieben werden. Mit dieser „existentialen Analytik des Daseins“ sollte eine „Fundamentalontologie“ gewonnen werden, auf der dann erst die umfassende Lehre vom Sein, die Ontologie, aufbauen könnte (Heidegger 1972, 13). Was Heidegger schließlich vorlegte, ist eine ganz ungewöhnliche und neuartige Sicht auf den Menschen in seiner Alltäglichkeit und Zeitsituation. Der Vater an der Werkbank wird ihm vor Augen gestanden haben, als er das in die menschlichen Bezüge und Bedeutungen hineingewobene „Zeug“ als das „Zuhandene“ bestimmte. „Das Hämmern selbst entdeckt die spezifische ‚Handlichkeit‘ des Hammers“ (Heidegger 1972, 69). Das alltägliche „Besorgen“ ist es, in dem der Mensch aufgeht, in dem er sich aber auch verlieren kann. „Das Dasein stürzt aus ihm selbst in es selbst, in die Bodenlosigkeit und Nichtigkeit der uneigentlichen Alltäglichkeit“ (Heidegger 1972, 178). Das Gerede, die Neugier und Zweideutigkeit, das „Man“ als die gestaltlose Masse sind es, an die der Mensch verfallen ist. Aus dieser „Uneigentlichkeit“ soll er sich erheben zum „eigensten Seinkönnen“, zur „Eigentlichkeit“. Die Angst offenbart „das *Freisein für* die Freiheit des Sich-selbst-wählens und -ergreifens“ (Heidegger 1972, 188). Im Gewissen meldet sich die Sorge, und ruft dazu auf, sich „angstbereit“ auf die eigenen Möglichkeiten hin „zu entwerfen“, das „Ganzseinkönnen“ des Daseins „entschlossen“ zu ergreifen. Es ist die Perspektive des Todes, das „Vorlaufen in den Tod“, das erst die existentiellen Möglichkeiten zum eigentlichen Seinkönnen aufdeckt und jede „flüchtige Selbstverdeckung“, jedes Abgleiten in die Uneigentlichkeit zunichte macht (Heidegger 1972, 310). Ausgehend vom Begriff der Sorge und dem „Vorlaufen“ zum Ende versucht Heidegger eine Analyse der „Zeitlichkeit“ des Daseins. Die Sprache versagte ihm nach eigener Aussage bei dem geplanten letzten Teil über „Zeit und Sein“, der an die vorgelegte Analyse des Daseins anschließen sollte (Biemel 42). Das Buch wurde daher ohne diesen Teil veröffentlicht. Heidegger blieb aber fortan auf der Suche nach geeigneten philosophischen Mitteln, mit denen er in so unmittelbarer Weise, wie es ihm vorschwebte, Zugang zum Sein finden konnte. Hauptschauplatz dieses bis zu seinem Tod fortdauernden Ringens war die Bergeinsamkeit seiner Hütte in Todtnauberg.

Von Meßkirch aus sind es anderthalb Stunden hinüber nach Todtnauberg, über Tuttlingen, am Titisee vorbei in den Hochschwarzwald. Um Ostern leuchten noch weiße Firnschnee-Flächen vom fast 1500 Meter hohen Feldberg herüber. Der Wald wird dunkler und rückt dicht an die Straße heran. Die Häuser ziehen zum Schutz vor dem rauen Wetter ihre

Dächer tief herunter. Die Straße schwingt sich in Täler, überbrückt Abgründe und schlingt sich um hohe Bergkuppen. Auf 1000 bis 1500 Metern Höhe liegt Todtnauberg. Oberhalb des Dorfes, hinter der Jugendherberge beginnt der 6,4 Kilometer lange „Heidegger-Rundwanderweg". Die Informationstafeln nehmen uns zunächst etwas die Entdeckerfreude, wir sind aber dann doch froh, mit ihrer Hilfe schnell zu Heideggers Hütte zu finden und wir erfahren interessante Einzelheiten über Heideggers Leben am Ort, ein „philosophischer Waldlehrpfad" gewissermaßen. Der Weg führt durch Fichtenwald. Die vom Frühjahrssturm geknickten Stämme verströmen einen frischen harzigen Geruch. An schattigen Stellen knirschen die Schneereste unter den Füßen. In den mit Schmelzwasser gefüllten Rinnsalen am Wegrand wartet im schwarz gepunkteten Gelee des Froschlaiches schon ungeduldig neues Leben. Ein Seitenweg führt zur Hütte am Waldsaum, oberhalb einer steil zum Ortsteil Rütte hin abfallenden Almwiese. Daneben ein ländliches Brunnenbecken und einfache Holzbänke. Ein Plätscherbach trägt Schmelzwasser zu Tal. Über einen Weidezaun lässt sich die Hütte gut einsehen. Da sie noch in Familienbesitz ist, kann man sie nicht besichtigen. Sie ist kaum größer als eine komfortable Gartenlaube. Es muss recht beengt gewesen sein für die Heideggers, denn auch zwei Söhne sorgten nun für quirliges Leben. Heidegger hatte nur ein Schreibeck für seine Arbeiten und mietete daher einen Raum im Bühlhof unterhalb der Hütte neben dem Glöcklehof, der an seinem Glockenreiter leicht zu erkennen ist. Der damalige Glöcklehof-Bauer hatte für Heidegger die Hütte errichtet. In dieser Häusergruppe liegt auch der Schneiderhof, der 1947 abbrannte und mit einem Darlehen Heideggers wieder aufgebaut werden konnte. Als Gegenleistung erhielten die Heideggers ein „Abo" auf Naturalien aus der bäuerlichen Produktion wie die täglich frische Milch. Strom gab es auf der Hütte erst 1931, eine Kompensation der Badischen Regierung für einen abgelehnten Ruf nach Berlin. Ein Radio wurde 1962 während der Kuba-Krise angeschafft. Die Wiese vor der Hütte überzieht sich schon mit frischem Grün, der Hang auf der Gegenseite ist noch braun und narbig vom Schibetrieb. Es klart etwas auf und über den dunklen Kuppen des Schwarzwaldes werden hinter einem bläulichen Schleier die Voralpen sichtbar. 1925 schrieb Heidegger an Jaspers, während er an „Sein und Zeit" arbeitete: „Es ist schon tiefe Nacht – der Sturm fegt über die Höhe, in der Hütte knarren die Balken, das Leben liegt rein, einfach und groß vor der Seele ... Zuweilen begreife ich nicht mehr, daß man da unten so merkwürdige Rollen spielen kann ..." (Safranski 173). Manchmal waren Studenten eingeladen, die vor der Hütte in jugendbewegter Weise kampierten. 1933, während Heideggers Zeit als Rektor der Universität wurden daraus paramilitärische „Wissenschaftslager“ im Sinne des Nationalsozialismus. Nach seinem Rücktritt vom Rektorat entstanden hier in einem privaten, nicht für die Veröffentlichung bestimmten Dialog mit dem „Seyn“, das er nun mit Ypsilon schrieb, immer neue Versuche, es unmittelbar zu fassen. „Das Seyn ist die Erzitterung des Götterns“ (Heidegger 1989, 239), ist eine seiner Wendungen, mit denen er die transzendente und numinose Tiefenschicht der Wirklichkeit andeuten will, ohne von einem Gott im christlichen Sinne zu sprechen. Die Hütte war auch Ort großer Begegnungen: Gadamer, Bultmann, Heisenberg, Ernst Jünger, Rudolf Augstein waren hier. 1967 sah sie das schwierige Zusammentreffen mit dem jüdischen Dichter Paul Celan, der das Konzentrationslager nur knapp überlebt hatte. „ARNIKA, AUGENTROST, der Trunk aus dem Brunnen mit dem Sternwürfel drauf“, hatte Celan auf der Hütte gedichtet. Wir schauen genau hin. Da ist er noch, der Sternwürfel.

Schon bald nach seiner Ernennung zum ordentlichen Professor in Marburg erhielt Heidegger einen Ruf nach Freiburg als Nachfolger Husserls. Gerne ergriff er 1928 diese Gelegenheit zur Rückkehr in seine schwäbische Heimat. In großen Vorlesungen baute er weiter an seiner Seins-Philosophie, während das Unheil über Deutschland heraufzog. Als dann 1933 Hitler am Ziel war, verkannte Heidegger wie viele andere die wahren Absichten des Nationalsozialismus und erhoffte einen Neuaufbruch aus der verzweifelten Misere der Weimarer Zeit. Politisch naiv glaubte Heidegger anscheinend, der Nationalsozialismus wolle etwas Ähnliches wie seine Philosophie der Eigentlichkeit. Mit Unterstützung einer Gruppe nationalsozialistischer Professoren ließ Heidegger sich zum Rektor der Universität Freiburg wählen. Öffentlichkeitswirksam trat er am 1. Mai in die Partei ein und baute die Universität im Sinne des nationalsozialistischen Führerprinzips um. Aber er verbot auch ein antisemitisches Hetzplakat und verhalf seinem jüdischen Assistenten zur Emigration. In seiner viel besprochenen Rektoratsrede finden sich Stellen wie die folgende, bei der es jedem Nationalsozialisten in den Ohren klingeln musste: „Alle Führung muß der Gefolgschaft die Eigenkraft zugestehen. Jedes Folgen aber trägt in sich den Widerstand“ (Heidegger 1983a, 18). Die nationalsozialistischen Chefideologen erkannten bald, dass ihnen hier ein Weltfremder zugelaufen war, dessen seins-philosophische Ideen nicht zu der geplanten uneingeschränkten Instrumentalisierung aller Mittel für einen erbarmungslosen Machtstaat passten. Durch geschicktes Spiel hinter den Kulissen wurde Heidegger ins Abseits gedrängt. Bereits 1934 trat er resigniert ab und zog sich ganz zurück. Bei den dunklen Vorsokratikern suchte er nun Anknüpfungspunkte um die „Seinsvergessenheit“ zu überwinden. Und die Dichter, vor allem Hölderlin, waren es jetzt, die ihn dem Sein näher bringen sollten. Er, der seinen Weg zur Philosophie über die Logik genommen hatte, forderte nun ein „ursprünglicheres, strengeres, dem Sein zugehöriges Denken", das die Logik überwindet (Heidegger 1958, 94). Bei den Dichtern sah er die Sprache, die ihm für die Vollendung von „Sein und Zeit" gefehlte hatte. Sie betreten die „Lichtung", in der sich das Sein so unmittelbar zeigt, wie Heidegger es ersehnte. Die Dichter haben Zugang zur „Offenbarheit des Seins" und „Dichter sein in dürftiger Zeit heißt: singend auf die Spur der entflohenen Götter achten" (Heidegger 1963, 251 ff).

Das Kriegsende erlebte Heidegger im oberen Donautal in der Nähe von Meßkirch, wohin die philosophische Fakultät evakuiert worden war. Schon bald hatte er sich dann für seine Rektoratszeit zu verantworten. Trotz vielfältiger Unterstützung, unter anderem durch den Freiburger Erzbischof, erhielt er schließlich Lehrverbot. Heidegger konnte nicht mehr öffentlich auftreten, seine Philosophie aber wirkte weiter. Durch Sartres Vermittlung hatte sie starken Einfluss auf den französischen Existentialismus. Schon vor Aufhebung des Lehrverbotes im Wintersemester 1950/51 erlebte Heidegger dann einen zweiten großen Durchbruch. Exklusive Kreise luden den „Alten vom Berge" (Max Müller) als prophetischen Deuter des Zeitgeschehens zu Vorträgen auf die Bühler Höhe, in die Bayerische Akademie der schönen Künste oder in den Club zu Bremen. Legendäre Vorträge sind in dieser Zeit entstanden, über Sprache, Bauen – Wohnen – Denken und Technik. Heidegger ereignete sich dabei wie ein Orakel. Seine Sprache wurde immer hermetischer, immer mehr Dichtung, eigentlich Mystik des Seins. Die „Kehre" war das neue Losungswort seiner Philosophie, „in der die Vergessenheit des Wesens des Seins sich so wendet, daß mit *dieser* Kehre die Wahrheit des Wesens des Seins in das Seiende eigens einkehrt" (Heidegger 1962, 40). Heidegger wollte mit seinen ungewöhnlichen Sprachbildern dem Sein endlich direkt auf den Leib rücken. Das staunende Publikum hörte dann Sätze wie diesen: „Sehen wir den Blitz des Seins im Wesen der Technik? Den Blitz, der aus der Stille kommt als sie selbst? Die Stille stillt. Was stillt sie? Sie stillt Sein in das Wesen von Welt" (Heidegger 1962, 47).

Dem Seins-Mystiker Heidegger kann man auf „seinem" Feldweg in Meßkirch nahe kommen. In einer kleinen, 1947 entstandenen Schrift von nicht mehr als sieben Seiten meditiert Heidegger über den oft von ihm begangenen Weg hinaus auf die Felder vor der Stadt. In ganz dichter Form ist in diesen kurzen Text sein Denken oder vielmehr seine Seinsmystik hineingebunden. Im Feldweg spricht das Sein, hier kommt dem, der die Sprache des Feldweges noch vernehmen kann, das Weltgeheimnis ganz nahe, denn: „Das Einfache verwahrt das Rätsel des Bleibenden und des Großen. Unvermittelt kehrt es bei den Menschen ein und braucht doch langes Gedeihen. Im Unscheinbaren des immer Selben verbirgt es seinen Segen. Die Weite aller gewachsenen Dinge, die um den Feldweg verweilen, spendet Welt. Im Ungesprochenen ihrer Sprache ist, wie der alte Lese- und Lebemeister Eckehardt sagt, Gott erst Gott" (Heidegger 1983b, 4). Der Feldweg begann früher schon unmittelbar an einem Tor, das aus dem Schlosspark hinaus führte. Jetzt verläuft hier eine asphaltierte Straße, die nur noch den Namen „Am Feldweg" trägt. Neben dem Tor ist eine Tafel angebracht, die auf die Partnerschaft Meßkirchs mit der japanischen Stadt Unoke hinweist, der Heimatstadt des Philosophen Kitaro Nishida (1870 – 1945), dessen vom Zen ausgehendes Denken sich mit Heideggers Philosophie im Streben nach unmittelbarer Erfahrung berührt. An Einfamilienhäusern und modernen Schulgebäuden vorbei verlässt man das bebaute Gebiet und hat bald das weite Bauernland vor sich. Es ist immer noch ein stiller Gang. Der Weg schwingt sich im Bogen über eine flache Erhebung auf den Waldrand zu, wo am alten Platz unter der Eiche eine einfache Bank steht. Heidegger hat dort manches Mal nach Antworten gesucht, „wenn die Rätsel einander drängten und kein Ausweg sich bot" (Heidegger 1983b, 1). Wer hier verweilt, kann selbst darauf hören, was der Feldweg ihm zu sagen hat. Leise raunend bringt der Wind das kahle Geäst des Waldes zum Klingen. Die Saatkrähen schreien, entfernt summt ein Privatflugzeug. Der Blick verliert sich in der Ferne über den welligen Feldern und dunklen Rechtecken der Nutzgehölze, in denen die Fichten Schulter an Schulter stehen, wie zur Schlacht aufgestellte Armeen. Sein und Werden, Selbst und Welt, Verlorenheit und Aufgehobensein. Von seinen Schülern hatte Heidegger immer verlangt, dass sie die Dinge in ihrer „Unverborgenheit" selbst in den Blick nehmen. Im Seminar durfte nicht aus seinen Werken zitiert werden. Also holen auch wir das kleine Bändchen Heideggers erst hervor, nachdem wir selbst gelauscht haben. „Der Zuspruch des Feldweges ist jetzt ganz deutlich. Spricht die Seele? Spricht die Welt? Spricht Gott?" (Heidegger 1983b, 7).

1976 starb Martin Heidegger in Freiburg. Seinem Wunsch gemäß wurde er in Meßkirch auf dem Friedhof an der Ziegelbühlstraße beigesetzt. In Höhe der Friedhofskapelle liegt sein Grab. In den schlichten, roh behauenen Stein ist ein Stern eingemeißelt.

Selbst wenn man alle strittigen Vorwürfe aus der biographischen Diskussion um Heidegger beiseite lässt, ist doch sicher belegt, dass er aktiv und aus eigenem Antrieb Beiträge zur Festigung des nationalsozialistischen Machtapparates geleistet hat. Auch wenn er vielleicht irregeleitet war durch eine naive Verwechslung der Ziele des Nationalsozialismus mit seiner Eigentlichkeits-Philosophie, bleibt daher ein Vorbehalt. Zweifellos aber war er einer der großen Sprachgestalter nach Meister Eckhart und seine Analysen des Daseins decken wesentliche Grundstrukturen des menschlichen Lebens auf. Seine eigenwilligen Sprachbildungen sind Chiffren, die eher als Seinsmystik gelesen werden müssen. Philosophisch allerdings ist das allgemeinste Sein, dem Heidegger auf die Spur kommen wollte, lediglich das letzte, von allem Konkreten entkleidete Substrat der Wirklichkeit. Es ist nicht mehr als ein Grenzbegriff und zerrinnt unter den Händen, wenn man es greifen will, ohne in ihm den Hinweis auf die seinstragende personale Wirklichkeit Gottes zu sehen. Dass Heidegger den verstandesmäßigen philosophischen Zugang zur Metaphysik abwertet, gehört zu den negativen Seiten seines Werkes. Seine Eigentlichkeits-Philosophie ist zwar ein erschütternder Aufruf zum existentiellen Leben, letztlich aber doch nur leeres Pathos der Entschlossenheit, denn ihr Wohin bleibt offen. Anders als Heidegger hat der französische Existenzphilosoph Gabriel Marcel den Durchbruch zu einem positiven Verständnis dessen geschafft, was Eigentlichkeit bedeutet. Auch er geht von einem unmittelbaren Verhältnis des Menschen zur Welt aus, das ganz ursprünglich und keine distanzierende Subjekt-Objekt-Beziehung ist. Durch die unmittelbare „Teilhabe" am Sein erfährt der Mensch im Mitsein mit anderen die Liebe und im Überstieg dieser Erfahrung die Bedingtheit und Aufgehobenheit in Gott (Berning, 195). Die Treue versteht Marcel als wesentlichen Seinsbezug, durch den in seiner personalen Struktur Gott sichtbar wird als tragender Grund des Seins. Das bloße Haben dagegen bleibt mir äußerlich, kann nie Teil meiner selbst werden, ist immer flüchtig und zerbrechlich. Ich werde „uneigentlich", wie Heidegger sagen würde, wenn ich mich daran verliere. In Teilhabe am Sein und durch Treue zum geliebten Anderen und zu Gott entsteht dagegen ein nur durch mich selbst zerstörbares Band.

Verbinden lässt sich die Reise auf den Spuren Heideggers mit einem Besuch des Benediktinerklosters Beuron. Heidegger hat es seit seiner Jugend immer wieder aufgesucht. Auf dem Weg nach Beuron kommt man an Burg Wildenstein vorbei, hoch über dem Donautal auf einem Felsvorsprung errichtet. In den letzten Kriegswochen hat die philosophische Fakultät der Freiburger Universität hier noch Vorlesungen abgehalten, während die Alliierten schon ins Rheintal vorstießen. Heidegger las über Hölderlin und organisierte nebenbei in Meßkirch die sichere Verwahrung seiner Manuskripte. Unterhalb der Burg im Talgrund liegt das „Donauhaus", Stammhaus der Vorfahren Heideggers. Wenige Kilometer von Meßkirch entfernt ist Kreenheinstetten, der Geburtsort von Abraham a Sancta Clara. Sein Elternhaus ist jetzt das Gasthaus „Zur Traube". In der ehemaligen Zehntscheune neben dem Pfarrhaus kann eine Gedenkstätte besichtigt werden. Heidegger war 1910 dabei, als das Standbild Abraham a Sancta Claras vor der Kirche eingeweiht wurde.

Praktische Hinweise:

Informationen zum Heidegger-Rundweg bei Tourist-Information Meßkirch, Tel.: +49 (0)75 75/2 06 46, Internet: www.messkirch.de

Faltblatt mit Informationen zum Martin-Heidegger-Wanderweg bei Tourist-Information Todtnau-Todtnauberg, Tel.: +49 (0)76 71/96 96 90, www.todtnauer-ferienland.de

Martin-Heidegger-Archiv, Rathaus Meßkirch, Besuch nach Vereinbarung über Tel.: +49 (0)75 75/42 45

Abraham-a-Santa-Clara-Gedenkstätte in Kreenheinstetten, Kirchplatz 3, Besichtigung nach Vereinbarung, Tel.: +49 (0)75 70/316, E-Mail: abraham-a-s-c@gmx.de

Literatur:

Berning, V.: Das Wagnis der Treue – Gabriel Marcels Weg zu einer konkreten Philosophie des Schöpferischen. Freiburg/München, 1973
Biemel, W.: Martin Heidegger. Reinbek, 2002
Heidegger, M.: Einführung in die Metaphysik. Tübingen, 1958
Heidegger, M.: Die Technik und die Kehre. Pfullingen, 1962
Heidegger, M.: Holzwege. Frankfurt a. M., 1963
Heidegger, M.: Sein und Zeit. Tübingen, 1927
Heidegger, M.: Die Selbstbehauptung der deutschen Universität, Frankfurt a. M., 1983a
Heidegger, M.: Der Feldweg. Frankfurt a. M., 1983b
Heidegger, M.: Phänomenologische Interpretationen zu Aristoteles. Frankfurt a. M., 1985
Heidegger, M.: Die Idee der Philosophie und das Weltanschauungsproblem. Frankfurt a. M., 1987
Heidegger, M.: Beiträge zur Philosophie. Frankfurt a. M., 1989
Ott, H.: Martin Heidegger – Unterwegs zu seiner Biographie. Frankfurt a.M., 1992
Pöggeler, O.: Der Denkweg Martin Heideggers. Pfullingen, 1983
Safranski, R.: Ein Meister aus Deutschland – Heidegger und seine Zeit. München, 1994

Belebender Zustrom

Das Beuron Edith Steins

Abends, wenn die letzten Busse und Tagestouristen abgefahren sind, verebbt der Verkehr auf der Straße in Richtung Sigmaringen und hinauf nach Meßkirch. An den aufragenden Kreidefelsen rund um die große Klosteranlage verglimmt die Abendsonne. Es wird dann sehr still im Donautal bei Beuron. Die Stille ist tief und grundlos, gewöhnungsbedürftig für den aus der kurzatmigen Alltagshektik kommenden Besucher. Nachdem das letzte Chorgebet der Mönche zur Komplet verklungen ist, schließt die Klosterkirche ihre Pforten und die wenigen Pensionsgäste schlendern zurück zu ihren Unterkünften, vielleicht auf einem kleinen Umweg entlang der Donau, die hier noch jung und ein bescheidener Fluss ist. Vereinzelt ist Licht in den Privathäusern im Ort. Dunkel sind die Fassaden der großen ehemaligen Pilgerhotels, die seit Jahren leer stehen. Die Sonderzüge, mit denen früher die Pilgerströme nach Beuron kamen, fahren nicht mehr. Der alte Bahnhof von Beuron hat als „Haus der Natur Obere Donau" eine neue Bestimmung gefunden. Für die wenigen Züge, die noch halten, reicht ein Fahrkartenautomat auf dem Bahnsteig. Seit der Gründung als Augustiner-Chorherrenstift im Jahre 1077 ist Beuron bis auf zwei durch Säkularisation und Kulturkampf bedingte Unterbrechungen Ort der Kontemplation. Nach der Neugründung als Benediktinerabtei im Jahre 1862 erlebte das Kloster eine Blütezeit. Durch zahlreiche Tochtergründungen wurde es Erzabtei und bildet noch heute zusammen mit mehreren anderen Abteien die Beuroner Benediktinerkongregation. Unter anderem gehören die Abteien Tholey im Saarland, Maria Laach in der Eifel und Gerleve in Westfalen zur Kongregation. Besonders zwischen den beiden Weltkriegen war das Kloster Kraftzentrum einer spirituellen Erneuerung und Träger der liturgischen Bewegung. Die Herausgabe eines deutsch-lateinischen Messbuches durch die Beuroner Mönche hat mit zur Vorbe-

Abb. 1: Blick auf Beuron vom Edith-Stein-Weg aus

reitung der Reformen des II. Vatikanischen Konzils beigetragen. Das Kloster war Sitz der theologischen Hochschule für den Ordensnachwuchs. Die Beuroner Kunstschule erlangte internationales Ansehen und gestaltete Kloster und Kirche vollständig um. Neben anderen bekannten Persönlichkeiten kamen Romano Guardini, Max Scheler und Martin Heidegger in dieser Zeit wiederholt nach Beuron.

Als Edith Stein 1928 auf Empfehlung ihres geistlichen Beraters, des Jesuitenpaters und Philosophen Przywara, zum ersten Mal nach Beuron kam, lag ein langer Weg der geistigen Wandlung hinter ihr. 1916 hatte sie mit einer glänzenden phänomenologischen Untersuchung über die Einfühlung in fremdes Erleben promoviert. Selbstbewusst handhabt sie darin die Methode ihres philosophischen Lehrers Edmund Husserl, das Wesen „der Sachen selbst" durch vorurteilsloses Schauen herauszuarbeiten. Ihre Sprache ist kühl-präzise, doch manchmal gelingen ihr Passagen mit bildhafter Sprachkraft, wie etwa bei der Analyse der Gemeingefühle und Stimmungen, in denen man in besonderer Weise sich selbst erlebe: „Sie haben etwas von der Allgegenwart des Lichts, und auch als erlebte Eigenschaft ist z. B. die Heiterkeit des Charakters nicht irgendwie im Ich lokalisiert, sondern wie ein heller Schimmer ganz darüber hingegossen" (Stein 1980, 112). Das „Fräulein Doktor", wie man sie jetzt nannte, folgte Husserl als seine Assistentin nach Freiburg. Sie hoffte, Husserl würde ihr die Habilitation ermöglichen. Stattdessen – so gewinnt man den Eindruck – nutzte er vor allem ihre Arbeitskraft, um sich von ihr die Ergebnisse seiner sprunghaften Produktivität ordnen und zur Veröffentlichung vorbereiten zu lassen. Sie musste Tausende der Zettel, auf denen Husserl seine Gedanken in Gabelsberger-Stenographie zu notieren pflegte, in Reinschrift übertragen. Nach zwei Jahren schließlich, 1918, verlor Edith Stein die Geduld. Sie gab ihre Assistentenstelle bei Husserl auf und ging zurück nach Breslau, wo sie in ihrem Elternhaus Privatvorlesungen hielt. Daneben bereitete sie ihre Habilitation vor, und verhandelte mit verschiedenen Universitäten. Husserl schrieb ihr 1919 endlich sogar die gewünschte Empfehlung. Trotzdem blieb sie erfolglos. Als Frau und Jüdin war sie zwar vor dem Gesetz gleichberechtigt, aber an den Universitäten entschieden immer noch Männer im Geist der alten ständischen Gesellschaftsordnung und das Klima für die Juden in Deutschland verschlechterte sich.

Dies sind die Ereignisse, die sich im Vordergrund ihres tätigen Lebens abspielten. In der Tiefe ihres seelischen Lebens war sie vor allem Wahrheitssuchende, Sinnsuchende. Der Verlust ihres jüdischen Glauben während der Jugendzeit hatte eine schmerzhafte Leere hinterlassen und bereits in der Dissertation, in der sie sich noch als präzise nüchterne Phänomenologin gibt, spürt man ihre Suche nach geistiger Erfüllung. In einem Brief vom März 1938 schrieb sie: „Gott ist die Wahrheit. Wer die Wahrheit sucht, der sucht Gott, ob es ihm klar ist oder nicht“ (Stein 1967, 102). Schon als Studentin war sie durch Max Scheler und Husserls Assistenten Adolf Reinach mit christlichem Philosophieren in Berührung gekommen. Während ihrer fast vierjährigen Privatgelehrtentätigkeit in Breslau näherte sich Edith Stein dann selbst dem christlich-katholischen Glauben. Mehrfach erlebte sie praktische Beispiele christlicher Religiosität, die sie beeindruckten, so die gefasste Haltung der Witwe Reinachs, der 1917 in Flandern gefallen war, und die schlichte Frömmigkeit einer einfachen Marktfrau, die sie im Frankfurter Dom beim Gebet beobachtete. Auch die Gespräche mit Freunden, wie Hedwig Conrad-Martius, einer evangelisch konvertierten Philosophin aus dem Husserl-Kreis, die sie oft in Bergzabern besuchte, bestärkten sie auf ihrem Weg. Eher zur Legendenbildung gehört die Geschichte, nach der sie allein durch die Autobiographie der Teresa von Ávila, die sie zufällig im Bücherregal von Hedwig Conrad-Martius fand und in einer Nacht las, zum christlichen Glauben gefunden habe. Die Lektüre mag ein tiefgreifendes und erschütterndes Erlebnis gewesen sein, wahrscheinlich sogar der letzte Anstoß zur Konversion, vorausgegangen ist jedoch ohne Zweifel ein langer vorbereitender

Abb. 2: Edith Stein (1891 – 1942)

Weg. Für eine selbständige Philosophin wie Edith Stein war sicher auch der intellektuelle Zugang über die christliche Philosophie dabei wichtig. Letztendlich entscheidend für die vollständige und vorbehaltlose Hinwendung zum christlichen Glauben, sie selbst spricht von einer „geistigen Wiedergeburt“, war ihre Fähigkeit zur intuitiven Einfühlung in die christliche Glaubenswelt und zu einer ganzheitlichen Erfahrung des Göttlichen, die sie als ein Gefühl tiefer Geborgenheit und als „belebenden Zustrom“ aus einer jenseitigen Kraftquelle erlebte. 1921/22, kurz vor ihrer Konversion, schrieb sie dazu: „Dieser belebende Zustrom erscheint als Ausfluss einer Tätigkeit und einer Kraft, die nicht die meine ist und, ohne an die meine irgendwelche Anforderungen zu stellen, in mir wirksam wird. Einzige Voraussetzung für solche geistige Wiedergeburt scheint eine gewisse Aufnahmefähigkeit zu sein, wie sie in der dem psychischen Mechanismus enthobenen Struktur der Person gründet“ (nach Beckmann 95). Wegbereiter für beides, für ihre Annäherung an den christlichen Glauben auf dem intellektuellen Weg und durch ganzheitlich-intuitive Gotteserfahrung, war die phänomenologische Philosophie, in der eine präzise, fast pedantische Methode sich mit einer hingebungsvollen und vorurteilslosen Offenheit für die Fülle des Seins verbindet. In der ihr eigenen Entschiedenheit kaufte sie sich nach der Nacht, die sie lesend mit Teresa von Ávilas Autobiographie durchwacht hatte, einen Katechismus und ein Messbuch. Am Neujahrstag 1922 wurde Edith Stein in der Pfarrkirche von Bergzabern getauft.

Bei ihrer Konversion war es vor allem das kontemplative Leben, das sie anzog. Teresa von Ávila hatte nicht zufällig den letzten Anstoß zu ihrer Entscheidung gegeben, denn Bilder wie das der „inneren Burg“ und der mystischen Erfahrung als „geistigem Flug“ und etwas, „das aus dem innersten Seelengrund aufsteigt“ (Teresa v. A. 114), hatten das tiefe Bedürfnis Edith Steins nach Versenkung in Gebet und Kontemplation angesprochen. Sie hatte erkannt, dass der Verstand an seine Grenze kommt, wo die Erfahrung weit über sich hinausgreifen will. Am liebsten wäre sie daher möglichst schnell der kontemplativen Welt des Karmel beigetreten. Ihre geistlichen Berater, vor allem Domkapitular Schwind von Speyer, rieten ihr jedoch davon ab. Sie müsse erst in der katholischen Kirche wurzeln und als Philosophin könne sie in der Öffentlichkeit mehr leisten als hinter Klostermauern. Durch die Vermittlung Schwinds erhielt sie eine Stelle am Lehrerinnenseminar der Dominikanerinnen in Speyer. In den ersten Jahren lebte sie dort klösterlich zurückgezogen. Erst 1925 nahm sie auf Anregung Przywaras ihre philosophische Arbeit wieder auf und übersetzte Schriften von Kardinal Newmann und die „Quaestiones disputatae de veritate" des Thomas von Aquin. Wohl gegen ihre eigene Neigung wurde sie ab 1928 immer mehr zu öffentlicher Wirksamkeit gedrängt. Als gefragte Rednerin hielt sie Vorträge über Frauenfragen auf Tagungen und Kongressen in Deutschland und im deutschsprachigen Ausland. Immer wieder aber suchte sie die klösterliche Zurückgezogenheit.

Kraftquell wurde für sie in dieser Zeit das Benediktinerkloster Beuron. Sie selbst sagte: „Ich betrachtete Beuron wie den Vorhof des Himmels" (Graef 136). Bis 1933 hielt sie sich sechzehnmal zu längeren Exerzitien in Beuron auf. Edith Stein lernte dort den Erzabt von Beuron, Raphael Walzer, kennen, von dem sie wesentliche geistige Impulse erhielt. Walzer war bereits mit 29 Jahren mit Sondergenehmigung aus Rom zum Abt gewählt worden und hatte Beuron zu dem spirituellen Zentrum gemacht, das Edith Stein immer wieder anzog. Walzer war es auch, der 1933 persönlich einen Brief Edith Steins an Papst Pius XI. überbrachte, in dem sie darauf drängte, dass die Kirche ihre Stimme erhebe und die rassistischen und unchristlichen Maßnahmen der Hitler-Regierung verurteile. Frühzeitig hatte sie erkannt, worauf die Dinge letztlich zutreiben würden. Walzer selbst musste 1935 nach Auseinandersetzungen im Konvent über die Haltung gegenüber dem Nationalsozialismus in die Schweiz fliehen, tauchte bei den Benediktinern in Paris unter und richtete schließlich in Algier ein Priesterseminar für kriegsgefangene deutsche Theologiestudenten ein. Erst nach seinem Tod 1966 sollte er nach Beuron zurückkehren, wo er neben den anderen Äbten von Beuron beigesetzt wurde (Hiegel).

Auf Anregung Walzers versuchte Edith Stein 1931 erneut, sich zu habilitieren. Als alle Versuche in Freiburg und Breslau scheiterten, nahm sie 1932 eine Stelle beim Deutschen Institut für Wissenschaftliche Pädagogik in Münster an. Ihr blieb dort nur wenig Zeit. Bereits im April 1933 musste sie als Folge des rassistischen Gesetzes „über die Wiederherstellung des Berufsbeamtentums" ihre Stelle wieder aufgeben. Damit war der Weg frei für den Eintritt in den Karmel, den sie sich schon lange gewünscht hatte, aber auf Anraten ihrer geistlichen Berater und aus Rücksicht auf ihre Mutter, für die ihre Konversion bereits ein schwerer Schlag gewesen war, immer wieder aufgeschoben hatte. Nach einem längeren Besuch bei ihrer Mutter in Breslau, um Abschied zu nehmen, trat sie im Oktober 1933 in das Kölner Kloster der unbeschuhten Karmelitinnen ein. Aus Dank für ihre geistige Beheimatung bei den Beuroner Benediktinern und an Teresa von Ávila, die wegweisend für sie geworden war, wählte sie den Ordensnamen Teresia Benedicta a Cruce. Bei ihrem Eintritt in den Karmel war sie bereits 42 Jahre alt. Eine Zeit öffentlicher Wirksamkeit lag hinter ihr. Vor ihr lag ein weltabgeschiedenes Leben in der Klausur des Karmel. Nur durch ein Gitter im Besuchszimmer des Klosters konnte sie fortan mit Freunden oder Familienangehörigen sprechen. Im April 1934, zu ihrer feierlichen Einkleidung, waren viele bekannte Philosophen anwesend, so Bernhard Rosenmöller, Alois Dempf, Peter Wust und ihre Freundin Hedwig Conrad-Martius. Husserl hatte ein Telegramm geschickt. Nach der Zeremonie bestimmte der Provinzial des Karmeliterordens, dass Edith Stein, beziehungsweise Schwester Benedicta, ihre philosophischen Arbeiten wieder aufnehmen solle. Dieser Entscheidung verdanken wir ihre Hauptwerke, die in der Klosterzelle abgeschlossen wurden oder entstanden, so eine als Habilitationsschrift begonnene Arbeit, die sie unter dem Titel „Endliches und Ewiges Sein" vollendete. In dieser umfassenden Arbeit über alle Bereiche des ungeschaffenen und des geschaffenen Seins, mit der sie Phänomenologie und thomistische Philosophie zusammenführen wollte, wird deutlich, wie weit sie inzwischen neben dem intellektuellen Weg auch den der dunklen mystischen Beschauung gegangen war, sie schreibt: „Die Seinssicherheit, die ich in meinem flüchtigen Sein spüre, weist auf eine *unmittelbare* Verankerung in dem letzten Halt und Grund meines Seins (unbeschadet möglicher mittelbarer Stützen) hin. Das ist freilich ein sehr dunkles Erspüren, kaum *Erkenntnis* zu nennen ... Dies dunkle Spüren gibt uns den Unfasslichen als den unentrinnbar Nahen, in dem wir ‚leben, uns bewegen und sind', aber als den Unfasslichen. Das schlussfolgernde Denken prägt scharfe Begriffe, aber auch die vermögen den Unfasslichen nicht zu fassen, ja rücken ihn in die Ferne, die allem Begrifflichen eigen ist" (Stein 1950a, 58). Es ist dann auch eher Augustinus, zu dem sie im Laufe der Arbeit mehr hinneigt als zu Thomas, denn das Leben in der „Seelenburg" war das ihr eigentlich Gemäße. Aber das Leben im Innersten soll nicht bei sich bleiben, sondern wie ein Kraftquell wieder nach außen strahlen: „Je gesammelter ein Mensch im Innersten seiner Seele lebt, um so stärker ist diese Ausstrahlung, die von ihm ausgeht und andere in seinen Bann zieht" (Stein 1950a, 405). Von der überhellen präzisen Art der Phänomenologie, den Wesensbau der Welt bis ins letzte Detail zu durchlichten, war sie zum Dunkel der mystischen Beschauung gelangt, ohne das andere aufzugeben. Die ambitionierte Philosophin fand ihre Ruhe und Gelassenheit im Ausgleich zwischen dem aktiven gedanklichen Durchdringen und dem passiven mystischen Empfangen. In ihrem letzten Werk „Kreuzeswissenschaft“ über den großen spanischen Mystiker Johannes vom Kreuz beschreibt sie wohl ihre eigene Erfahrung, wenn sie der Nachtsymbolik des Johannes vom Kreuz mit den folgenden Worten nachspürt: „Es gibt eine nächtliche, milde Klarheit des Geistes, in der er, von dem Frondienst der Tagesgeschäfte frei, gelöst und gesammelt zugleich, in die tiefen Zusammenhänge seines eigenen Wesens und Lebens, der Welt und Überwelt hineingezogen wird. Und es gibt ein tiefes dankbares Ruhen im Frieden der Nacht“ (Stein 1950b, 34). Dabei bliebt sie sich durchaus treu. Mit ihrem phänomenologischen Rüstzeug und ihrem philosophisch scharfen Blick für den Wesensbau der Seele ging sie daran, die mystischen Erfahrungsberichte des Johannes vom Kreuz zu untersuchen. War es in ihrer Dissertation noch die Einfühlung in andere Menschen, ging es ihr jetzt gewissermaßen um die Einfühlung der menschlichen Seele in Gott. Aber auch dem eigentlichen Thema ihrer Dissertation spürte sie immer noch nach. Enttäuscht merkt sie an: „Über den Verkehr der Menschenseelen miteinander ist bei Johannes wenig zu finden“ (Stein 1950b, 138).

Außerhalb der Klostermauern verschärfte sich inzwischen die Situation für die jüdische Bevölkerung. Der größte Teil der Familienangehörigen Edith Steins konnte rechtzeitig emigrieren. Ihre Mutter starb 1936, ihr philosophischer Lehrer Edmund Husserl 1938, so dass beiden das Schicksal der Deportation erspart blieb. Edith Steins Bruder Paul, dessen Frau und ihre Schwester Frieda starben in den Jahren 1942–43 im KZ. Auch für Edith Stein wurde die Situation nach der Pogromnacht am 9. November 1938 bedrohlich. Die Klostermauern konnten sie auf Dauer nicht schützen. In einer nächtlichen Aktion brachte man sie Silvester 1938 über die niederländische Grenze. Im Karmel zu Echt, der während des Kulturkampfes von den Kölner Schwestern gegründet worden war, fand sie Aufnahme. Auch dies war leider nur ein Aufschub, denn bereits 1940 überrollte die deutsche Militärmaschinerie auch die Niederlande und die judenfeindliche Pogrompolitik folgte den Soldaten auf dem Fuß. Als die niederländischen Bischöfe öffentlich gegen die Deportationen protestierten, wurden als Vergeltung auch die bis dahin verschont gebliebenen katholischen Juden in die Maßnahmen einbezogen. Am 2. August 1942 holte ein Gestapo-Kommando Edith Stein und ihre Schwester Rosa, die ebenfalls in Echt Zuflucht gefunden hatte, aus dem Kloster. Auf der Straße hatte sich eine aufgebrachte Menge versammelt, die hilflos zusehen musste, wie man die Schwestern in ein Polizeiauto verfrachtete. Trotz der verzweifelten Lage blieb Edith Stein gefasst. Ihre weinende Schwester ermutigte sie mit den Worten: „Komm, wir gehen für unser Volk!“ Soweit man es nachvollziehen kann, wurden beide über Amersfoort und das Lager Westerbork in Drente in den Osten verschleppt und wahrscheinlich am 9. August 1942 in den Gaskammern von Auschwitz ermordet. Als jüdisch-christliche Märtyrerin wurde Edith Stein 1998 heilig gesprochen.

Edith Stein ist zusammen mit vielen anderen vom menschenmordenden Schlund der Vernichtungslager verschlungen worden. Wir haben darum kein Grab. Nur Gedenktafeln erinnern an sie, wie die in Beuron, im Vorhof der Klosterkirche. Beuron ist auch der Ort, an dem man ihren Geist lebendig spüren kann, denn vieles hier erinnert an sie. Schon ihre Anreise von Speyer und später von Münster aus wird für sie ein Abstandnehmen gewesen sein. Hinter Sigmaringen fährt der Zug ins abgelegene obere Donautal, in dessen Mitte Kloster Beuron liegt. Mittelalterliche Herrensitze grüßen von den Felsklippen, und kleine verschlafene Ortschaften entlang der Bahnstrecke liegen eingebettet zwischen steilen Hängen und dem Fluss. Der Bahnhof in Beuron ist in seinem äußeren Erscheinungsbild noch so wie zu Edith Steins Zeit. Er bietet sich an als Ausgangspunkt für einen Rundgang durch Beuron auf ihren Spuren. Manchmal wohnte sie während ihrer Aufenthalte direkt beim Bahnhof im ehemaligen Café St. Josef, das jetzt ein Privathaus ist. Meist hatte sie nach ihrer Ankunft weiter zu gehen, die Straße hinauf in Richtung Kloster, am großen Pilgerhotel „Klosterhof“ vorbei, das damals eigens gebaut worden war, um den Pilgerströmen gerecht werden zu können. Ihr Koffer wird schwer gewesen sein wegen der Bücher und Manuskripte, die sie sicher bei sich hatte. Vielleicht meldete sie sich kurz an der alten Klosterpforte und begrüßte Erzabt Raphael Walzer. Wenn sie im ehemaligen Café Stern hinter dem Pilgerhotel „Klosterhof“ wohnte (das Haus mit der Mariendarstellung über dem Eingang), hatte sie nur noch wenige Schritte bis zu ihrer Unterkunft. Oder sie musste weiter bis zu der von ihr bevorzugten Pension auf der anderen Seite der Donau. Dann führte sie ihr Weg zur alten Holzbrücke, die noch bis in die 70ger Jahre vom Autoverkehr benutzt wurde. Dort wird sie ihren Koffer kurz abgesetzt und beim Blick über die weiten Auen verweilt haben, bevor sie den Fluss überquerte und ihr Zimmer in der nahe der Brücke gelegenen Familienpension „Haus Brandenburger“ bezog. Meist bekam sie das Erkerzimmer auf der Rückseite zum Garten hin. Im Haus ist jetzt ein Kajakverleih und der Gartenzaun dient zum Trocknen von Schwimmwesten. Nach dem Auspacken wird sie gleich hinübergegangen sein zur Kirche, die ab 1868 ganz eigenwillig durch die vom Maler und Pater Desiderius Lenz begründete Beuroner Kunstschule ausgestaltet worden war. Beim Anblick der charakteristischen, an der altägyptischen Kunst orientierten Fresken über dem Portal wusste sie, dass sie wirklich angekommen war und sich, für eine Weile wenigstens, in die stille Gesammeltheit dieses klösterlichen Ortes fallen lassen konnte. Vor der mittelalterlichen Pietà in der Gnadenkapelle pflegte sie lange zu beten. Ihr Blick fiel dabei auf die Darstellungen der alttestamentlichen Frauengestalten an den Seiten: Esther, Sulamitis, Judith, Miriam, Eva und Jahel, Frauen ihres jüdischen Volkes, während im Hauptschiff vielleicht gerade das gregorianische Chorgebet der Mönche erklang. Das verbindende Abrahamitische, das ihre jüdischen Wurzeln und ihren christlich-katholischen Glauben gleichermaßen umfasst, konnte sie hier ganz intensiv erfahren. Von ihrer Pension aus unternahm sie lange stille Wanderungen. Ihr Lieblingsweg war der jetzt nach ihr benannte Weg am Gästehaus „Maria Trost" vorbei, hoch hinauf auf die Felsen oberhalb des Klosters. Immer wieder boten sich ihr dort wunderbare Ausblicke auf Beuron. Länger wird sie verweilt haben auf der Aussichtsplattform am Spaltfelsen, von der aus man das ganze Tal überblicken kann, bevor sie sich auf den Rückweg machte über den Rauhen Stein und den Jägerpfad hinunter ins Tal. Es ist jetzt noch stiller geworden in Beuron als zu Zeiten Edith Steins. Die Zeit der großen Pilgerströme ist vorbei, aber für den, der mit „wacher Aufmerksamkeit des Herzens" kommt, ist Beuron immer noch ein Ort geistiger Sammlung, geprägt vom ruhigen Gleichmaß des klösterlichen Lebens.

Edith Stein steht für eine Gruppe von Philosophen, zu denen auch Adolf Reinach, Hedwig Conrad-Martius und Max Scheler gehören, die durch ihren offenen Blick für die Ursprünglichkeit der Phänomene zurückgefunden haben zur Metaphysik und zum Glauben. Edith Steins Versuch, die Phänomenologie mit thomistisch neuscholastischem Denken zu verbinden, hat anregend gewirkt, aber ihr Lebensschicksal ließ ihr nicht die Zeit, diesen Weg zu Ende zu gehen. Mit der Radikalität eines existentiellen Lebens hat sie zum Schluss besiegelt, was sie philosophisch gedacht und geschrieben hat.

Der Aufenthalt in Beuron lässt sich verbinden mit Wanderungen im oberen Donautal. Eisvogel und Wasseramsel sind hier zu Hause und seltene Pflanzen siedeln in den zerklüfteten Felsen, über denen der Wanderfalke kreist. Höhlen eiszeitlicher Jäger liegen am Weg und wehrhafte Burgen, die den natürlichen Schutz der unwegsamen steilen Abstürze und vorspringenden Kuppen nutzen. Lohnend ist auch ein Besuch der Kunstsammlungen auf Schloss Sigmaringen, der ehemaligen Residenz der schwäbischen Hohenzollern-Linie.

Praktische Hinweise:

Erzabtei Beuron, Tel.: +49 (0)74 66/17-0, Internet: www.erzabtei-beuron.de

Bürgermeisteramt Beuron, Tel.: +49 (0)75 79/9 21 00, Internet: www.beuron.de

Auch an anderen Orten kann man mit Edith Steins Leben authentisch Fühlung nehmen:
In der Pfarrkirche von Bad Bergzabern, in der sie 1922 getauft wurde. Im Kloster St. Magdalena in Speyer, wo sie ab 1923 in der Lehrerinnenausbildung tätig war. Das Zimmer, das sie im Kloster bewohnt hat, ist als Andachtsraum zugänglich und eine Fotoausstellung gibt einen Überblick über ihr Leben. Im Karmel in Echt/ Niederlande, in dem sie bis zu ihrer Verschleppung durch die Gestapo Zuflucht gefunden hatte, ist an der Pforte ein kleiner Gedenkraum für sie eingerichtet. Die Gedenkstätte auf dem Gelände des ehemaligen Lagers Westerbork, von dem aus am 7. August der Zug mit Edith Stein und ihrer Schwester in Richtung Osten abfuhr, ist der Ort, an dem man der jüdisch-christlichen Märtyrerin und Heiligen Edith Stein nahe sein kann wie wohl sonst nur in Auschwitz selbst: Herinneringscentrum Kamp Westerbork, Oosthalen 8, NL-9414 TG Hooghalen, Niederlande.

Literatur:

Beckmann, B.: „Den Weg zu Gott selbst frei machen" – zur Gotteserfahrung bei Edith Stein. In: Christliche Innerlichkeit, 3 + 4, 1998
Graef, H.: Edith Stein. Frankfurt a. M., 1979
Herbstrith, W.: Edith Stein – Jüdin und Christin. München, 1995
Hiegel, N.: Beuron und seine Heiligen. Beuron, 1996
Neyer, M. A.: Edith Stein – Ihr Leben in Dokumenten und Bildern. Würzburg, 1987
Safranski, R.: Ein Meister aus Deutschland - Heidegger und seine Zeit. München 1994
Stein, E.: Zum Problem der Einfühlung. Reprint der Originalausgabe von 1917. München 1980
Stein, E.: Selbstbildnis in Briefen. Teil 2, Freiburg – Basel – Wien, 1967
Stein, E.: Endliches und Ewiges Sein. Freiburg i. B., 1950a
Stein, E.: Kreuzeswissenschaft – Studie über Johannes vom Kreuz. Freiburg i. B., 1950b
Teresa von Avila: Wie mit einem Freund. Düsseldorf, 1998
Einzelheiten über Edith Steins Aufenthalt in Beuron verdanke ich einer mündlichen Mitteilung des Beuroner Pfarrers Pater Notker.

Dialog und Dialektik

Mit Martin Buber und Theodor W. Adorno an der Bergstraße und im Odenwald

Makellos und fast ein wenig künstlich, wie aus einem Bausatz für Modelleisenbahnen wirkt der mittelalterliche Marktplatz in Heppenheim. Akkurat ist jede Strebe des Fachwerks nachgezeichnet und in sattem Sandsteinrot leuchten Gesimse und Türstöcke unter üppigen Geraniengehängen. Im Mittelpunkt des Platzes, auf den sieben Gassen sternförmig zulaufen, bezeugt ein Brunnen mit Mariensäule die alten Marktrechte des Städtchens, das an den üppigen Fruchtgärten der Bergstraße gelegenen ist. Die Fassade des Rathauses ist mit Erkern, Barockfachwerk und einem aufgesetzten Uhrenturm reich gegliedert. Sie schaut auf die fast spiegelbildlich gestaltete der Liebig-Apotheke gegenüber. Der Chemiker Justus von Liebig hat 1818/19 hier als Lehrling das Hantieren mit chemischen Stoffen und Gerätschaften gelernt. Hinter den Gassen der Altstadt steigt der Schlossberg auf. Weit öffnet sich von dort der Blick hin zum Rheintal und über die angrenzenden Höhenzüge des Odenwaldes. Weinberge reichen fast ganz hinauf bis an die Ruine der Starkenburg, ehemals Verteidigungsanlage der Reichsabtei Lorsch, zu der die Mark Heppenheim seit dem achten Jahrhundert gehörte.

Harte Tritte von SA-Stiefeln auf dem mittelalterlichen Pflaster, Befehlsrufe und tumultuarischer Lärm, Grölen und Gejohle zum Klirren brechender Fensterscheiben weckten die Heppenheimer in den frühen Morgenstunden des 10. November 1938 aus dem nur scheinbar unantastbaren Idyll ihres anheimelnden Städtchens. Wie in ganz Deutschland war in dieser Pogromnacht die jüdische Bevölkerung das Ziel von zentral organisierten Ausschreitungen. An die Synagoge am Fuße des Schlossberges wurde Feuer gelegt. Das bald lichterloh brennende Gebäude warf einen flackernden Brandschein auf die Weinberge. Die Feuerwehr durfte, wie überall in dieser Nacht, nicht zu Hilfe kommen. Mauerwerk, das den

Abb. 1: Martin-Buber-Haus in Heppenheim an der Bergstraße

Flammen Stand gehalten hatte, wurde niedergebrochen. Plündernde Horden zogen zu den jüdischen Geschäften und Wohnungen und zerstörten, was sie nicht wegschleppten. Auch das Haus von Martin Buber an der Werléstraße wurde völlig demoliert, der dort noch verbliebene Teil seiner Bibliothek ging dabei verloren. Der jüdische Gelehrte hatte seit 1916 in Heppenheim gelebt. Erst im Frühjahr 1938 war er nach Jerusalem emigriert, hatte aber sein Haus in Heppenheim behalten und Teile des Hausrates dort zurückgelassen, um damit eine Auflage der deutschen Behörden für die Ausreisegenehmigung zu erfüllen. Tatsächlich plante er, regelmäßig nach Deutschland zurückzukehren, um immer für einige Monate in Frankfurt in der jüdischen Erwachsenenbildung zu arbeiten. Trotz zunehmender Ausgrenzung, Entrechtung und Verfolgung der Juden in Deutschland hatte Buber fünf Jahre im Hitler-Deutschland ausgehalten und alles getan, was noch möglich blieb, um den deutschen Juden geistige Orientierung und eine stärkende Identität zu geben. Der bevorstehenden Entlassung aus dem Lehramt an der Universität Frankfurt war er durch den Rücktritt von seiner Professur zuvorgekommen. Alle Kraft verwendete er dann auf die Fortsetzung seiner Arbeiten, vor allem auf die zusammen mit Franz Rosenzweig begonnene Neuübersetzung der Bibel im Geiste der hebräischen Sprache, und auf die Organisation jüdischer Erziehungsarbeit und Erwachsenenbildung. Die von ihm gegründete „Mittelstelle für jüdische Erwachsenenbildung" wurde zur treibenden Kraft für ein ganzes

Netzwerk von jüdischen Volkshochschulen, Weiterbildungskursen und Jugendschulen. Buber selbst war aktiv in dem von ihm neu eröffneten Frankfurter Lehrhaus, das bereits in den zwanziger Jahren prägend war für das jüdische Geistesleben. Und regelmäßig wurde er in seinem Haus in Heppenheim von Ratsuchenden aufgesucht, für die er sich immer Zeit nahm, denn der Dialog war nicht nur das zentrale Thema seiner Philosophie, sondern auch Mittelpunkt seines pädagogischen Wirkens.

Buber hat selbst das Hauptergebnis seines Denkens auf die folgende kurze Formel gebracht: „Mensch sein heißt, das gegenüber seiende Wesen sein" (Buber 1960b, 50). Früh ist ihm in der Berührung mit der ostjüdischen Lebenswelt, vor allem mit der Glaubensbewegung der Chassidim, ein erstes vages Wissen davon aufgegangen. In Lwow (Lemberg) im nördlichen Vorland der Karpaten, damals Hauptstadt des österreichischen Kronlandes Galizien, wo er ab 1881, vom dritten Lebensjahr an, seine Kindheit und Jugend verbracht hat, war die jüdische Glaubenswelt noch ungebrochen und „das Judenviertel rauschte von derbem und zärtlichem Jiddisch, und in der Synagoge erklang, lebendig wie je, die große Stimme hebräischer Vorzeit" (Buber 1965, 12). Ganz unmittelbar hatte er im Bethaus der Chassidim erfahren, was Menschengemeinschaft und Gemeinde bedeutet, wenn die Gläubigen in tiefer Ergriffenheit mit ihrer Thora tanzten und ihren Rebbe ehrfurchtsvoll empfingen, dessen Autorität ganz allein aus dem Ernst der übernommenen Verantwortung wuchs. Bevor aber diese frühe Erfahrung sich zur vollen Reife seiner dialogischen Philosophie entwickeln konnte, kamen Jahre des Glaubensverlustes, in denen Nietzsche und Kant sein Denken prägten. In den ersten Jahren des Studiums – ab 1896 studierte er Philosophie und Kunstgeschichte in Leipzig, Wien, Berlin und Zürich – entfremdete er sich zunächst völlig von allem Jüdischen. Erst seine Begeisterung für Theodor Herzls zionistische Bewegung, die für die zerstreuten Juden der Welt eine neue Heimat in Palästina schaffen wollte, führte ihn zurück zum Judentum. Ab 1898 arbeitete er aktiv mit, gründete eine zionistische Ortsgruppe in Berlin, beteiligte sich an mehreren zionistischen Kongressen, wurde Schriftleiter der zionistischen Zeitschrift und gründete einen jüdischen Verlag. Anders aber als Herzl, mit dem es darüber zum Zerwürfnis kam, verstand er Zionismus nicht als jüdischen Nationalismus und ganz praktisch ökonomisch-technisches Siedlungskonzept, sondern als geistig-kulturelle Wiedererweckung jüdischer Identität. Trotz dieser Neuorientierung und mancher Widerstände in seinem Umfeld heiratete er mit Paula Winkler eine katholische Münchnerin, die allerdings zum Judentum konvertierte und selbst auch für den Zionismus aktiv wurde. 1904, nach dem Tod Herzls, zog sich Buber plötzlich von allen politischen Aktivitäten zu-

Abb. 2: Martin Buber (1878 – 1965)

rück. Die erneute Begegnung mit der ursprünglichen begeisterten Gottesnähe der Chassidim in den Schriften ihres großen Inspirators Israel Ben Elieser (1699 – 1760), dem Baal-Schem Tow (Guter Meister des Namens Gottes), und die intensive Beschäftigung mit der Mystik Meister Eckharts, Jakob Böhmes und des Cusaners, hatten den Sechsundzwanzigjährigen zunächst auf den Weg nach innen verwiesen. Eine Art geistiger Inkubationszeit von fünf Jahren folgte, die dem intensiven Studium chassidischer Schriften und mystischer Erfahrungen aus aller Welt gewidmet war. Daneben promovierte er und arbeitete als Lektor für einen Frankfurter Verlag. Noch konnte er den Grundgedanken seiner Philosophie nicht fassen, denn unter dem Einfluss seiner mystischen Studien verstand er religiöses Erleben zu dieser Zeit als rein persönliche Ausnahmeerfahrung, die ganz aus dem Alltäglichen ausgespart bleibt. 1909 veröffentlichte er mit den „Ekstatischen Konfessionen“ eine Zusammenstellung bedeutender Zeugnisse mystischer Erfahrungen. Erst langsam wurde für ihn in der Beschäftigung mit dem Chassidismus das Dialogische sichtbar. Die „Geschichten des Rabbi Nachman“ und „Die Legende des Baalschem“ waren erste Ergebnisse seines Studiums der chassidischen Überlieferung, die nur bruchstückhaft und in ungeordneten Aufzeichnungen vorlag. Buber hat sie gesammelt und literarisch nachgestaltet, ohne Anspruch auf philologische Exaktheit, aber mit intensiver Einfühlung in die daraus sprechende chassidische Spiritualität, ihr „Hithlahawuth“, die frohe gotttrunkene Begeisterung, ihr „Kawwana“, die auf Gott gerichtete Aufgeschlossenheit der Seele, ihr „Schifluth“, die Demut. Das chassidische Bestreben, die Welt durch schaffende Mitwirkung am Werk Gottes auch im Alltäglichsten zu heiligen, rückte Buber ab von der eingezogenen weltabgekehrten Innerlichkeit seiner mystischen Phase. Abkehr von der Welt behält für ihn zwar seine Kraft als vorübergehender Weg der Besinnung und Sammlung, aber nur, wenn er immer wieder zurückführt zur ungeteilten Hinwendung zu Welt und Mitmensch. Erst dann tritt Gott in unser Leben ein und gewährt seine Nähe, hier und jetzt, wie es etwa die von Buber erzählte folgende chassidische Geschichte uns sagen will: „Rabbi Mendel von Kozk überraschte einst einige gelehrte Männer, die bei ihm zu Gast waren, mit der Frage: ‚Wo wohnt Gott?' Sie lachten über ihn: ‚Wie redet Ihr! Ist doch die Welt seiner Herrlichkeit voll!' Er aber beantwortete die eigene Frage: ‚Gott wohnt, wo man ihn einlässt'" (Buber 1960a, 49). Schließlich leuchtete ihm in der chassidischen Lehre die ganz auf Gegenseitigkeit und Begegnung gestellte „doppelgerichtete Beziehung von Menschen-Ich und Gottes-Du" auf (Buber 1960b, 49) und davon ausgehend dann die Grundverfassung des Menschen als Bezogen-sein auf das Du Gottes und das Du des Mitmenschen. In seinem Buch „Daniel" ist er bereits auf diesem neuen Weg. 1919 schrieb er den ersten, noch unausgereiften Entwurf seines Hauptwerkes. 1923 stand es dann mit seinem Buch „Ich und Du" in voller Reife da. „Ich-Du" und „Ich-Es" sind die unauflösbaren „Grundworte" seiner dialogischen Philosophie. Das Du ist etwas grundsätzlich anderes als die Welt des dinghaften Es. Erst wenn ich mich dem anderen Menschen ganz zuwende, wenn alles Zweckhafte, alles distanzierend Objekthafte beiseite bleibt, tritt er aus der Anonymität der Es-Haftigkeit heraus und Beziehung entsteht. Erst wenn ich Du sage, werde ich am Du zum Ich und es geschieht in dieser Begegnung etwas Umgreifendes, das mit dem Grundwort Ich-Du benannt werden kann. „Alles wirkliche Leben ist Begegnung" (Buber 1997, 18). Jedes Du kann wieder zurücksinken in die Es-Welt, aus der man es immer wieder neu zurückgewinnen muss. Wer nur mit der Welt des Es lebt, kann nie wahrhaft Person werden. Das einzige Du, das nie Es werden kann, ist das ewige Du Gottes, dem wir im Du des Mitmenschen begegnen: „Denn durch die Berührung jedes Du rührt ein Hauch des ewigen Lebens uns an" und „Unerforschlich einbegriffen leben wir in der strömenden All-Gegenseitigkeit" (Buber 1997, 76, 23). Gott wird nur da wahrhaft erfahren, wo er angeredetes Du ist, nicht da, wo er objekthaftes Er ist, *über* den geredet wird.

Seiner Wende zum Dialogischen ist es zu verdanken, dass Buber nicht in der Zurückgezogenheit der Studierstube geblieben ist, sondern sein Leben lang als Ratgeber, Mahner, Erwachsenenbildner, Herausgeber und politisch Tätiger eine breite Wirksamkeit entfaltet hat. Ab 1919 lehrte er am Frankfurter Jüdischen Lehrhaus zusammen mit Franz Rosenzweig, der im selben Jahr sein philosophisches Hauptwerk „Stern der Erlösung" fertiggestellt hatte. 1923 übernahm Buber eine Professur für Jüdische Religionswissenschaft und Ethik an der Universität Frankfurt. Auf Anregung des Verlegers Lambert Schneider begann er 1925 zusammen mit dem bereits schwer erkrankten Franz Rosenzweig eine Neuübersetzung des Alten Testamentes, um die Eigenart der mündlichen hebräischen Überlieferung wieder hörbar zu machen. Mit dem Protestanten Viktor von Weizsäcker und dem Katholiken Joseph Wittig gab er die Zeitschrift „Die Kreatur“ heraus, die dem jüdisch-christlichen Dialog ein Forum schaffen sollte, Bemühungen, die der heraufziehende Nationalsozialismus bald zunichte machte.

In den dunklen Jahren des Nationalsozialismus waren auch Buber und seine Familie das Ziel von antisemitischen Übergriffen, auf die Buber mit mutigem Selbstbehauptungswillen reagierte. Als im März 1933 SA-Männer in sein Haus eindrangen, um es zu durchsuchen, blieb er ruhig an seinem Schreibtisch sitzen. Auf die Frage, was er da tue, antwortete Buber knapp: „Ich übersetze die Bibel.“ Es gab einiges Hin und Her, ob es nicht doch der Talmud sei, bis auf Bubers Vorschlag schließlich der protestantische Ortspfarrer hinzugezogen wurde. Nach dessen positiver Bestätigung trollten sich die SA-Männer ganz ohne Hausdurchsuchung. Einem Passanten, der ihn in Heppenheim mit den Worten: „Na, du Jud!“ anpöbelte, antwortete Buber unbeeindruckt: „Na, du blöder Kerl“ (Friedman 264, 287). Als sich die Situation jedoch zunehmend verschärfte und Buber ab 1935 Lehrverbot für alle jüdischen Veranstaltungen erhielt, wurde die Emigration unausweichlich, doch erst 1937 kam es zu einer Einigung mit der Hebräischen Universität von Jerusalem, deren Gründung Buber mit angeregt hatte. Buber erhielt schließlich einen Lehrstuhl für Soziologie, nachdem orthodoxe Kreise abgelehnt hatten, ihn für die Religionswissenschaft zu berufen. Kurz nach seinem sechzigsten Geburtstag verließ Buber im März 1938 Deutschland für immer.

Das verwaiste und geplünderte Haus Bubers in Heppenheim wurde schließlich enteignet und 1941 zwangsversteigert. Bis weit in die Nachkriegszeit diente es als Behördenhaus und sollte in den siebziger Jahren abgerissen und durch einen Neubau ersetzt werden. Einer Bürgerinitiative ist es zu verdanken, dass dies verhindert und das Martin-Buber-Haus unter Denkmalschutz gestellt wurde. Als Sitz des Internationalen Rates der Christen und Juden (ICCJ), der sich mit 36 angeschlossenen Organisationen in aller Welt für Dialog und Verständigung zwischen den abrahamitischen Religionen – Judentum, Christentum und Islam – einsetzt, hat es jetzt eine Verwendung ganz im Sinne Martin Bubers gefunden. In den Räumen des ICCJ, die als Tagungs- und Begegnungsstätte dienen, erinnert eine Dauerausstellung an Leben und Werk des jüdischen Gelehrten. Das Haus grenzt mit der Rückfront an einen breiten, Graben genannten Platz. Buber schaute auf das Treiben dort, wenn er in seinem Arbeitszimmer im Erdgeschoss, dem jetzigen Vortragsaal, arbeitete. Sein Hauptwerk „Ich und Du“ und große Teile der Bibelübersetzung sind hier entstanden. Auf der Eingangsseite an der Werléstraße lag der große, von einer Mauer umgebene Garten. Im Obergeschoss, wo sich die Büroräume des ICCJ befinden, waren die Schlafräume der Bubers, der beiden Kinder Rafael und Eva und der Enkelinnen Barbara und Anna Judith, die bei den Großeltern lebten. Nur ein kurzer Fußweg ist es vom Martin-Buber-Haus zur Gedenkstätte am ehemaligen Standplatz der zerstörten Heppenheimer Synagoge am Anfang des Starkenburgweges, der zur Burg auf dem Schlossberg führt. Eine Reliefplatte zeigt die Umrisse des abgebrannten Bethauses. Darunter steht die Klage aus Jeremia 8, 23: „Ich beweine Tag und Nacht die Erschlagenen der Tochter meines Volkes."

Nach dem Krieg hat Buber sich trotz heftiger Kritik der israelischen Öffentlichkeit für die Versöhnung mit den Deutschen ausgesprochen. Seine ganze Kraft aber galt seit der Übersiedelung nach Palästina dem Kampf für eine jüdische Heimstatt, die in Frieden mit der arabischen Bevölkerung und ohne kolonialistische Methoden aufgebaut werden sollte. Mit der Organisation Ihud (Einheit), deren Zeitschrift er herausgab, setzte er sich für einen binationalen arabisch-jüdischen Staat nach Schweizer Vorbild ein. Als Gesellschaftsmodell schwebte ihm, ganz im Sinne seines dialogischen Denkens, eine „Gemeinschaft von Gemeinschaften" (Buber 1967, 247) vor, wie sie die ersten Siedler im Kibbuz verwirklicht hatten, und in Anlehnung an den föderativen Sozialismus des 1919 während der Münchner Räterepublik ermordeten Anarchisten Gustav Landauer, dem Buber in enger Freundschaft verbunden war. Terroranschläge von beiden Seiten machten eine Verständigung, wie sie Buber vorschwebte, immer unwahrscheinlicher. 1947 wurde nach der Teilung Palästinas auf Beschluss der Vereinten Nationen dann ein Weg beschritten, der schließlich in das bis heute so schwer überwindbare Gegeneinander mündete.

Die Bibelübersetzung hatte Buber in Palästina zunächst liegen lassen. Sein deutscher Verlag war 1938 aufgelöst worden und die Kriegswirren unterbrachen dann ohnehin jede Verbindung nach Deutschland. Bis zum Tod von Franz Rosenzweig im Oktober 1929 hatte er mit ihm zusammen an der Übersetzung gearbeitet. Rosenzweig, der durch seine schwere Erkrankung nur noch mühsam kommunizieren konnte, sah jahrelang mit zähem Willen Bubers Entwürfe über mehrere Fassungen hinweg durch und machte Verbesserungsvorschläge. 1961 konnte Buber die nach dem Krieg wieder aufgenommene Arbeit alleine abschließen, die das Gesprochene und Dynamische der hebräischen Urtexte, den „Grundstrom althebräischer Sinnlichkeit", wie es im Nachwort heißt, unter dem allzu Bekannten und Geläufigen der gängigen Übersetzungen wieder freigelegt hat. Während etwa nach der Einheitsübersetzung der Herr sich dem Propheten Elija durch „ein sanftes, leises Säuseln" ankündigt, spricht die Übersetzung von Buber/Rosenzweig hier von einer „Stimme verschwebenden Schweigens". Die bekannten ersten Zeilen aus dem Buch Genesis lauten, die urtümliche

Abb. 3: Theodor W. Adorno (1903 – 1969)

Sprachkraft der mündlichen hebräischen Überlieferung nachgestaltend: „Die Erde aber war Irrsal und Wirrsal. Finsternis über Urwirbels Antlitz. Braus Gottes schwingend über dem Antlitz der Wasser." Bis zuletzt blieb Buber um die jüdisch-arabische Verständigung bemüht. Hochbetagt starb er 1965 mit 87 Jahren in Jerusalem. Auch eine Delegation der arabischen Studentenschaft legte einen Kranz aus frischen Blumen auf sein Grab.

1916, als Buber nach Heppenheim übersiedelte und dabei war, zu seiner dialogischen Philosophie vorzustoßen, verlebte der 12-jährige Theodor Wiesengrund-Adorno, Teddy genannt, seine Ferien nicht weit entfernt in Amorbach. Mehrmals im Jahr kam er mit den Eltern von Frankfurt, wo sein Vater eine gut gehende Weingroßhandlung betrieb, zu längeren Urlauben in das abgelegene Odenwaldstädtchen. Im Hotel Post stand für die Familie dann stets das so genannte „Fürstenzimmer" im ersten Stock bereit, denn aus der langjährigen geschäftlichen Beziehung zwischen der Weinhandlung Wiesengrund und den Wirtsleuten war eine herzliche Freundschaft geworden. Dem behüteten Teddy, der gleich von zwei Frauen mütterlich umsorgt wurde, von seiner Mutter und der mit im Haushalt lebenden Tante, tat die Vertrautheit der überschaubaren Gassen gut. Auch die starken Eindrücke wie die „offene Schmiede mit grell loderndem Feuer" und die unheimliche Klosterruine auf dem Gotthard, einem der Höhenzüge, die das Städtchen schützend umschließen, konnte das sensible Kind so in seine phantasievollen Tagträume einarbeiten. Denn alles gehörte doch zu der einen bekannten Lebenswelt mit dem „sympathisch riechenden Weiher" im Seegarten, dem großen Konventbau der ehemaligen Benediktinerabtei und dem fröhlichen Treiben im Hotel Post, wo schon der Zehnjährige altkluge Gespräche über Musik und Theater mit den Erwachsenen führte. Wenn aber etwas Unbekanntes einbrach in diesen wohlgeordneten kindlichen Kosmos, konnte er tief verstört sein, wie etwa beim Durchzug einer Gruppe Wandervögel mit ihrer bündisch-unkonventionellen Kleidung und ihren Liedern, die dem zarten Kind wie „wüst grölender Gesang" vorkamen (Adorno 1977a, 302 – 309). Alles organisiert Gemeinschaftliche, erst recht Kollektive sollte ihm immer wesensfremd bleiben und ihre Ablehnung später sogar das Hauptthema seiner Philosophie werden.

Als dann 1933 mit dem Nationalsozialismus die uniformierte Barbarei in Deutschland Einzug hielt, traf es Adorno, der inzwischen Philosophie, Musiktheorie und Komposition studiert hatte und seit 1931 an der Universität Frankfurt Philosophie lehrte, besonders hart. Alle vertrauten schützenden Gehäuse der bürgerlichen Existenz zerbrachen plötzlich. Nicht nur, dass seine musische Seele gegen den gewaltsamen und rohen Kollektivismus ganz ungeschützt war, auch gegen die plötzliche Ausgrenzung und Rechtlosigkeit wegen der jüdischen Abstammung seines Vaters konnte er keine Widerstandskräfte aufbieten. Zwar hatte man schon den jungen Adorno in der Schule spüren lassen, dass er „Halbjude" war, aber er selbst verdrängte das und ließ sich sogar evangelisch konfirmieren. Sein Vater hatte sich völlig von allem Jüdischen gelöst und seine Mutter war Katholikin korsischer Abstammung. In der Familie wurden deutsche Weihnachtsbräuche gepflegt. Das Leben des jüdischen Kleinbürgertums im Frankfurter Osten, wo noch Kaftan und lange Bärte das Bild prägten, blieb exotisch fremd. Bubers und Rosenzweigs Arbeit am Frankfurter Lehrhaus hat den jungen Philosophiestudenten Adorno nicht interessiert, es ging ihn ja nichts an. Für Buber, dessen Kollege er zeitweise an der Universität Frankfurt war, erfand er die Bezeichnung „Religionstiroler" (Scheible 17). Den Namen Wiesengrund seines Vaters schrumpfte er später in der Emigration zu „W." zusammen und behielt nur den korsischen Namen Adorno der mütterlichen Linie bei. Nicht anders als die meisten assimilierten deutschen Juden, denen erst der von den Rassegesetzen verordnete gelbe Stern an der Kleidung ihr Judentum zu Bewusstsein brachte, konnte auch Adorno keine Kraft aus einer jüdischen Identität schöpfen, wie sie Buber mit seiner Erwachsenenbildung wieder erwecken wollte. Er versuchte sich einzurichten und mit den neuen Verhältnissen zu arrangieren in der Hoffnung, der Nationalsozialismus würde nur von kurzer Dauer sein. Lange scheute er vor der Unbehaustheit der Emigration zurück. Obwohl er im September 1933 als Folge der neuen rassistischen Gesetzgebung aus dem Lehramt an der Universität Frankfurt entlassen worden war, beantragte er seine Aufnahme in die regimetreue Reichsschrifttumskammer, die ihm natürlich verwehrt wurde. Politisch hielt er sich völlig bedeckt. Unter Pseudonym schrieb er weiter Musikkritiken, mit denen er sich schon als Student einen Namen gemacht hatte. Bei manchen dieser Artikel lässt die Wortwahl heute schwer entscheiden, was opportunistische Anpassung war und was kalkulierte Maskerade, um darunter vorsichtige Regimekritik zu lancieren. Und er komponierte wieder verstärkt, denn immer noch wollte er lieber Komponist sein als Philosoph. Bei Alban Berg in Wien hatte er sich nach seiner Promotion in die Kompositionstechniken der Zwölftonmusik einführen lassen und Anschluss an den Kreis um Arnold Schönberg gesucht, den Schöpfer der modernen atonalen Kompositionslehre. Vor allem, dass er weitgehend von schriftstellerischen und künstlerischen Wirkungsmöglichkeiten abgeschnitten blieb, bewegte ihn schließlich doch zur Emigration. In Oxford konnte er 1934 als „advanced student" unterkommen. Regelmäßig aber kehrte er nach Deutschland zurück, um seine Eltern zu besuchen und seine Freundin Margarete Karplus zu treffen, die in Deutschland zurückgeblieben war. Die linksintellektuelle Attitüde, die sich Adorno seit Ende der zwanziger Jahre zugelegt hatte, schien in der Anfangszeit des Nationalsozialismus ganz von ihm abgefallen zu sein. Der Freundeskreis um das marxistisch ausgerichtete Frankfurter Institut für Sozialforschung, zu dem Adorno gehört hatte, war frühzeitig emigriert. Hellsichtig hatte Max Horkheimer, der das Institut seit 1931 leitete, das in Deutschland heraufziehende Unheil kommen sehen und eine Verlegung des Frankfurter Instituts ins Ausland vorbereitet. In New York setzte das Institut seine Arbeit im Verbund mit der Columbia University fort. In der Institutszeitschrift waren musiksoziologische Arbeiten von Adorno erschienen, die im Sinne marxistischer Ideologiekritik die moderne Unterhaltungsmusik und ihre Vermarktung zum Gegenstand hatten. Alle Formen der populären Musik bis hin zum Jazz werden von ihm darin verworfen, weil sie von den gesellschaftlichen Unrechtsverhältnissen ablenken würden. Allein die atonale Musik Bergs und Schönbergs könne diese Verblendung durchbrechen (Müller-Doohm 230 ff). Adorno gehörte wie Max Horkheimer, Ernst Bloch, Siegfried Kracauer und Walter Benjamin zu den jüdischen Intellektuellen, die nicht den Weg des Zionismus oder Bubers jüdischer Wiedererweckung gehen wollten, und stattdessen im Marxismus einen Weg zur Emanzipation sahen. 1934 nahm Horkheimer die Verbindung mit Adorno wieder auf und zog ihn jetzt näher zu sich heran. Adorno wurde eine Art Verbindungsmann zwischen dem Institut und den in Europa verstreuten linksintellektuellen Emigranten, die vom Institut unterstützt wurden und in der Institutszeitschrift veröffentlichten. Schließlich holte ihn Horkheimer ganz nach New York an das Institut. Adorno übersiedelte 1938 zusammen mit Margarete Karplus, die er 1937 geheiratet hatte. Für seine Arbeit am Institut gab nun Horkheimers Aufsatz „Traditionelle und kritische Theorie" die Richtung vor. Horkheimer hatte damit die Programmschrift einer neuen gesellschaftskritischen Soziologie und Philosophie vorgelegt, die sich einerseits von einer rein erklärenden positivistischen Wissenschaft abgrenzt, andererseits aber auch vom orthodoxen Marxismus, denn das scharenweise Überlaufen der Arbeiterschaft zum Nationalsozialismus und das Abgleiten der Sowjetunion in Stalins

Gewaltherrschaft hatten die Hoffnung auf die positiv gesellschaftsverändernde Kraft des Proletariats zunichte gemacht. Nur „kritisches Verhalten" kann danach der Humanität eine Zukunft schaffen und die „Herstellung eines gerechten Zustandes unter den Menschen" erreichen. Wissenschaftlich-technischer Fortschritt führt nicht automatisch zu menschlicheren Zuständen, bringt im Gegenteil schließlich Zwänge und Strukturen hervor, die einer „neuen Barbarei" zutreiben (Horkheimer 190f, 176). Adorno sollte einer der herausragenden Denker dieser „Kritischen Theorie" werden, die später nach Rückkehr aus der Emigration als „Frankfurter Schule" großen Einfluss auf das bundesrepublikanische Nachkriegsdeutschland gewann. Aber noch musste er sich als Neuer einfügen und mit den alteingesessenen Institutsmitgliedern Herbert Marcuse, Leo Löwenthal und Erich Fromm um die Gunst Horkheimers rivalisieren. Horkheimer, der pragmatisch das Überleben des Instituts sichern wollte, scheute sich nicht, Drittmittel für Auftragsforschung einzuwerben, die nicht im Sinne der Institutszielsetzung war. Um Adornos Stelle finanzieren zu können, brachte er ihn in einem Projekt zur Erforschung der Wirkungen des Rundfunks unter, in dem es um nichts anderes ging als um Einschaltquoten, wie man heute sagen würde. Adorno bemühte sich redlich um Beiträge in diesem für ihn neuen Feld der empirischen Sozialforschung, konnte den Spagat zwischen dem eigenen Anspruch und der Projektzielsetzung dann aber doch nicht durchhalten. Im Forschungsteam stieß er mit seinen kritischen Ansätzen auf Unverständnis und Ablehnung. Bei der Verlängerung des Forschungsauftrages wurde Adorno nicht mehr berücksichtigt. Nun vollständig in das Institut eingegliedert, entwarf er Konzepte für ein Projekt zur Erforschung des Antisemitismus, denn die Judenverfolgung in Deutschland verschärfte sich nach der Pogromnacht im November 1938 immer mehr. 1939 emigrierten auch Adornos Eltern nach bedrohlichen Übergriffen in die USA. Hinzu kam der Schock über Walter Benjamins Selbstmord im September 1940 auf der Flucht vor den in Frankreich vorrückenden deutschen Truppen. Adorno hatte bis zuletzt in engem Kontakt mit ihm gestanden und seine Veröffentlichungsprojekte für das Institut betreut. Während der Krieg Europa immer mehr ins Chaos stürzte, zog sich das Institut 1941 nach Kalifornien in die Nähe Hollywoods zurück, wo sich zahlreiche deutsche Emigranten versammelt hatten, neben Bert Brecht, Arnold Schönberg, Lion Feuchtwanger auch Thomas Mann, der in unmittelbarer Nachbarschaft Adornos wohnte. Thomas Mann verdankt den musiktheoretischen Hintergrund zu seinem Roman „Doktor Faustus" den Gesprächen mit Adorno. In den zurückgezogenen Jahren in Kalifornien entstand das von Horkheimer und Adorno gemeinsam verfasste Werk

„Dialektik der Aufklärung", das die durch den Faschismus so brennend gewordenen Frage beantworten sollte, „warum die Menschheit, anstatt in einen wahrhaft menschlichen Zustand einzutreten, in eine neue Art von Barbarei versinkt". Das Programm der Aufklärung, die Welt durch Fortschritt und Vernunft immer menschlicher zu machen, habe sich durch die ungehemmte Eigendynamik der technischen und wirtschaftlichen Systeme in sein Gegenteil verkehrt, bis der „Einzelne vor dem Apparat verschwindet" und „gegenüber den ökonomischen Mächten vollends annulliert" wird, so die dunkle Diagnose (Horkheimer/Adorno 16, 20). Umfassende Kontrolle und die Reduktion des Einzelnen zu einem bloßen Rädchen der großen Maschinerie verschleiert die wahren Herrschaftsverhältnisse durch einen „Verblendungszusammenhang", der von den materiell immer besser versorgten, aber immer unmündiger werdenden Menschen kaum mehr durchbrochen werden kann: „Durch die Vermittlung der totalen, alle Beziehungen und Regungen erfassenden Gesellschaft hindurch werden die Menschen zu eben dem wieder gemacht, wogegen sich das Entwicklungsgesetz der Gesellschaft, das Prinzip des Selbst gekehrt hatte: zu bloßen Gattungswesen, einander gleich durch Isolierung in der zwangshaft gelenkten Kollektivität. Die Ruderer, die nicht zueinander sprechen können, sind einer wie der andere im gleichen Takte eingespannt wie der moderne Arbeiter in der Fabrik, im Kino und im Kollektiv" (Horkheimer/Adorno 59 f). Adornos ureigenste Ängste sind hier ausgesprochen, die schon im Wandervogelerlebnis des kleinen Teddy ihren ersten Ausdruck gefunden hatten. Die Entwurzelung der Emigration und die Fremdheit der amerikanischen, auf Effizienz und Standardisierung getrimmten Gesellschaft verunsicherten ihn zutiefst. Die Nachrichten über das Grauen der Vernichtungslager aber lösten ein Trauma aus, das ihm alles, was bisher Wert hatte, fortan als zutiefst fragwürdig erscheinen ließ. In seinen Aufzeichnungen aus der Emigration, denen er den Untertitel „Reflexionen aus dem beschädigten Leben" gab, heißt es mit Bitterkeit: „Noch der Baum, der blüht, lügt in dem Augenblick, in welchem man sein Blühen ohne den Schatten des Entsetzens wahrnimmt; noch das unschuldige Wie schön wird zur Ausrede für die Schmach des Daseins, das anders ist, und es ist keine Schönheit und kein Trost mehr außer in dem Blick, der aufs Grauen geht, ihm standhält und im ungemilderten Bewusstsein der Negativität die Möglichkeit des Besseren festhält" (Adorno 1980, 26). Nichts ist davon ausgespart, alles ist vergiftet und entwertet. Die Befunde einer groß angelegten Untersuchung des Instituts über die „Autoritäre Persönlichkeit" und ihre Anfälligkeit für rassistische und faschistische Vorurteile, an der Adorno maßgeblich beteiligt war, schienen diese pessimistische Sicht zu bestätigen. Das Wort „Rancune", für heimliche Feindschaft und Rachsucht, wurde sein inoffizielles Schlüsselwort. Immer wieder und oft mehrfach taucht es in seinen Schriften auf und lässt ein tiefes Grundgefühl des Misstrauens anklingen.

Nur manchmal zeigte sich auch Tröstliches, so nach der Rückkehr aus der Emigration, als ihn das Hallen der Schritte auf dem Kopfsteinpflaster am Quai Voltaire in Paris an die Gassen Amorbachs erinnerte und Bilder kindlicher Geborgenheit aufleuchten ließ. 1949 kehrten Horkheimer und Adorno nach Deutschland zurück, Horkheimer nahm seinen alten Lehrstuhl in Frankfurt ein, Adorno erhielt eine Professur für Philosophie und Musiksoziologie. Das im Krieg zerstörte Institut für Sozialforschung wurde wiedererrichtet. Adornos Nachkriegswerk stand unter der erbitterten Überschrift: „Alle Kultur nach Auschwitz, samt der dringlichen Kritik daran, ist Müll“ (Adorno 1973, 359). Alles Positive ist ihm verdächtig, das Reden darüber nichts als „Salbadern“, Ideologie oder sogar verkappter Faschismus. In seiner Schrift „Jargon der Eigentlichkeit“ nimmt er erbarmungslos und pamphletistisch vor allem Heidegger, aber auch Jaspers, Bollnow und sogar Buber aufs Korn. Worte wie Bindung, Sinn, Innerlichkeit, Begegnung und Geborgenheit werden unter Jargonverdacht gestellt. Er versteigt sich dabei so weit, dass er etwa in der Begegnung, einem der zentralen Begriffe von Bubers dialogischer Philosophie, den „manischen Blick des Aug in Aug“ sieht, der verwandt sei mit „dem Rassewahn“, und: „Der Sprachgestus dabei ist der des Aug in Aug, wie Diktatoren ihn üben.“ Selbst das harmlose „Auf Wiederhören“ der Radio-Sprecher ist ihm „abstoßend-vertraulich“ und „technisch-psychologisch ertüftelte Kunstsprache“ (Adorno 1973, 464 f). Eine auf Transzendenz abzielende Philosophie wie die Bubers eigne sich bestens dazu, die Massen mit religiöser Ergriffenheit zu verdummen und einzulullen.

In zahlreichen Vorträgen, Radiobeiträgen und Aufsätzen verbreitete er unermüdlich seine Sicht der Dinge und wurde zu einem der einflussreichsten Meinungsbildner der Nachkriegszeit. Im so genannten „Positivismusstreit“ setzte er sich dann auch mit dem empirisch orientierten „kritischen Rationalismus“ Karl Poppers auseinander, die zweite, schon in Horkheimers Programmschrift vorgezeichnete Stoßrichtung der kritischen Theorie. Mit der „Negativen Dialektik“ erschien 1966 schließlich sein eigenes philosophisches Hauptwerk, das den Weg weisen will aus dem universellen Verblendungszusammenhang einer Gesellschaft, die den Menschen zum austauschbaren Exemplar macht nach dem Vorbild des Tauschprinzips der Warenwirtschaft. Das herkömmliche abstrahierende begriffliche Denken, Adorno nennt es das „Identitätsdenken“, arbeite dieser Nivellierung des Individuellen und Qualitativen in die Hände, indem es alles nur

Abb. 4: Hotel Post in Amorbach

als Exemplar einer Art oder Gattung auffasse. Dagegen müsse Philosophie wieder den Blick frei machen für das unverwechselbar Einzelne, für das „Nichtidentische", wie Adornos Bezeichnung dafür lautet. Dialektisches Denken könne in diesem Sinne sagen, „was etwas sei, während das Identitätsdenken sagt, worunter etwas fällt" (Adorno 1973, 152). Nur radikale Negation und Kritik, die sich in dialektischer Bewegung schließlich sogar „gegen sich selbst kehren" muss, sei in der Lage, den „universalen Verblendungszusammenhang" von innen her aufzubrechen (Adorno 1973, 397). Selbst Hegels Dialektik, die den Widerspruch immer wieder in einer Synthese aufhebt, ist ihm noch zu versöhnlich. Im Unterschied dazu ist Adornos Dialektik eine rein negative. Fällt die Verblendung und der Zwang und tritt dann das Nichtidentische unverstellt hervor, zeigt sich so etwas wie das Absolute, dem die Metaphysik auf der Spur ist. Selbst Adorno sieht trotz all des Dunkels, das ihn umgibt, einen Silberstreif, denn es „könnte nichts als wahrhaft Lebendiges erfahren werden, was nicht auch ein dem Leben Transzendentes verhieße; darüber führt keine Anstrengung des Begriffs hinaus". Im Hinblick auf das Trauma des Holocaust verwirft er den Gedanken, „Dass die endliche Welt der unendlichen Qual umfangen sei von einem göttlichen Weltplan", aber sofort wieder als „Irrsinn" (Adorno 1973, 368). Einzig die Kindheitsbilder von Amorbach und den Dörfern in der Umgebung behalten für ihn metaphysische Strahlkraft: „Man glaubt, wenn man hingeht, so wäre man in dem Erfüllten, als ob es wäre. Ist man wirklich dort, so weicht das Versprochene zurück, wie der Regenbogen. Dennoch ist man nicht enttäuscht; eher fühlt man, nun wäre man zu nah, und darum sähe man es nicht" (Adorno 1973, 366). Hier zeigt sich ihm das Unverwechselbare, „Nichtidentische" unmittelbar, nicht schon entfärbt durch abstrahierende Begrifflichkeit. An seine Mutter schrieb er 1950, kurz nach der Rückkehr aus der Emigration, vom Hotel Post: „es war keine Absicht, aber nun will es mir doch symbolisch erscheinen, dass ich Deinen fünfundachtzigsten Geburtstag in Amorbach verbringe. Es ist schließlich doch das einzige Stückchen Heimat, das mir blieb – äußerlich ganz unverändert und womöglich noch verschlafener als früher –, und wenn irgendwo, dann hab ich hier das Gefühl, als ob Du bei mir wärest wie früher" (Adorno 2003, 535 f).

Wenn man nachvollziehen will, was es damit auf sich hat, fährt man von Heppenheim, durch die Mittelgebirgswälder des Naturparks Bergstraße-Odenwald hinüber zu dem Landstädtchen im bayerischen Teil des Odenwaldes. Der 743 von Benediktinermönchen gegründete Ort ist umsäumt von waldigen Höhenzügen – eine abgeschiedene Welt für sich, im Schatten des ehemaligen Klosters und der großen Abteikirche, beides seit 1803 im Besitz der Fürsten zu Leiningen. Busreisende werden auf Filzpantoffeln in den Festsaal des Konventbaus geführt und erfreuen sich in der Bibliothek an den gemalten Barockengeln, deren Beinchen recht plastisch von der Decke herabzubaumeln scheinen. Ein Schild am Eingang des Seegartens informiert über die Parkordnung. Punkt 1: „Die vorhandenen Wege sind strikt einzuhalten." Punkt 2: „Bei heftigem Wind ist der Park wegen der Gefahr herunterfallender Äste sofort zu verlassen." Bunt leuchtet am Hotel Post ein Fresko mit folkloristischen Motiven. Der Gastraum ist wie auf den alten Fotos bestimmt durch das Dunkel der Holzvertäfelung. Die Tische sind mit blütenweißen gestärkten Tischdecken eingedeckt. Man ist stolz auf das Adorno-Zimmer und nennt sich selbst auf den an der Rezeption ausliegenden Postkarten „Das Adorno-Haus". In der Brauerei Burkarth am Marktplatz, wo Adorno regelmäßig einkehrte, isst man immer noch gut, Carpaccio vom Zebra oder auch ganz deftig gebratene Blut- und Leberwurst mit selbstgebackenem Brot und einem dunklen Landbier. Auf dem Gotthard-Berg spielt das Licht in den Resten der im Bauernkrieg niedergebrannten dreischiffigen Klosterkirche und halb versunkenen Gewölben, die reichlich Stoff boten für die kindliche Romantik des kleinen Teddy.

Immer wieder hat Adorno sich in das biedere Idyll von Amorbach zurückgezogen, zum letzten Mal 1968. Inzwischen war die antiautoritäre Bewegung unter den Losungen der „Kritischen Theorie" zu einer alles umfassenden Kritik der gesellschaftlichen Verhältnisse aufgebrochen. Herbert Marcuses Buch „Der eindimensionale Mensch", das zur „Großen Weigerung" aufruft, wurde zu ihrem Kultbuch. Adorno aber, der nach dem Rückzug Horkheimers ins Tessin der bekannteste Vertreter der Frankfurter Schule war und seit 1958 das Institut für Sozialforschung leitete, blieb zurückhaltend und wollte sich von der Protestbewegung nicht vereinnahmen lassen. So machten Kritik und Weigerung bald auch vor Adornos Vorlesungen nicht mehr Halt. Als ihm dann im Januar 1969 die Negation leibhaftig gegenübertrat in der Gestalt revoltierender Studenten, die sein Institut besetzten, holte er die Polizei. Ein halbes Jahr später starb Adorno im Alter von 65 Jahren an einem Herzinfarkt.

Buber und Adorno stimmen überein in ihrer Kritik an der anonymen, auf technische Effizienz und ökonomischen Erfolg aufgebauten modernen Massengesellschaft, die den Menschen zum Objekt von Verwaltungsakten, zur statistischen Zahl und zum austauschbaren Exemplar macht. Buber spricht von den wachsenden „Es-Mächten“, Adorno von der „verwalteten Welt“, von „Verdinglichung“ und „Tauschabstraktion“. Aber ihr Menschenbild könnte gegensätzlicher nicht sein. Adorno sieht von seinem marxistisch-materialistischen Hintergrund aus den Menschen als vollständig bestimmt von soziologischen und psychoanalytischen Faktoren. So bleibt ihm nur verzweifelte Negation, denn Autonomie lässt sich nicht denken ohne ein positives Verständnis von menschlicher Freiheit. Hilflos sind dann auch seine Ratschläge, wenn er sich im Aufsatz „Erziehung nach Auschwitz“ Gedanken macht über die „Entbarbarisierung“ der Landbevölkerung, da unter den KZ-Aufsehern besonders die jungen Bauernsöhne als brutal aufgefallen seien. Was er unermüdlich angreift, schlägt er nun selbst vor: „dass Fernsehsendungen geplant werden unter Berücksichtigung von Nervenpunkten jenes spezifischen Bewusstseinszustandes“, und er will „mobile Erziehungsgruppen und -kolonnen“ aufs Land schicken (Adorno 1977b, 680). Adornos Konzept des Nichtidentischen, mit dem er das Individuell-Menschliche gegen Vermassung und Kollektivismus sichern will, verfehlt das Entscheidende, das die alte Philosophie mit dem Begriff der Person schon gefunden hatte: die unaufhebbare Würde und Freiheit des unverwechselbaren einen, als Du von Gott angesprochenen Menschen in der Verantwortung vor dem Mitmenschen und der Schöpfung, so wie es auch Buber verstanden hat.

Verbinden sollte man die Reise auf den Spuren Bubers und Adornos mit einem Besuch der Stadt Worms. Das restaurierte jüdische Viertel mit der wieder aufgebauten Synagoge, dem rituellen Bad und dem jüdischen Museum gibt einen Eindruck vom Leben der Juden am Oberrhein. Buber ist oft von Heppenheim ins nahe Worms gefahren. Immer hat er den christlichen Dom St. Peter besucht, bevor er dann zum jüdischen Friedhof hinübergegangen ist, dem ältesten Europas, mit Grabsteinen, die zum Teil noch aus dem 11. Jahrhundert stammen. Intensiv hat er dort die Begegnung des „christlichen Gottesraumes“ mit der „Gotteszeit Israels“ erlebt, wie er in einem Gespräch mit Karl-Ludwig Schmidt berichtet. Und zwischen den alten jüdischen Grabsteinen stehend, angesichts des christlichen Domes, hat er die Unauflöslichkeit seiner Verbindung mit dem Gottesvolk erfahren: „Da unten hat man nicht ein Quentchen Gestalt; man hat nur die Steine und die Asche unter den Steinen. Man hat die Asche, wenn sie sich auch noch so verflüchtigt hat. Man hat die Leiblichkeit der Menschen, die dazu geworden sind. Man hat sie. Ich habe sie. Ich habe sie nicht als Leiblichkeit im Raum dieses Planeten, aber als Leiblichkeit in meiner eigenen Erinnerung bis in die Tiefe der Geschichte, bis an den Sinai hin. Ich habe da gestanden und war verbunden mit der Asche und quer durch sie mit den Urvätern."

Praktische Hinweise:

Martin-Buber-Haus in Heppenheim, Werléstr. 2, Tel.: +49 (0)62 52/9 31 20, Internet: www.iccj.org

Gedenkstätte am Ort der zerstörten Synagoge in Heppenheim, Starkenburgweg, am Aufgang zum Schlossberg

Hotel Post in Amorbach, Schmiedsgasse 2, Tel.: +49 (0)93 73/13 10

Jüdische Erinnerungsstätten in Worms: Friedhof am Willy-Brandt-Ring, Synagoge am Synagogenplatz und Jüdisches Museum im Raschi-Haus, Hintere Judengasse 6

Literatur:

Adorno, T. W.: Negative Dialektik. Jargon der Eigentlichkeit. GS 6, Frankfurt a. M., 1973
Adorno, T. W.: Kulturkritik und Gesellschaft I. GS 10.1, Frankfurt a. M., 1977a
Adorno, T. W.: Kulturkritik und Gesellschaft II. GS 10.2, Frankfurt a. M., 1977b
Adorno, T. W.: Minima Moralia. Frankfurt a. M., 1980
Adorno, T. W.: Briefe an die Eltern (1939 – 1951). Frankfurt a. M., 2003
Buber, M.: Der Weg des Menschen nach der chassidischen Lehre. Heidelberg, 1960a
Buber, M.: Begegnung. Autobiographische Fragmente. Stuttgart, 1960b
Buber, M.: Nachlese. Heidelberg, 1965
Buber, M.: Der utopische Sozialismus. Köln, 1967
Buber, M.: Ich und Du. Heidelberg, 1997
Friedman, M.: Begegnung auf schmalem Grat. Martin Buber – ein Leben. Münster, 1999
Horkheimer, M.: Traditionelle und kritische Theorie. In: Kritische Theorie – eine Dokumentation. Frankfurt a. M., 1968
Horkheimer, M.; T. W. Adorno: Dialektik der Aufklärung. In: Horkheimer, M.: GS 5, Frankfurt a. M., 1987
Müller-Doohm, S.: Adorno. Eine Biographie. Frankfurt a. M., 2003
Pabst, R.: Kindheit in Amorbach. Frankfurt a. M., 2003
Scheible, H.: Theodor W. Adorno. Reinbek, 2002
Staudinger, H.: Die Frankfurter Schule. Würzburg, 1982
Wehr, G.: Martin Buber. Reinbek, 1998

Bildnachweis

Für alle nicht aufgeführten Abbildungen liegen die Rechte beim Autor.

Thomas von Aquin, Gemälde von Justus von Leiden, Louvre, Paris

Johannes Duns Scotus, Klostermann-Verlag

Nikolaus von Kues mit seinem Bruder Johannes, St. Nikolaus-Hospital in Bernkastel-Kues

Erasmus von Rotterdam, Gemälde von Hans Holbein, Museum Erasmushaus in Anderlecht

Die Studierstube des Erasmus von Rotterdam, Museum Erasmushaus in Anderlecht

Baruch de Spinoza, Portrait aus „Opera Posthuma" von 1677, Spinozavereinigung, Den Haag

Gottfried Wilhelm Leibniz, Ölbild nach A. Scheits, Historisches Museum Hannover

Immanuel Kant, Porträt von Johann Gottlieb (oder Hinrich) Becker, 1786, Schiller-Nationalmuseum, Marbach am Neckar

Johann Georg Hamann, Zeichnung eines unbekannten Künstlers, Goethe-Museum Düsseldorf/Anton-und-Katharina-Kippenberg-Stiftung

G.W. F. Hegel, Stahlstich von Sichling nach L. Sebbers, akg-images

F. W. J. Schelling, Sammlung F. E. E. Schelling, Würzburg, Foto UBG

Friedrich Hölderlin, Pastell von Karl Hiemer, 1792, Schiller-Nationalmuseum, Marbach am Neckar

Arthur Schopenhauer, Schopenhauer-Archiv, Frankfurt a.M.

Friedrich Nietzsche, Herzogin Anna Amalia Bibliothek, Weimar

Martin Heidegger, Schiller-Nationalmuseum, Marbach am Neckar

Edith Stein als Lehrerin in Speyer, Foto ca. 1928, Edith-Stein-Archiv, Karmel „Maria vom Frieden", Köln

Martin Buber, Gütersloher Verlagshaus GmbH, Gütersloh

Theodor W. Adorno, ullstein bild-Röhnert